# LA INTERPRETACIÓN DE LOS SUEÑOS

Para mi "otra madre"
Margarita, con todo
mi amor.

Eloisa

El Puerto, 24 de Septiembre 1.998

Rambla de la Llibertat, 6-8 - 17004 Gerona (España)
Traducción: Julio Balderrama
Diseño de cubierta: Antonio Tello
Fotografía de cubierta: Scott L. Stenbroten / Fototeca Stone
I.S.B.N. 84-305-7702-5
Impreso en España

# Índice

# Agradecimientos

En 1985 apareció en el *Telegraph Sunday Magazine* un anuncio, titulado «¿Puede usted ayudarnos?», donde se solicitaban relatos de sueños poco comunes, especialmente los que hayan vaticinado un suceso de la vida real, resuelto problemas suscitados en estado de vigilia, o aportado una idea útil para las actividades personales. En el mismo se explicaba que la Fundación Koestler pretendía iniciar un importante campo de investigación, lamentablemente subestimado hasta el momento. Desde entonces, la encargada de la sección de investigaciones de esa Fundación, Joanna Trevelyan, ha recibido cientos de comunicaciones, prueba de que mucha gente está de acuerdo con la idea. En *La interpretación de los sueños* he utilizado parte de ese material, pero la Fundación desea reunir aún más, con vistas a proporcionar una base de datos que permita comenzar nuevas investigaciones. Las comunicaciones deben enviarse a Joanna Trevelyan, Fundación Koestler, 10 Belgrave Square, Londres, W1. Agradezco a la señorita Trevelyan y a todos los que han respondido a la solicitud inicial. Estoy también agradecido a Bernard Levin y Morton Schatzman, que han sometido a escrutinio las pruebas de esta obra.

# Introducción

## ¿Cuerno o marfil?

> «Mujer», señaló el ingenioso Odiseo: «nadie podría forzar otro significado para este sueño, ya que el propio Odiseo te ha enseñado cómo se llevará a cabo: todos tus Pretendientes están condenados y ninguno escapará con vida».
>
> Contestóle la discreta Penélope: «¡Forastero!, hay sueños inescrutables y confusos, y no se cumple todo lo que la gente ve en ellos. Las visiones insustanciales llegan a nosostros de dos maneras: unas, en forma de cuerno, y otras en forma de marfil. Las que vienen por el bruñido marfil nos engañan, con promesas falsas que nunca se cumplen; y las que se enganchan en el pulimentado cuerno anuncian, al que sueña, lo que en realidad sucederá.»

Me crié dando por aceptadas ciertas suposiciones dominantes en general acerca de los sueños. Por largos que me parecieran cuando los recordaba al despertar, se producían en realidad «como un relámpago», en una fracción de segundo. Si algo significaban, era por oposición: soñar que se suspendía un examen presagiaba que se aprobaría. Con todo, soñar que se aprobaba no significaba de modo necesario un inminente fracaso. No había que tomar los sueños con seriedad. «No es más que un sueño» constituía una consabida fórmula consolatoria.

Mi fe en esta sabiduría convencional fue sacudida por vez primera cuando leí *Un experimento con el tiempo*, de J. W. Dunne, publicado en 1927 y reimpreso periódicamente en ediciones revisadas por el autor. Soñar con el futuro no se consideraba allí una experiencia de tipo oculto, sino más bien una curiosidad; y Dunne tuvo cuidado en proporcionar una hipótesis, a fin de mantenerla, según esperaba, dentro de los límites de la física. (La idea del tiempo como una dimensión más gozaba ya de difusión considerable). Sugería también el autor que los desplazamientos cronológicos a los cuales su teoría procuraba dar explicación eran de índole tal que cualquiera podría explorarlos con sólo tener junto a la cama un lápiz y un cuaderno en el que se asegurara de anotar por escrito a la mañana siguiente, en el momento mismo de despertar, todo cuanto pudiera recordar de sus sueños nocturnos. Aunque cuando yo lo intenté no llegué a conseguir nada, de vez en cuando tenía noticias de personas a quienes el método les había dado resultados positivos. En todo caso, se había despertado mi interés; un interés acuciado hacia fines de la década de 1930 por *El tiempo y los Conway* y *Yo he estado aquí una vez*, de J. B. Priestley, piezas representadas en teatros londinenses e inspiradas ambas en el libro de Dunne.

En la universidad, *La interpretación de los sueños* (1900), de Sigmund Freud, era, junto con Marcel Proust, T. S. Eliot y W. H. Auden, lectura obligada para quien quisiera aspirar a diferenciarse de los estudiantes «puro músculo». El simbolismo sexual daba pie a comentarios jocosos; relatar un sueño, aun de los de más inocente apariencia, significaba exponerse a interpretaciones escabrosas; pero no obstante tomábamos el asunto con seriedad. Y, más tarde, cuando me centré en la historia de la medicina y de los fenómenos paranormales, llegué a apreciar el notable influjo de los sueños no sólo en esos dos campos sino en todo el curso de la historia, debido a la confianza que se ha puesto en ellos como guías. Sin duda, tal confianza estaba a menudo descaminada, porque se fundaba en una interpretación errónea. Pero había documentación suficiente para mostrar cuán útiles podían ser, y habían sido, los sueños para las personas bastante sagaces o bastante afortunadas que pudieran interpretarlos con cordura.

No sin cierta irritación, pues, me encontré en 1983 con una información periodística según la cual dos especialistas en biología molecular habían realizado una investigación para demostrar, según sus criterios, que la opinión adversa era la justa. Sostenían que la función de soñar consiste en proveernos de «una actividad de limpieza para eliminar modos potencialmente parásitos»; sin ese drenaje purificador, la evolución hubiese sido incapaz de construir ese «refinado neocórtex que hoy tenemos». Por lo tanto, los intentos de recordar sueños «no deberían quizá alentarse, pues tal evocación podría contribuir a retener pautas de pensamiento que es mejor dejar en el olvido».

Si la fecha hubiera sido el 28 de diciembre, me habría inclinado a sospechar que era una inocentada. Pero, según la noticia mencionada, el trabajo de esos biólogos se había publicado en *Nature*, y la reputación científica de los mismos significaba que tan curiosa teoría sería probablemente tomada en serio por los lectores de esa importante revista científica. Francis Crick, del Instituto Salk, de California, es uno de los escasos científicos cuyo nombre resulta familiar por haber descifrado el código genético y estar galardonado con el premio Nobel. Y Graeme Mitchison trabaja en los prestigiosos laboratorios de biología molecular del Medical Research Council de la universidad de Cambridge.

Lo que presentaban era el más reciente modelo reduccionista, derivado de su investigación neurobiológica. Evidentemente, no les interesaban otros modelos, procedentes de otras disciplinas. Pocos años antes, Christopher Evans había propuesto una teoría que presenta interesantes similitudes con la de ellos: sobre la base de una analogía con los ordenadores, Evans sugería que la programación cerebral debe actualizarse periódicamente, y que los sueños constituyen uno de los medios para eliminar programas redundantes, mientras el cerebro se encuentra «desconectado», en estado de reposo. Pero Evans, aunque internacionalmente respetado como una autoridad en informática, era profesionalmente un psicólogo, especie harto desdeñada en los círculos reduccionistas. Crick y Mitchison no mencionan siquiera sus ideas precursoras.

Mucho menos probable aún era que mencionaran las constancias históricas acerca de los sueños, incluso las derivadas de investigaciones científicas. En *Las hélices dobles* (1968), James Watson, colega de Crick y, como él, laureado con el Nobel, poco tuvo que añadir acerca de los trabajos de sus predecesores, sobre los cuales había construido el suyo; ello por una razón que Sir Peter Medawar ha atribuido, no a falta de generosidad, sino a una «insensibilidad empedernida». Tales hechos «pertenecen a la historia de la ciencia, y la historia de la ciencia aburre hasta hacer morir a la mayoría de los científicos».

Casualmente John Anstay, el veterano jefe de redacción del *Telegraph Sunday Magazine*, acababa de preguntarme si había algún tema sobre el cual sintiese la comezón de escribir. Le contesté que sí: el influjo de los sueños sobre el curso de la historia. Los reduccionistas pueden permitirse ridiculizar la constancia de un hecho como meramente anecdótica; pero difícilmente cuestionar sus profundos efectos.

Tomemos como punto de partida el desarrollo de las religiones. En las civilizaciones antiguas se daba por sentado que los sueños eran un vehículo utilizado por los dioses para comunicar sus instrucciones, exhortaciones y advertencias, como tan a menudo lo hace el Señor en las páginas del Antiguo Testamento. En los Evangelios, un sueño advierte a José que ningún mortal ha hecho de él un marido engañado; otro le avisa de que huya con María y el niño Jesús para escaparse de la matanza de los Inocentes. Un sueño impulsa a Siddharta Gautama a tomar el camino que hará de él un Buda. Un sueño persuade a Mahoma de que ha sido escogido para unirse a Abraham, Moisés y Jesús en el número de los profetas.

Pero hay un elemento en contra. Considerando las secuelas desgraciadas que las religiones han arrastrado consigo —guerras, persecuciones, sacrificios humanos, la Inquisición, terrorismos— ¿no habría sido el mundo un lugar mejor si se hubiesen olvidado efectivamente tales sueños? Reduccionistas y racionalistas sostendrían, presumiblemente, que estaríamos muchísimo mejor si lo dominante hubiese sido, no la religión, sino la ciencia.

Así, pues, en mi artículo me centro en sueños que han sido valiosos en un plano tangible, citando testimonios de figuras históricas prominentes, entre ellas distinguidos científicos. A lo cual Mitchison, cuando se le mostró un ejemplar, replicó: «Por supuesto, nadie negaría que los sueños pueden ocasionalmente resultar entretenidos, o hasta brindar esclarecimientos accidentales, pero las constancias difícilmente dan sustento a la idea de que los sueños portan sistemáticamente información útil». Huelga decir que yo no había sugerido nada de sistematicidad en el proceso onírico; nada más lejos de ello. Mi tesis era simplemente que los sueños han sido portadores de información útil con demasiada frecuencia para que el hecho pueda descartarse por considerarse «accidental».

El artículo se publicó el 26 de mayo de 1985; lo acompañaba una nota donde se decía que la Fundación Koestler estaba interesada en recibir comunicaciones de sueños de índole poco común, según las líneas de referencia indicadas más arriba, como sueños que hubieran predicho procesos futuros o resuelto problemas de vigilia. La Fundación, a la que pertenezco por fideicomiso, fue establecida aún en vida de Arthur Koestler para promover la exploración de zonas límite de la ciencia ortodoxa, entre ellas la de los sueños. Koestler, en *El acto de Creación* (1964), sostiene que soñar, en sentido tanto literal como metafórico, «parece ser una parte esencial del metabolismo psíquico». La oleada de comunicaciones enviadas a la Fundación muestra que ha de existir un alto grado de coincidencia con él, pero la gente experimenta cierto embarazo cuando se trata de admitir que toma sus sueños con seriedad. Algunos confesaron incluso que nunca se los habían contado a otros.

Priestley tuvo la misma experiencia después de una entrevista que se le hizo en la BBC en 1964, en el programa «Monitor», dedicado a las artes. Durante la entrevista, se lanzó la sugerencia de que tal vez los telespectadores quisieran enviar comunicaciones de experiencias personales que parecieran contradecir las ideas aceptadas sobre el tiempo. Priestley se vio sumergido en un mar de cartas: después del primer millar, suspendió la cuenta. En su mayoría se trataba de sueños premonitorios o bien de sueños que proporcionaban información verificable pero inaccesible por vías ordinarias a los soñadores. Sin embargo, lejos de ver esto como un hecho positivo, muchos de ellos se mostraban evidentemente incómodos, temerosos de que pudiera considerárseles gente rara o desiquilibrada.

Veinte años después, esta impresión parece permanecer muy difundida dando origen a una curiosa ambivalencia sobre el asunto. Muchas personas toman sus sueños con seriedad, por lo menos hasta el punto de sentirse desasosegados por ellos. Los relatos de sueños que «se han cumplido» son un lugar común. Empero, se mantiene la impresión de que creer en cosas así constituye una superstición realmente indefendible. Mi propósito es mostrar, no solamente que tal idea sí puede defenderse, sino que los datos procedentes de fuentes históricas y biográficas, y, hasta cierto punto, de la investigación científica, muestran cuán valiosos pueden resultar los sueños si se llegan a apreciar mejor tanto sus potencialidades como sus limitaciones.

Las consecuencias al respecto son necesariamente anecdóticas, término de censura en los círculos científicos. Pero anecdótico es el mayor volumen de los datos históricos, y no los rechazamos simplemente porque no sean reproducibles en un laboratorio. Esto plantea una cuestión que me parece importante: los relatos de sueños son tan fiables (o no fiables) si proceden de cien años atrás como si se soñaron ayer mismo. El criterio está en la confiabilidad de los soñadores y en los datos testimoniales. Naturalmente, no cabe asignar confiabilidad a los relatos de sueños, digamos, en Homero ni en el Antiguo Testamento, aunque no dejan de proporcionar una útil indicación acerca del influjo de los sueños en la época y de lo que se pensaba sobre las fuentes de los mismos. Pero en algunos períodos, especialmente hacia fines del siglo XIX, se registraban y atestiguaban sueños con mayor cuidado que por lo general se hace hoy en día.

No siempre es posible establecer, partiendo de una declaración, si lo descrito es un sueño, una visión o una ensoñación diurna. Un criterio aproximado es si en la percepción del objeto ha intervenido o no la conciencia lúcida; pero como es sabido, en los proceso de dormirse y despertar esta distinción se hace borrosa, según puede ocurrir también en la ensoñación despierta. Yo he tendido a aceptar la calificación que aplica el propio soñador. He incluido también algunos casos de tan común experiencia como es «consultar con la almohada»: irse a dormir obsesionado con un problema y despertar con la solución en la mente. ¿La solución ha venido en un sueño que se ha olvidado o resulta de algún proceso de deliberación incosciente que ocurre durante el acto de soñar? No lo sabemos; pero incuestionablemente puede ser una ventaja, como puede serlo ese dispositivo auxiliar que suele relacionarse con ella: la capacidad que muchos tienen de despertar a una hora prefijada, confiados en no necesitar despertador.

Me he concentrado en los tipos de sueño que se han mostrado útiles o que comportan una posibilidad de utilización cuando se conozcan mejor los mecanismos oníricos: sueños que han proporcionado inspiración a escritores, compositores y artistas; sueños que parecen mostrar la capacidad de la mente para trasladarse en el espacio o en el tiempo; sueños lúcidos, tales que se ha logrado someterlos a cierto grado de control consciente; y sueños que, cuando son correctamente interpretados, han dado información diagnóstica y pronóstica acerca de la salud del soñador. Y, como conclusión, he pasado revista a las concepciones y esperanzas de los que exploran esta región, aún subestimada.

# 1

## Sueños que inspiran

> Andando por el yermo de este mundo, llegué a un lugar donde había un cobijo; y me tendí en ese lugar para dormir; y mientras dormía soñé un sueño. Y hete aquí que vi un hombre vestido de harapos, de pie en cierto lugar, de espaldas a su propia casa, con un libro en la mano y un gran hato a cuestas. Miré y le vi abrir el libro y leer en él; y, mientras leía, lloraba y temblaba; e, incapaz ya de contenerse, rompió en un grito lastimero diciendo «¿Qué haré?».

*El Viaje del Peregrino*, de Bunyan, es uno de los centenares de relatos y poemas que sus autores prefirieron presentar en forma de sueño. Desde Piers Plowman (*Pedro el Labriego*) hasta *Alicia en el País de las Maravillas*, éste ha sido un recurso invalorable. Según Walter de la Mare, es mucho lo que deben a los sueños la poesía «y la literatura de imaginación en conjunto sobrepasa todo cálculo». Pero el valor de los sueños como fuentes de inspiración, a diferencia de su papel como vehículos por los cuales la inspiración se trasmite, es mucho menos reconocido en general.

Esto se debe sin duda a que la mayoría de nosotros ha sido acostumbrada de manera engañosa a no tomar los sueños con seriedad. Comprensiblemente, los escritores pueden temer que su obra se desacredite si revelan que procede de una fuente onírica. Puede también haber un sentir del tipo que D. H. Lawrence manifestaba en una carta, de 1912, a Edward Garnett: «Nunca logré decidir si mis sueños son resultado de mis pensamientos o son mis pensamientos resultado de mis sueños —cavilaba—. Pero mis sueños sacan conclusiones por mí. Ellos deciden las cosas en última instancia. Yo sueño una decisión. El reposo nocturno me ayuda a forjar las conclusiones lógicas de mis días vagos y a ofrecerlas como sueños». Con todo, Lawrence dice a continuación que es «un hórrido sentimiento ese no poder escapar uno a su propio... ¿qué? ¿demonio? ¿destino? ¿o algo similar...?». Para los racionalistas, la idea de que pueda deberse la inspiración a alguna fuente de inteligencia no descubierta es siempre repulsiva; al parecer, H. G. Wells no tenía interés alguno en revelar que uno de sus relatos procedía de sus sueños, pero así se lo confió a su amigo Edmund Haynes.

Por consiguiente, nunca sabremos cuánto debe a los sueños la literatura. Pero existen ciertas insinuaciones sobre tal deuda, procedentes de algunos escritores así como de pintores y músicos, que confirman el valor de los sueños en el pasado y su potencial para el futuro.

## *Prosistas*

La confesión más explícita de inspiración en las fuentes oníricas es la de Robert Louis Stevenson, en un ensayo sobre el tema que incluyó en su libro *Across the plains* (*A través de los llanos*, 1892). Allí se dice:

> Hay algunos de nosotros que sostienen haber vivido una vida más larga y más rica que sus vecinos; cuando éstos dormían, ellos seguían activos; y entre el tesoro de memorias que todos los hombres no nos entretenemos en recorrer, cuentan ellos la cosecha de sus sueños en un lugar no secundario.

En su infancia, recuerda Stevenson, había sido «un ardiente soñador», en el que predominaba el desasosiego. Pero, al crecer, encontró que «esos pequeños seres que manejan el teatro interno del ser humano», y que antes habían andado jugando como niños, podían ser adiestrados de modo que le ayudaran en su profesión de narrador cuando empezó a tratar de vender sus cuentos.

> Ahí estaba él, y ahí estaban esos pequeños seres, que llevaban a cabo esa parte del negocio en otras condiciones diferentes. Ahora, los relatos debían ser escamoteados y pulidos para mantenerlos sobre sus propios pies: debían recorrer de un comienzo a un final y adecuadamente (de cierta manera) las leyes de la vida; en una palabra, el placer se había convertido en un negocio; y no sólo para el soñador sino también para los pequeños seres de su teatro. Éstos comprendieron el cambio lo mismo que él. Cuando se tendía para disponerse a dormir, ya no buscaba entretenimiento, sino

historias publicables y reeditables; y, después de que hubiera dormitado allí en su palco, los pequeños seres proseguían sus evoluciones con los mismos designios mercantiles.

A veces, si se dormía profundamente, los «Duendes» —otra designación de los «pequeños seres»— producían simples ripios; «y sin embargo ¡cuán a menudo esos Duendes dormilones le han prestado fiel servicio, y, mientras él estaba allí sentado a su placer por los palcos, le han brindado mejores cuentos de los que por sí mismo hubiese podido construir!».

«Pequeños seres» o «Duendes», hoy suena a sensiblería. Pero no era así para los celtas, ni para quienes, como Stevenson, aceptaban el supuesto céltico de que hay «poderes» capaces de influir sobre nuestras vidas; que pueden asumir formas humanas u otras: de hadas, ninfas, trasgos; y que pueden ser invocados como espíritus para ayudar a la gente, del mismo modo que le echaban una mano a él. No estaba dispuesto a defender su creencia en ellos ni a intentar describirlos; cuando se le pidió que explicara qué entendía exactamente por sus «pequeños seres», respondió:

> qué diré que son, sino precisamente «mis Duendes», Dios los bendiga, que me hacen la mitad del trabajo mientras estoy dormido y, según toda probabilidad humana, hacen el resto también cuando estoy despierto mientras creo, con presuntuosa ingenuidad, que lo hago yo. La parte hecha mientras duermo es, sin que quepa duda, de los Duendes; pero la realizada mientras ando levantado no es en modo alguno necesariamente mía, pues todo viene a mostrar que los Duendes ponen su mano en ella también. Es ésta una duda que preocupa a mi conciencia. Pues en cuanto a mí —lo que llamo «yo», mi ego consciente, el huésped de la glándula pineal, salvo que haya mudado resistencia desde Descartes, el hombre con conciencia y una variable cuenta bancaria, el hombre con sombrero y botines y el privilegio de votar sin que su candidato llegue a las elecciones generales— estoy tentado a veces de suponer que no se trata en absoluto de un narrador, sino de una criatura tan pedestre como un quesero o un queso, y de un realista empantanado hasta las orejas en el presente; de modo que, según esto, la totalidad de la obra de ficción que he publicado ha de ser producto de la sola mano de un Duende, algún Espíritu Familiar, algún colaborador a quien mantengo bajo llave en algún desván, mientras yo recibo todo el elogio, cuando a él no le toca sino una parte (la que no puedo evitar que reciba) del pastel.

Stevenson se atribuirá como único mérito ser un excelente «consejero»: sabía cuándo era oportuno suprimir material o aderezarlo un poco; además, él manejaba la pluma y hacía los tratos para la publicación, lo cual le daba cierto derecho a reclamar una participación en el proceso; aunque no tenía tanta como la que de hecho se le adjudicaba.

Para ilustrar cómo trabajaban para él los «pequeños seres», citaba *El extraño caso del doctor Jekill y Mr Hyde* (1886). Durante mucho tiempo estuvo tratando de encontrar el medio de concretar un relato sobre «ese fuerte sentido del doble ser del hombre» sin lograrlo. Entonces urgentemente necesitado de fondos, se pasó dos días devanándose los sesos en busca de cualquier clase de argumento; «y la segunda noche soñé la escena junto a la ventana, y una escena posterior dividida en dos, en la cual Hyde, perseguido a causa de algún crimen, tomaba los polvos y experimentaba el cambio en presencia de sus perseguidores». El resto lo compuso Stevenson conscientemente, «aunque creo poder descubrir en mucho de ello la manera de actuar de mis Duendes». En su mayor parte, concluía Stevenson, sus Duendes eran «un tanto fantasiosos». Les gustaba lo apasionado y lo pintoresco y «no tienen prejuicios contra lo sobrenatural».

Ni lo tenían los de Anna Kingsford. La suya es una de las historias más notables dentro de la historia de lo que se ha llamado el «Movimiento de Liberación Femenina». Irritada por el modo en que la profesión médica británica cerraba la entrada a las mujeres, se marchó a París en 1874, se graduó allí en medicina, y llegó a constar entre los principales autores sobre temas médicos y de otras disciplinas científicas, incluidos los sueños, cuya significación no había recibido, a su entender, reconocimiento adecuado. «Las invalorables intuiciones e iluminaciones que he alcanzado por medio de mis sueños —sostenía— me han hecho llegar lejos para dilucidar muchos problemas y enigmas de la vida, y aun de la religión, los cuales de otro modo podrían haber permanecido oscuros para mí, y para derramar, sobre los acontecimientos y las vicisitudes de una carrera colmada de perplejas situaciones, una luz que, como la del sol, ha penetrado hasta las causas y las mismas fuentes de las circunstancias, dando adecuación y sentido a mucho de lo que en mi vida se me habría aparecido, si no, como inconscinte e incoherente».

Anna Kingsford no dejó detalles con qué sustanciar esta afirmación; pero antes de su muerte, compiló en un libro aquellos de sus sueños que, para ella, entraban en el género del cuento.

Los rasgos más notables de las experiencias que me dispongo a registrar son la consecución metódica de sus consecuencias y el designio inteligente que se revela tanto en los sucesos presenciados como en las palabras oídas o leídas. Algunas de éstas, en verdad, se asemejan, por lo oportuno y lo profundo, a los apólogos de las escrituras orientales y, en más de una ocasión, el escenario del sueño representaba con exactitud características de remotas regiones, ciudades, bosques o montañas, que, en esta existencia por lo menos, yo no había visto jamás ni, hasta donde puedo recordar, oído describir; y empero cada rasgo de esos ajenos climas se ha revelado a mi visión en sueños con un esplendor de colorido y una nitidez de contorno que, contrastado, hacía aparecer más opaca y menos real la vida de vigilia.

Publicado en 1888 —póstumamente, por determinación de la autora—, el relato de tales sueños no puede comunicar ese «esplendor»; pero son lo bastante absorbentes como para dar la impresión de que, si hubiera querido, habría podido fácilmente pulirlos y venderlos como literatura de ficción. Para ella, sin embargo, la importancia radicaba en el influjo que habían tenido sobre su carrera. Recordaba que le habían sobrevenido cada vez que estaba profundamente inmersa en su labor; como cuando era estudiante de medicina. Le parecía casi como si la función de esos sueños hubiera sido proporcionarle el tener que leer para dormirse.

Los cuentistas, sin embargo, parecen haber tenido menos inhibiciones para evocar los orígenes de sus obras. «Muchos años han transcurrido, y el sufrimiento me ha debilitado la memoria», admitía Edgar Allan Poe, pero fue muy claro acerca de cómo había tenido la inspiración de su cuento preferido, «La señora Ligia» (1838). La había encontrado en un sueño, donde los ojos de la dama, en particular, dejaron en él un impresión indeleble.

> Eran, he de creerlo, mucho más grandes que los ojos comunes a las personas de nuestra propia raza.
>
> Eran hasta más intensos que los más atractivos ojos de gacela de la tribu del valle de Nurjahad. Pero sólo a intervalos —en momentos de viva excitación—, se tornaba esa peculiaridad ligeramente perceptible en Ligia. Y en esos momentos era su belleza —en mi encendida imaginación tal parecía, quizá— la belleza de seres que están por encima o aparte de la Tierra...

Sobre todo la expresión de esos ojos había permanecido en él. «¿Cuán largas horas he meditado en ella? ¿Cuánto tiempo del solsticio estival he luchado toda una noche por desentrañarla?»

En su diario, el 10 de febrero de 1918, Katherine Mansfield anotó:

> Anoche soñé un cuento, y hasta el propio título, que era «Sol y Luna». Fue un sueño muy ligero. Lo soñé todo; acerca de niños. Me levanté a las 6.30 horas y escribí un par de notas, porque sabía que habría de esfumarse. Lo enviaré en algún momento esta semana. Es tan lindo. No soñé que lo leía. No, yo estaba en él, era parte de él, y se desarrollaba en torno a mi persona invisible. Pero el protagonista no tiene más de cinco años. En mi sueño, veía con ojos de cinco años una mesa de desayuno. Era algo terriblemente extraño; especialmente el plato de crema helada semiderretida.

«Tres de mis ensayos son registros literales de sueños», le dijo J. B. Priestley a Rodolphe Megroz, cuyo libro *The Dream World* (*El mundo de los sueños*) sigue siendo una útil colección: «El sueño», «Las bestias de Berkshire» y «El extraño proveedor» eran tres «sueños reales que anoté tal como los recordaba, en especial los dos últimos, ambos cómicos pero muy singulares, más bien del tipo de *Alicia en el País de las Maravillas*».

Algunos novelistas se han mostrado dispuestos a admitir que deben a sus sueños ciertos caracteres o situaciones; entre ellos tenemos a Jack Kerouac. Su *Book of Dreams* (1961) es «simplemente una colección —explicaba— de apuntes tomados al despertar» por lo que se considera de escaso interés en cuanto al material anotado; pero a los ávidos lectores de sus novelas, si quedan supervivientes de ese en otro tiempo bien poblado sector, les revela cómo esos sueños proveen la clave para muchos de sus personajes. Graham Greene ofrece un testimonio más notable. En *Vías de escape* (1981) recuerda:

> La génesis de mi novela *Campo de batalla* fue un sueño, y también empezó con un sueño *El cónsul honorario.* A veces, la identificación con un personaje llega tan lejos, que uno sueña los sueños de él y no los propios. Eso me sucedió mientras escribía *Un caso acabado.* Los símbolos, los recuerdos, las asociaciones de un sueño que tuve, pertenecían tan claramente a mi personaje Querry, que a la mañana siguiente pude poner el sueño sin modificarlo en la novela, donde llenó un hueco de la narración que había sido incapaz de salvar durante varios días. Imagino que todos los autores han encontrado el mismo auxilio en el inconsciente. El incons-

ciente colabora en nuestro labor, es un «negro» que mantenemos en el sótano para que nos ayude. Cuando un obstáculo parece insuperable, leo el trabajo del día antes de retirarme a dormir y dejo que el «negro» haga la faena en lugar mío. Al despertar, casi siempre se ha eliminado el obstáculo: la solución está allí, patente; tal vez haya venido en un sueño que he olvidado.

La «consulta con la almohada» suele ser más fácil de admitir como vehículo de inspiración que la actividad onírica misma; especialmente cuando se trata de eliminar el «bloqueo del escritor». Cuando la señora Gaskell preguntó a Charlotte Brontë si alguna vez había probado opio, porque las sensaciones provocadas por la droga que la novelista había descrito presentaban tan estrecha semejanza con las que la propia Gaskell había experimentado, ella respondió que,

> hasta donde sabía, jamás había tomado un gramo en forma alguna, sino que había seguido el proceso que siempre adoptaba cuando tenía que describir algo ajeno a su propia experiencia: concentrar en ello el pensamiento noche tras noche antes de dormirse, preguntándose cómo era o cómo podría ser, hasta que al cabo, después de que el curso de la narración hubiera quedado detenido semanas en ese punto, despertaba una mañana teniendo todo claro ante sí, y entonces podía describirlo palabra por palabra como si realmente hubiera sucedido.

También, en el caso de Walter Scott, cada vez que se encontraba en dificultades con una narración —así lo anotaba en 1826 en su Diario—, «era siempre al abrir los ojos por la mañana cuando las ideas deseadas acudían a mí a raudales. Tanto es así que tengo la costumbre de confiarme a ello, y, cuando no sé cómo hacer, me digo: no importa, mañana a las siete lo tendremos».

Hay un caso en el que «consultar con la almohada» quizá no sea el modo adecuado para dar cuenta de uno de los logros de este escritor. Para su biógrafo, John Gibson Lockhart, *La novia de Lamermoor* es «la más pura y poderosa de todas las tragedias debidas a la pluma de Scott» y, en lugar de someterla a crítica formal, Lockhart prefirió recordar cómo había sido compuesta, según el testimonio de James Ballantyne, amigo e impresor del novelista. Scott, que por entonces (1819) estaba gravemente enfermo, la había dictado desde el lecho, a veces levantándose y representando la acción como en un estado de sonambulismo. Según Ballantyne, la obra estuvo no sólo escrita sino también publicada antes de que Scott se recobrara; «y él me aseguró que, cuando tuvo por primera vez en sus manos el ejemplar, no recordaba ninguno de los episodios, personajes o sucesos contenidos en ella». Scott conocía el argumento desde su niñez: los hechos generales sobre los hijos, los pretendientes rivales, la boda y la catástrofe final;

> pero no recordaba literalmente otra cosa: ni uno de los carácteres urdidos por el novelista, ni una de las muchas escenas y rasgos de humorismo, ni nada de lo que le ligaba como autor a la obra. «Durante mucho tiempo —dijo— me sentí muy incómodo al leerla, temeroso del sobresalto de encontrarme con algo demasiado estridente o fantasioso. Empero, recordaba que usted había sido el impresor y tenía la seguridad de que no habría dejado pasar ninguna cosa así». «Bien —respondí—; ¿qué tal le pareció?». «¡Vaya! —repuso—; en conjunto, la sentí monstruosamente burda y extravagante; pero, con todo, lo peor de ella me hizo reír, y confié en que el indulgente público no sería menos benévolo».

Por mucho que lo sobrenatural fascinara a Scott, él (como más tarde Dickens) quería dejarlo aparecer en su ficción y no en su vida; y sin duda comprendiendo que podía perturbar a su amigo oír los pormenores de cómo había compuesto el relato, Ballantyne no volvió a sacarle el tema. Pero en 1821, en su lecho de muerte, Ballantyne consideró que debía dar los hechos a conocer. Su recuento, afirmaba, eran tan nítido como si lo tuviese en versión taquigráfica; y consideraba que Lockhart estaría de acuerdo «en creer que no hay nada más asombroso en la historia de la mente humana».

Como nuestra petición de comunicar sueños para la Fundación Koestler no estaba dirigido en particular a los escritores, no es de sorprender que de parte de éstos se obtuvieran respuestas relativamente escasas. Pero la de Alec L. Glasfurd resulta de considerable interés. Cerca de la edad de diez años, había tenido un vívido sueño, que entonces le pareció importante.

> Me llevaban descendiendo varios peldaños, en la figura de un niño pero antes de mi nacimiento, y me introducían en una estancia de piedra, cavernosa y de techo bajo. En el extremo más distante estaba sentado un dignatario católico del Medioevo, el cual, según entendí vagamente, había sido Papa: manto oscuro, gorro ajustado con orejas, y rostro muy poco común, con barba en punta, larga nariz ganchuda y ojos oscuros y penetrantes; una fisonomía «oriental», más bien como podía imaginar a un profeta del Antiguo Testamento. Había varios monjes alrededor su-

yo. Me dijo que una de las tareas de mi vida futura sería contar la verdad sobre su persona, que había sido oscurecida y distorsionada por prejuicios históricos. Yo respondía que, no siendo católico, sin duda algún otro podría hacerlo mejor. Pero él insistía.

En 1959, o sea unos treinta y cinco años después, Glasfurd —que para entonces había pasado de la Iglesia presbiteriana a un «agnosticismo más bien militante»— viajaba por España y se detuvo en Peñíscola, un pueblo situado a unos cien kilómetros al norte de Valencia. Allí le informaron de que a comienzos del siglo XV el castillo había pertenecido a Pedro de Luna, el primer «Benedicto XIII», elegido en 1394 por los cardenales franceses y reconocido Papa por sus fieles, pero repudiado como Antipapa por los italianos y por los católicos de otros muchos países. Los conocimientos de Glasfurd sobre el Cisma eran limitados, y no tenía un claro recuerdo del Papa Luna.

«Pero ese espectacular castillo y la historia del viejo Antipapa construyendo su última residencia me causaron inesperada impresión, y, de regreso, busqué información al respecto. Entonces quedé atrapado. De las historias generales pasé a las fuentes documentales. Advertí que Luna había sido una personalidad honesta y simpática, y que su vida era una maravillosa ilustración de la obstinación española y una reducción al absurdo de las pretensiones papales».

A Glasfurd le pareció extraordinario que ninguno mejor calificado hubiese escrito un libro sobre el personaje; de modo que decidió hacerlo él.

«Mientras preparaba el libro, emprendí una larga búsqueda para procurarme un posible retrato, y al final encontré un esbozo marginal trazado en una crónica de época sobre un concilio celebrado en Perpiñán. Tan pronto como lo vi reconocí al dignatario de mi sueño de la infancia. El rostro aparecía en un ángulo un tanto diferente —mi sueño no había sido una precognición del dibujo—, pero era inconfundiblemente el mismo».

Ese rostro había de ser el frontispicio de *The antipope*, publicado en 1965. Glasfurd teme que el libro no haya impresionado mucho a los mandatarios de la historia eclesiástica; «como lo había advertido en su momento, debió haberse elegido mejor campeón». En realidad, el Antipapa no procedió con poco acierto. El trabajo de Glasfurd no sólo es de grata lectura, sino que además está bien documentado y resulta convincente, salvo para la cúpula de la jerarquía eclesiástica. Está escrito a la manera coloquial de una novela histórica («Una tormentosa mañana de enero de 1376, mientras rachas de lluvia casi horizontales se abatían...»), conforma una presentación que es anatema para los historiadores académicos.

*Autores teatrales*

Los autores teatrales encuentran en general más difícil incorporar en su obra secuencias oníricas, aunque ha habido excepciones, como *Time and the conways* (1936) de Priestley. Pero hay ejemplos de casos en que un sueño ha inspirado la composición de una pieza, entre ellas una que debe contarse entre las de mayor influjo por sus efectos sobre el curso de los acontecimientos sucesivos.

En 1902, los hermanos Frank y W. G. Fay, que poco después contribuirían al lanzamiento del Abbey Theater, buscaban una pieza para montar en Dublín, junto con la *Deirdre* de A. E. (A. G. Russell), que no cubría el tiempo suficiente. Pidieron entonces a W. B. Yeats que les cediera su *Land of Heart's Desire*. El poeta respondió que no, «pero que tenía una pieza breve para darles, *Cathleen ni Houlihan*, y creía poder persuadir a Maud Gonne de que se hiciera cargo del papel principal». Según recuerda Ulick O'Connor en su *Celtic Dawn*, «al principio, los Fay se sintieron muy desanimados, cuando Yeats les dijo que el tema de *Cathleen ni Houlihan*, inspirado en una antigua leyenda irlandesa, se le había ocurrido en un sueño. Pero levantaron el ánimo cuando les aseguró que era una denominación tradicional de Irlanda, para la forma de una mujer que requiere a los jóvenes sacrificarse por ella.»

Ambas piezas se representaron en el Temperance Hall de Santa Teresa, con capacidad sólo para trescientos espectadores; pero el impacto logrado, especialmente por Maud Gonne en el papel de Cathleen, fue poderoso y duradero. El periódico de Arthur Griffith, *United Irishman*, pronosticó que sería el comienzo de un nuevo teatro nacional; y la predicción se cumplió, ya que el resultado fue el establecimiento de la compañía del Abbey Theater, con un repertorio pronto incrementado por las contribuciones de J. M. Synge, Lady Gregory y Sean O'Casey. Aún en meros términos de teatro, el sueño de Yeats podría considerarse de alto influjo artístico. Pero, como luego comprendió él, también había de tomarse en cuenta el influjo político, en cuanto contribuyó a nutrir el espíritu de sacrificio hasta la muerte, que culminaría con el levantamiento de Pascua de 1916. Los líderes de la rebelión eran esa clase de hombres capaces de ser movidos por la leyenda, y por la versión que de ella dio Yeats; lo cual habría de perturbar luego al poeta.

> Todo cuanto he dicho y hecho,
> hoy, que viejo y enfermo estoy,
> se torna en pregunta, que
> noche a noche se desvela,
> sin dar con respuesta justa:
> ¿mi obra impulsó a los hombres
> muertos por los ingleses?

Aunque *Cathleen ni Houlihan* no pueda ser considerada responsable, no cabe cuestionar que constituyó uno de los pasos fatídicos del camino que llevó a 1916.

Otro notable ejemplo de inspiración onírica en el teatro es *La historia de la diosa verde*, de William Archer, estrenada en 1921. Archer se había forjado en Londres una magna reputación como periodista y crítico teatral, pero durante la primera guerra mundial, ya sexagenario, empezaba a preguntarse si podría mantener su producción y, si no, cómo podría asegurar sus ingresos. Después de leer a Freud, se había interesado en los sueños y comenzó a registrar los suyos, que fueron póstumamente compilados en un libro. «Sin duda, la práctica le hizo experto en el arte de recordar y anotar, pues muchos de los sueños registrados en sus voluminosas notas son largos y complicados —observa su biógrafo, el coronel C. Archer—. Pero el sueño del 1 al 2 de septiembre de 1919, que cambió el curso de su vida, era comparativamente simple».

Una semana después de esta fecha, Archer había escrito:«¿Qué crees que he estado haciendo todo el día de ayer? ¡Esbozando una pieza de teatro que se me ocurrió en un sueño!». Pese a toda su experiencia en anotar sus sueños con detalle, no estaba seguro de cuánto de lo que recordaba pertenecía efectivamente a ese sueño. Pero tenía la certeza de que a éste se debía la idea de base —«la idea que constituye la originalidad del tema (si la hay)»—, y pudo completar un borrador sin dificultades.

Más de treinta años antes había colaborado con Bernard Shaw en el intento de componer una pieza: el fuerte de Shaw era el diálogo; el de Archer, la estructuración. La cosa no resultó: Shaw convirtió el esquema de Archer en una versión diferente y, desde el punto de vista de Archer, casi irreconocible, la cual sería posteriormente el arranque de la carrera teatral de Shaw, con el título *Casas de viudos*. Con todo, la amistad entre ambos había subsistido; y Archer, aun sin grandes esperanzas, envió a Shaw el borrador de su nueva obra, proponiéndole nuevamente una colaboración que Shaw tomó con ligereza, limitándose a censurarle por perezoso. Entonces Archer lo intentó con Harley Granville-Barker; éste pasó el borrador al empresario estadounidense Winthrop Ames; Ames escogió a George Arliss para interpretar al protagonista, el refinado rajá que explota los poderes de un ídolo; y un año después de que Archer hubiera completado la versión definitiva de *La diosa verde*, ésta llegó a ser la pieza de mayor éxito de la temporada neoyorquina, como volvería a serlo tres años más tarde en Londres.

«La idea fija que le había obsesionado durante treinta y cinco años hasta convertirse casi en artículo de fe: la de que él era incapaz de producir piezas teatralmente efectivas, no podía ser desarraigada de un día para otro», comenta su biógrafo; pero no pudo sino ceder ante la embriagadora experencia de aparecer en el teatro de Nueva York y enterarse de que no había asiento para él: las mil setecientas localidades estaban vendidas. Así su ambición: «simplemente sucias ganas de lucro —solía insistir—; quiero una pensión para mi vejez», se vio cumplida y colmada.

Pero los demás sueños de Archer, según se relatan en la compilación póstuma, son decepcionantes. «Una de las notorias y desoladoras variedades del género de los pelmas es el que acostumbra a contar sus sueños», había señalado alguna vez; los suyos no hacen sino confirmar este juicio. Una comparación con la compilación de Anna Kingsford revela la causa. Los sueños de Archer eran del tipo corriente, que se aparta de las limitaciones de la vida real y fascina al soñador por el extraño curso que toman, pero resultan tediosos de oír a menos que la trama sea atractiva por derecho propio, es decir, grata de leer para quien no sabe que es producto de un sueño.

«No creo que la inspiración caiga del cielo», escribía Cocteau en 1937, mientras componía su obra *Los caballeros de la tabla redonda*, versión marcadamente bisexual de la leyenda arturiana. Y continúa: «Creo que es, más bien, resultado de una profunda indolencia y de nuestra incapacidad para poner por obra ciertas fuerzas de nuestra interioridad». El poeta señalaba que estaba a disposición de la noche. «Su papel es modesto: tiene que mantener la casa limpia y aguardar la visita». *Los caballeros de la tabla redonda* había sido una visita de esta clase. «Me encontraba enfermo y cansado de escribir cuando, una mañana, todavía dormido, desperté sobresaltado y presencié, como desde la butaca de un teatro, tres actos que daban vida a una época y a personajes de los que tenía información documental, y que consideraba inaccesibles». Sólo más tarde halló ocasión de confrontar su inspiración con las fuentes de la leyenda.

De los directores cinematográficos de primer orden del pasado reciente, fue Luis Buñuel el que rindió tributo a la fuerza inventiva de sus sueños, en su autobiografía *Mi último aliento* (1982). *El perro andaluz* (1928), su primera película, que escandalizó al público, «nació de un encuentro entre mis sueños y los de Dalí», recuerda en el capítulo titulado «Sueños y ensueños». «Si alguien me dijera que me quedan veinte años de vida y me preguntara como querría pasarlos, respondería: dadme dos horas de actividad por día y dedicaré las veintidós restantes a los sueños»; con tal —añade con cordura— de que pudiera recordarlos.

*Poetas*

Charles Lamb dio cierta vez este consejo: los jóvenes escritores indecisos entre el verso y la prosa, debieran decidirse examinando la textura de sus sueños: «si éstos son prosaicos, pueden estar seguros de que no tienen mucho que esperar de sus sueños artificiales con fines de creación».

Por cierto, la lista de poetas que han llegado a una obra a través de un sueño sería más larga aún que las de los prosistas; y también más notable en un aspecto: el número de ocasiones en que la obra les fue dada como por dictado o desde una pantalla televisiva. En 1816, Coleridge, en tercera persona, recordaba cómo, casi veinte años antes, había cobrado forma su Kubla Khan:

> Todas las imágenes surgían ante él como cosas, con una producción paralela de las correspondientes expresiones, sin sensación alguna de esfuerzo consciente. Al despertar, le pareció tener un nítido recuerdo de todo, y, tomando su pluma, tinta y papel, anotó enseguida, con excitado empeño, las líneas aquí preservadas. En ese momento, infortunadamente, fue requerido por una persona de negocios de Porlock, la cual le retuvo más de una hora, y al volver a su cuarto, encontró, para su no pequeña mortificación y sorpresa, que, aun cuando conservaba todavía algún vago y nebuloso recuerdo del contenido general de la visión, sin embargo, salvo unas ocho o diez líneas e imágenes dispersas, el resto había desaparecido como las ondas de la superficie de un río cuando se arroja una piedra, pero, ¡ay!, sin la restauración de esas imágenes.

Se han expresado dudas sobre la fiabilidad de la memoria de Coleridge en relación con este episodio; pero no cabe cuestionar su confianza en los sueños.

Para él, «no hay división consciente entre el día y la noche, ni tampoco entre sueños e intuiciones, sino entre los sueños y la pura razón —sostiene el crítico y poeta Arthur Symonds—; en casi todos sus poemas mayores, encontramos que toma abiertamente no sólo su propia sustancia sino también su estilo, de los sueños, dramatizándolos según una lógica y una pasión que le son peculiares». Esta capacidad para fundir el material onírico con su lógica personal, prosigue Symonds, distingue a Coleridge de Blake, en quien el verso es «literalmente inconsciente». En cierto sentido, toda la poesía de Blake era soñada. Él se veía a sí mismo, más que como un soñador creativo, como un intermediario a través del cual se derramaba la fuerza divina.

Goethe creía que parte de su facilidad para el verso se debía a ese «genio invisible» que Wilhelm, en *Los años de viaje* (1821), presenta como «el que me susurra algo rítmico, de modo que, en mis caminatas, voy ajustando los pasos a ese ritmo». A veces componía poemas de una manera que, si ha de confirmarse según la fidelidad con que su protegido, Peter Eckermann, ha trasmitido sus palabras, equivale a una forma de escritura automática:

> No los ha precedido ninguna impresión ni presentimiento, sino que me han sobrevenido de pronto, urgiendo que los compusiera inmediatamente, de modo que he experimentado un impulso instintivo y onírico de ponerlos por escrito al instante. En esta condición de sonambulismo, a menudo me ocurría que tenía delante una hoja de cuartilla, sin que me diera cuenta de ello hasta que todo estaba escrito o hasta encontrar que no me quedaba espacio para seguir escribiendo.

Swinburne, tratando de escribir una balada sobre el estribillo «Sólo el canto de un pájaro secreto», descubrió irritado, según cuenta su biógrafo Edmund Gosse, que no le salía, y se acostó esa noche sin consuelo. Por la mañana logró escribirla prácticamente de un tirón. En el caso de Swinburne no hubo conciencia de haber soñado.

Las primeras tres estrofas de «Visión de primavera en el invierno», advirtió, acudieron en el curso de una noche mientras no estaba ni soñando ni a punto de dormirse, sino en un sueño profundo, del cual despertó para anotarlas. A la mañana siguiente, temió encontrarse con que fueran disparates; pero no necesitaron modificación alguna.

El poema de John Maesfield «Habla la mujer» le vino en un sueño donde vio «una dama alta, vestida para salir, con pieles y un gran sombrero adornado con plumas». En el sueño, él conocía el pasado de la dama, y sabía que se encontraba en una mañana de domingo en los campos de la Colegiatura Jurídica de Lincoln. Cuando ella se borró del sueño, «todo el poema apareció en alto relieve sobre una lámina de metal», de donde el poeta lo copió:

> Destino amargo, cuando llega tarde
> la tentación suprema de la vida.
> En mis diez años de instrucción, gané
> premios por mis ricas galas y migraña.
> Casé bien; tuve holgado a mi marido,
> con encanto gentil, por veinte años.
> Paseamos mucho, a donde va la gente,
> pero no, hasta el domingo, por aquí.
> Imaginaos, pues, con qué alegría
> vi el mar de la ciudad, gris, vasto, inquieto,
> de pronto calmo; y qué infierno saber
> cuán tranquila pudo ser mi existencia,
> de permitírseme volver atrás.

El curioso poema «El Fénix», de A. C. Benson, escrito en 1884, narra cómo esta ave fabulosa se reproduce arrojándose al fuego y engendrando su descendencia de sus propias cenizas. El poema se compone de cuatro cuartetos de ritmo excéntrico y pegadizo:

> Tras verdes plumas, por Casbín,
> del ave en pos, romeros van,
> tras gemas que dejó caer
> por yermo o por bosque, al azar.

Cuando le preguntaron cómo había llegado a componerlo, Benson explicó; «Soñé el poema en 1884, creo, y lo anoté en plena noche, en un trozo de papel que estaba en mi mesilla». Nunca había tenido ni volvió a tener una experiencia similar, ni intentó en ningún otro momento escribir nada en ese estilo. «Realmente, no puedo ofrecer ninguna explicación acerca de la idea ni de la interpretación del poema». Como le había venido sin contar con su voluntad, no logró entender el simbolismo, ni intentarlo siquiera.

En los sueños de Anna Kingsford, los versos fluían a raudales; no tenía más que anotarlos.

¿Ojos del alba en los cielos?
¿Chispas de boca infernal?
¿Resplandor de siete lámparas
—quién lo sabe— del altar?

¿Será la llama de un fuego
o de un día al comenzar?
¿Luz natal o pira fúnebre?
¿Quién sabrá?

Un cínico podría comentar que no se empobrecería el mundo si los versos de la Kingsford ni, por lo demás, el «Fénix» de Benson, hubiesen quedado sin registrar; y hay muchos ejemplos de poemas oníricos que, al despertar, han resultado menos absurdos. El poeta alemán Friedrich Hebbel anotó en su diario, en 1838, que mientras trabajaba en su tragedia *Judith*, soñó un poema que le complació dentro del sueño pero, al acercarse al despertar, iba sintiéndolo insatisfactorio y no pudo recordarlo cuando despertó del todo. Hebbel estaba persuadido de que «los extraños conatos de conciencia que preceden siempre al despertar y nos hacen mirar con desconfianza al estado onírico en que nos encontramos, son los que embotan la operación poética de la psique, y matan al germen vivo de esa preciosa idea, como una súbita racha de aire frío; de modo que cuando despertamos la idea se ha paralizado». Creía que así podían perderse poemas de valor, porque la crítica y celosa conciencia del despertar bloquea el recuerdo de ellos.

Aunque no hay método por el que pueda apreciarse el papel de los sueños olvidados —si, y hasta qué punto, son esenciales para el proceso por el cual la mente nos proporciona, durante el estado de reposo, información o inspiración de la que disponemos al despertar—, hay abundante constancia, en la forma de sueños no recordados al despertar pero evocados más tarde, de que ese papel puede existir. En su ensayo sobre el simbolismo poético, Yeats rememora una ocasión en que, mientras componía un poema, hubo de inclinarse para recoger una pluma que se le había caído; esa acción desencadenó el recuerdo de sueños que había tenido varias noches sucesivas, y de un modo tan notable que, cuando se recobró de lo que había parecido un estado de trance, tardó cierto tiempo en retomar conciencia de lo que había estado haciendo esa mañana. En la construcción y comprensión de una obra de arte, concluía Yeats, «nos vemos atraídos hasta los umbrales del estado del sueño, y puede que mucho más allá de él, sin saber que hemos hollado los peldaños de cuerno o de marfil».

Yeats recordaba haber soñado el argumento de su poema «El gorro y los cascabeles» exactamente como lo escribió:

El bufón entró en el jardín
el jardín en su hora queda
y mandó a su alma ascender
y posarse sobre el alféizar.

La joven reina, tras la ventana, se negaba a escuchar al alma del bufón, ni a su corazón, cuando le fue ofrecido. Pero se sintió conmovida cuando supo que el bufón, al morir, le había dejado su gorro y sus cascabeles:

Puerta y ventana abrió, y por ellas
entraron el alma y el corazón.

Yeats había dudado al comienzo si poner ese sueño —«bello y coherente, me daba ese sentido de iluminación y exaltación que se recibe de las visiones»— en prosa o en verso; pero se decidió por la forma poemática, que siempre había significado mucho para él. ¿Cómo le llegó el poema? «Blake habría dicho: los motores están en la eternidad; y no estoy muy seguro de que sólo pueda indagarlos en sueños.»

### *Artistas*

El sueño más celebre de la historia del arte —dejando aparte aquellos casos en que artistas famosos hayan tratado de representar sus visiones oníricas— es el que dio por resultado la obra de William Blake, según su biógrafo Alexander Gilchrist:

> A finales de 1788, estaba escrita la primera parte de esa singularmente original y significativa serie de poemas para los cuales Blake reclamaba el privilegio, sin embargo no reconocido, de merecer la atención de sus coetáneos y de la posteridad; y estaban listos los dibujos ilustrativos coloreados, que juntó en una indisoluble unión de belleza. *Los Cantos de inocencia* forman la primera sección de la serie, a la que más tarde, al agruparla, dio el sugestivo título de *Cantos de inocencia y experiencia*. Pero ¿cómo publicarlo? Porque carecía totalmente de asentamiento en el público o de crédito en el gremio profesional.

Blake sabía que podía ser el grabador de sus propios dibujos, pero no el impresor de sus escritos, y por un tiempo no se le ocurrió modo de resolver este asunto. Finalmente le llegó la inspiración en una «visión de la noche», en que su difunto hermano Robert le sugirió qué hacer.

> Por la mañana, al levantarse, la señora Blake salió con media corona —todo el dinero que tenían en el mundo— y gastó de ella un chelín y diez peniques en los sencillos materiales para poner por obra la reciente revelación. Con esa inversión de un chelín y diez peniques, Blake inició lo que sería el principal medio de sustento en su vida ulterior: las series de poemas y otros textos ilustrados con láminas en color, a menudo luego retocadas a mano, que se hicieron el medio más eficaz y duradero para revelar su genio al mundo.

El método consistía en grabar no sólo los dibujos sino también las palabras. La pintura de Blake, como sus escritos, estaba tan íntimamente ligada a sus sueños, que sería fútil tratar de desentramar las diferentes líneas, conscientes e inconscientes. En el caso de Turner es algo más fácil, pues, según su biógrafo Philip G. Hamerton, sus paisajes tienen «aproximadamente la misma relación con la realidad que nuestros sueños cuando soñamos con algún lugar que hemos visitado». Aunque una iglesia, digamos, sea reconocible en el cuadro, le faltarán ciertos rasgos; no por ningún lapso de memoria en Turner, sino porque su obra «no es un recordar sino un soñar para, posteriormente, dibujar o pintar ese sueño».

> Y ahora, preguntémonos: ¿cuáles son la índole y la cualidades del sueño? ¿es mera confusión o es algo ordenado según un orden propio, distinto del de la realidad? La respuesta es que el sueño presenta gran unidad y orden. Pensemos, entonces, en Turner simplemente como un poeta que no consiente ser limitado por hechos topográficos de ninguna clase (...). Prestaba a las verdades de cualquier clase tanta atención como le prodigaban los poetas en general. Vivía en un mundo de sueños y, en su caso, la función del mundo real parece haber sido solamente proporcionar sugerencias y material para los sueños.

En su libro *Los sueños y los modos de dirigirlos*, 1867, el marqués Hervey de Saint-Denys se refería a un amigo artista que se había ofrecido voluntariamente a sus experimentos, diseñados para descubrir cómo dar a los sueños el mejor uso. Dicho artista tuvo una noche un sueño donde aparecía pintando una obra de asunto religioso, en la cual estaba a la sazón trabajando, y que le ofrecía dificultades:

> De súbito, un desconocido de majestuosa apariencia entraba en el estudio, le cogía la paleta y los pinceles, borraba la mitad de las figuras que había esbozado el soñador, cambiaba el resto y añadía algunas otras; en suma, transformaba totalmente la composición. En un momento, la tela quedaba milagrosamente acabada y el espectral pintor había desaparecido.

Cuando el amigo de Hervey despertó, no logró recordar la composición; «sin embargo, pudo sacar considerable provecho de la visión que había tenido y así debió uno de sus mejores lienzos a la inspiración recibida en sueños».

Desde entonces, los pintores han reconocido ocasionalmente en los sueños fuentes de inspiración. La muchacha tahitiana que aparece reclinada en «El espíritu vigila» de Gauguin (1899) era la encarnación plástica de un sueño. Pero sólo con la aparición del surrealismo comenzaron los artistas a considerar que los sueños eran un ingrediente esencial de sus obras, a menudo compuestas de modo que resaltara el contraste entre el mundo real y el onírico. El objetivo de André Breton, según señala en su Manifiesto surrealista de 1924, era «conciliar la contradicción que ha existido hasta ahora entre la realidad y el sueño, en una realidad absoluta, una superrealidad». Pero aun los surrealistas consagrados, o sus admiradores, encontrarían difícil afirmar que esa reconciliación se haya logrado satisfactoriamente.

### *Músicos*

Ya no se oyen a menudo en las salas de concierto o por la radio las obras del violinista y compositor italiano del siglo XVIII Giuseppe Tartini. Pero, si alguna de ellas aparece en un programa, lo más probable es que sea el *Trillo del diàvolo* («Trino del diablo»); y seguramente las notas del programa recordarán uno de los relatos del autor sobre cómo llegó a componerlo, a los veintiún años de edad. En un sueño lograba convertir al diablo en esclavo suyo:

> cuán grande fue mi asombro cuando le oí ejecutar con consumada habilidad una sonata de tan exquisita belleza que superaba los vuelos más audaces de mi imaginación. Me sentí arrobado, transportado, encantado; se

me cortó el aliento, y desperté. Tomando mi violín, traté de retener las notas que había oído en mi sueño.

En un viaje a Viena, en 1821, Beethoven soñó que había seguido andando más allá, hasta alcanzar el Medio Oriente; y mientras viajaba por allí venía a su mente un canon.

> Pero apenas desperté el canon desapareció, y no logré recordar ni una parte de él. Sin embargo, al día siguiente, al volver aquí en el mismo carruaje (...), reanudé mi sueño del viaje, estando en esta ocasión totalmente despierto, y de ahí que, de acuerdo con las leyes de la asociación de ideas, el mismo canon fulguró en mí como un relámpago; de modo que, como estaba despierto, lo así con la firmeza de Menelao de Proteo, permitiéndole cambiar a una forma tripartita.

En 1853, Wagner, explicando cómo solía componer, sostenía que, si bien necesitaba dejarse absorber por completo por lo que estaba haciendo, no se trataba de un estado de concentración: «el único modo de lograr mi propósito es dejar que mi mente torne a vagar por el reino de los sueños». Y el compositor francés Vincent d'Indy reveló que a menudo, al despertar, conservaba el débil recuerdo de una composición, en cuya rememoración debía concentrarse para que no se le olvidara.

Una posibilidad aún por explorar es si las personas sin aptitud musical o que se consideran, por así decirlo, sordas para la música, podrían llegar por medio de sueños a cobrar o recobrar facultades musicales. Sir John Edward Cox, un importante abogado londinense de la década de 1870, era un perspicaz psicólogo aficionado, que mantenía una mente abierta a los fenómenos fuera de lo común y estaba dispuesto a investigarlos cuando se atraía su atención sobre ellos. En una ocasión, su curiosidad recayó sobre algo que le había ocurrido en su propia vida y que resultaba inexplicable para él. En su relación del suceso, informa que tenía poco oído y total falta de memoria para la música. Pero soñó que oía una ópera completa compuesta por él mismo, «obertura y todo, con la orquesta completa y media docena de personajes, cada uno de los cuales cantaba su propia parte, y el escenario, la tramoya y la escenografía tan perfectas como nunca había visto». De haber sido músico, eso podría haberse atribuido a una relación imaginativa de deseos, pero, siendo las cosas como eran, no pudo evitar la impresión de que su mente, «libre para actuar sin el embarazo del cuerpo, durmiente, y ejerciendo sus facultades sin impedimento, más allá de sus capacidades de vigilia, había hecho un músico de mí».

*«Una cierta razón»*

«No tengo en modo alguno gracejo, ni estoy predispuesto a las diversiones y galanuras de la sociedad —escribía Sir Thomas Brone en su *Religio Medici* (1635)— y empero, en un sueño, puedo componer toda una comedia, contemplar la acción, captar las chanzas y despertarme riendo por lo que ocurre en ella; de ser tan fiel mi memoria como mi razón, nunca estudiaría sino en sueños».

Esta ha sido siempre la rémora. Aun cuando nuestras galanuras, según las evocamos al despertar, se recuerdan como brillantes, sólo rara vez podemos aprovecharlas. Pero que la potencialidad de un aprovechamiento efectivo esté en ellas es algo que Ralph Waldo Emerson ha sostenido con frecuencia. Según él, uno debería estudiar sus sueños para conocerse a sí mismo: «pero no los detalles, sino la cualidad», explicaba en un ensayo sobre demonología (1838). Los sueños tienen verdad e integridad poética. Aunque pueden parecer «el limbo y el hoyo de polvo de nuestro pensamiento»,

> también los preside una cierta razón. Su extravagancia con relación a la naturaleza está dentro de una naturaleza más elevada. Nos parecen sugerir cierta abundancia y fluidez de pensamiento no familiar a la experiencia de vigilia. Nos escuecen por su independencia de nosotros, pero nos reconocemos a nosotros mismos en ese loco tropel, y debemos a los sueños cierta adivinación y sabiduría. Mis sueños no son yo, no son Naturaleza, ni el No-yo: son ambas cosas. Tienen una doble conciencia, fantasmas que dan lugar a las creaciones de nuestras fantasías, pero actúan como amotinados y disparan contra su comandante (...).

Robert Graves hubiera estado de acuerdo. Su *Sentido de los sueños*, publicado en 1924, resulta decepcionante por lo superficial, pero fue una tentativa de mostrar lo que él designa como «los poderes constructivos y directivos de este método fantástico, prueba del valor de los sueños por sí mismos».

«Todo el mundo toma con seriedad sus propios sueños, pero bosteza en la mesa del desayuno cuando algún otro empieza a contar sus aventuras de la noche pasada —advierte Helen Keller al embarcarse en su capítulo sobre «El mundo de los sueños» de *El mundo en que vivimos* (1933)—. Pero se sintió obligada a tratar el tema porque tan a menudo la gente —hombres de ciencia en particular— supone que alguien ciego casi de nacimiento (en su caso, sorda también) vive en un mundo «chato, sin color ni perspectiva, con escaso espesor y menos solidez: una vasta soledad de espacio sin sonido». Sus sueños le parece que difieren poco de los de los demás: unos coherentes, otros inconsecuentes, otros amorales («la inconsistencia moral de los sueños es flagrante. Los míos se hacen cada vez más discordes con mis sanos principios —reconoce—. En ellos adjudico a quienes más quiero actos y palabras que me mortifica recordar, y los colmo de reproches», de modo que a veces desearía no soñar más). «¡Oh, sueños, cuánto oprobio acumulo sobre vosotros, que sois lo más vano imaginable!», se lamenta.

> Y empero, quitad el mundo de los sueños, y la pérdida es inconcebible. Se rompe el vínculo mágico que mantiene la unidad de la poesía. Disminuye el esplendor del arte y el vuelo luminoso de la imaginación, porque no queda fantasma de inmarchitables crepúsculos y flores que impulse hacia una meta. Huye el mudo permiso o expediente que confiere al sonido la osadía de burlar los límites del tiempo y el espacio, preanunciar y reunir la cosecha de logros para edades no nacidas aún. Borrad los sueños, y perderán los ciegos uno de sus consuelos mayores; pues en las visiones del sueño contemplan ellos la justificación de su fe en la visión mental y de su esperanza en una luz más allá de la angosta y vacía noche.

Helen concluía diciendo que recordaba «pocos bellos y meditativos poemas, pocas obras de arte, ningún sistema de filosofía, que no diera prueba de que las fantasías del sueño simbolizan verdades ocultas por los fenómenos».

Pero quizá los tributos más interesantes al valor de los sueños como fuente de inspiración provienen de dos médicos del siglo XIX:

John Addington Symonds —padre del escritor de este apellido— y Henry Maudsley. Symonds dio en Bristol, en 1851, dos conferencias sobre el sueño y los sueños; y en la segunda de ellas se dedicó a destacar la significación de las semejanzas entre la imaginación onírica y la vigilia. La diferencia esencial, señalaba, consiste simplemente en que los sueños que nuestra mente no elabora activa y artificialmente son los materiales provistos por la imaginación: lo que presenciamos en ellos se nos impone, querámoslo o no. Pero los poderes de la imaginación se hacen tanto mayores por eso mismo; y Symonds sostiene que lo que distingue al genio del resto de los humanos es su capacidad de permitir a la imaginación el libre juego que tiene en los sueños, pero haciéndoles servir a su creatividad. Un hombre inteligente puede combinar ideas, pero ello requiere un esfuerzo consciente; «en las obras del genio no percibimos tales marcas de elaboración, salvo en la tarea del retoque». Como ejemplo, citaba *El Paraíso perdido* de Milton. «La imaginación del genio y la del soñador están, pues, claramente emparentadas en la medida en que operan por un arte no enseñable ni aprendido».

Maudsley había adquirido renombre como especialista en el tratamiento de colapsos nerviosos; su *Pathologie of mind*, cuya primera edición es de 1867, consistía en su mayor parte en una síntesis de la neurofisiología corriente en su época. Pero, acerca de los sueños, se negaba a aceptar la opinión dominante de que carecieran de sentido. No trataba de negar «las fantásticas desviaciones respecto a los cursos ordinarios de la asociación de ideas, la pérdida de poder volítico sobre las mismas, la suspensión de la consciencia, la confusión del yo y la realidad aparente de los sueños»; pero rechazaba por completo la creencia común de que en los sueños ocurriese una pérdida de la facultad de combinar y organizar ideas:

> Es verdad que generalmente hay una pérdida de la facultad de combinarlas y organizarlas como lo hacemos cuando estamos despiertos; pero uno de los rasgos más notables de los sueños, al cual apenas se ha prestado la atención que merece, es el singular poder de combinar y organizar ideas en la forma más vívidamente dramática. No sería una gran exageración decir que las capacidades dramáticas de un tonto, en los sueños, exceden a las que exhibe el más imaginativo de los escritores en estado de vigilia. Cuando reflexionamos sobre las extraordinarias creaciones de los sueños, y consideramos que la persona más obtusa y falta de imaginación construye a menudo escenas, crea personajes e inventa situaciones con una notable intensidad de concepción, nitidez de contornos y exactitud de detalles, poniendo en boca de sus personajes diálogos adecuados a sus respectivos caracteres, bien podemos concluir que, independientemente de la voluntad o la conciencia, hay una tendencia natural de las ideas, como quiera que sean puestas en movimiento, a combinarse y organizarse en una especie de acción dramática, aun cuando no presenten asociaciones conocidas y aparezcan totalmente independientes, si no antagónicas, las unas respecto de las otras.

«De todas las vanidades —sostenía Maudsley—, la metafísica es la vanidad de vanidades por excelencia». Él se consideraba un pragmatista a toda prueba, rasgo asumido con entusiasmo por la escuela psiquiátrica londinense que lleva su nombre. Pero en su concepción de los sueños se adelantó a su época.

# 2

## Sueños que resuelven problemas

«Buena parte del tiempo que dormimos va aparejada con visiones y objetos fantásticos, que reconocidamente nos engañan —observaba Sir Thomas Browne en un ensayo sobre los sueños—. El día nos proporciona verdades; la noche, falsedades y ficciones.» Sin embargo, creía que a través de éstas podían venir «impresiones divinas»:

> Que haya sueños divinos parece puesto en duda sin razón por Aristóteles. Que los haya demoníacos, pocos motivos hay para dudarlo. ¿Por qué, pues, no también angélicos? Si existen espíritus guardianes, acaso no permanezcan inactivos sobre nosotros, si no pueden ordenar nuestros sueños y puede que muchas extrañas sugerencias, instigaciones o discursos, que tanto nos maravillan, tengan tal vez su origen en tales fundamentos.

El surgimiento del racionalismo, en el siglo XVIII, y del positivismo, en el XIX, puso fuera de moda la creencia en ángeles de la guarda; los mismos sueños se tornaron sospechosos a causa de sus amplias asociaciones con lo oculto. Con todo, algunos autores estaban dispuestos a romper lanzas por ellos, especialmente John Abercrombie, médico de la reina Victoria de Escocia y autor de *Indagaciones sobre las facultades intelectuales*, que mereció unas dieciséis ediciones entre 1830 y 1855. Los datos registrados, sostenía, muestran en los sueños la existencia de operaciones mentales de carácter más intelectual de lo que generalmente se estima; y cita el testimonio de un colega, al cual admiraba, quien decía que los pensamientos que tenemos en los sueños, y aun el modo en el que se expresan, eran tan buenos en lo que respecta a razonamiento, información y lenguaje «que se ha servido de ellos en sus lecciones universitarias y en sus elucubraciones escritas». También el marqués de Condorcet, que había sido un brillante matemático antes de hacerse famoso como filósofo y estadista en la época de la Revolución Francesa, había «referido de sí que, cuando absorbido por profundos y abstrusos cálculos, a menudo veíase obligado a dejarlos incompletos y a retirarse al lecho a descansar; los pasos restantes, así como la conclusión de esos cálculos, más de una vez se le habían presentado en el curso de sus sueños».

Para la época en que escribía Abercrombie, la psicología y la psiquiatría no se habían desarrollado aún como disciplinas reconocidas; y se dejaba a los médicos tratar todos los problemas del tipo que hoy veríamos como psicosomáticos. La ortodoxia no se había anquilosado aún hasta el punto de suponer que todos los síntomas físicos deban tener una causa orgánica; aún había una disposición para investigar la posibilidad de algún componente emocional en la enfermedad; y el papel del sueño (o del insomnio) y de los sueños recibía ese tipo de consideración cuidadosa que Symonds le daba en sus conferencias de Bristol en 1851. Como Abercrombie, Symonds destacaba que los sueños han sido de utilidad para los hombres de ciencia. Según el médico Pierre Cabanis, amigo de Benjamin Franklin, éste «en estado de sueño, se formaba tan a menudo conceptos correctos y de alta importancia acerca de personas y sucesos políticos, que se inclinaba a ver sus sueños con supersticiosa reverencia»; cuando el hecho real era que «el agudo y sagaz intelecto del filósofo seguía operando aún mientras dormía». Y en 1867 el marqués Hervey de Saint-Denys, en su libro sobre los sueños, nombraba a tres científicos filósofos que habían atribuido a sus sueños el papel de auxiliares en su labor: el naturalista, matemático y sabio Girolamo Cardano en el siglo XVII; el filósofo Étienne Connot de Condillac en el XVIII; y Jean-Baptiste Biot, conocido físico y astrónomo de comienzos del siglo XIX, quien había contado personalmente a Hervey cómo «en varias ocasiones había realizado dormido un trabajo útil».

El importante cirujano londinense Sir Benjamin Brodie, también de mediados del siglo XIX, citaba casos que conocía, en los cuales se había dado respuesta a cuestiones que tenían perplejos a los soñadores. Brodie presentó su *Psychological Inquieries* en forma de una discusión entre «Crites» y «Eubulo», pero, sobre ese punto por lo menos, ambos personajes estaban de acuerdo: «He oído hablar de matemáticos que han resuelto problemas mientras dormían —observaba Crites—. Un conocido mío, abogado, se encontraba perplejo sobre cómo manejar un caso de uno de sus clientes. En su sueño, imaginó un procedimiento que no se le había ocurrido en la vigilia, y que aplicó luego con éxito». Y confirmaba Eubulo: «Un amigo mío, distinguido químico y filósofo natural, me aseguró que más de una vez había ideado en un sueño un aparato para un experimento que se proponía efectuar, y otro amigo, que a sus conocimientos matemáticos agrega muchos otros, ha resuelto dormido problemas que le tenían perplejo cuando estaba despierto».

Si bien tales testimonios sobre el valor de los sueños procedían de personas con una reputación bien establecida, no fueron suficientes para levantar el estigma que pesaba sobre los fenómenos oníricos, debido a su pretérita asociación con lo sobrenatural. «Los científicos han decidido —se lamentaba Frederick Greenwood— que los sueños son enteramente inútiles». Greenwood era uno de los más capaces e influyentes directores de periódicos del Londres de su época —bajo cuya dirección, señalaba Francis Williams en su *Dangerous Estate* (1957), «la *Pall-Mall Gazette* devolvió ingenio, amenidad, urbanidad y pulimento intelectual al periodismo en un momento en que la prensa matutina se había vuelto solemne y tediosa»— y su libro *Imagination in Dreams* permanece como una de las obras más perceptivas sobre el tema. La actitud de rechazo de los científicos le irritaba. «Mi sugerencia es que eso constituye un error por falta de discriminación; y que la imaginación, que es una facultad de enseñanza, revela en los sueños una fuerza y originalidad que va mucho más allá de las que despliega cuando estamos despiertos», sostenía. La imaginación onírica podía descarriarse; pero bastaba echar una mirada a la documentación histórica «para ver que lo que la imaginación ha hecho por la Ciencia (por lo general con el hombre de inspiración) va tanto más allá de lo que la ciencia podría por sí sola, que la Razón es totalmente incapaz de explicar sus medios y sus caminos». Había sido una experiencia común de los hombres de genio «que sus más nobles pensamientos, sus más agudas intuiciones, llegaron a la mente desde afuera como un relámpago, más que brotar del interior. Parecían proceder de alguna instancia que actúa con independencia y desde el exterior de la mente, y que sin embargo se encuentran en ella como en su casa; que es precisamente lo que podría decirse de los sueños». Pero para entonces resultaba harto improbable que los científicos prestaran atención a alguien que no lo fuera, y menos a un periodista, por distinguido que pudiera ser.

Hasta qué punto las tesis de Greenwood estaban (y están) justificadas, nunca se sabrá, ya que muchos sueños que han desempeñado un papel en el desarrollo de las ciencias tal vez nunca salgan a la luz, debido a que los soñadores no han querido revelarlos, o, si lo hicieron, rehusaron escribir esos sueños o dar sus nombres. «Son numerosos los casos en que se ha dado respuesta a preguntas o solución a problemas en el curso de sueños o durante el estado inconsciente del sueño», observaba Oliver Wendell Holmes en su *Mechanism in*

*Thought and Morals* (1878), un enjundioso ataque al credo materialista del que los científicos habían acabado por hacer un culto. Dos de sus más distinguidos colegas científicos de Harvard confesaron a Holmes haber gozado el beneficio de resolver problemas en sus sueños; pero no permitieron que los nombrara.

También biógrafos de científicos eminentes han omitido a menudo toda referencia a los relatos de cómo esos personajes habían recibido la inspiración de sus sueños. «El conjunto de la física moderna y de sus aplicaciones» —sostienen Louis Pauwels y Jacques Bergier en su obra *El retorno de los brujos* (1960)— deriva de un sueño que tuvo Niels Bohr en su época de estudiante. Se encontraba en un sol formado por gas en combustión; «alrededor pasaban veloces los planetas, con un silbido; estaban ligados al sol por delgados filamentos y giraban en torno a él.» Cuando despertó, iluminó su mente la revelación de que lo que había visto era el buscado modelo para el átomo. Con frecuencia se ha afirmado que Bohr tuvo un sueño así, pero las relaciones sobre el mismo difieren ampliamente. La más extraña es la procedente de Jeremy Taylor en su *Dream work* (1983). Según Taylor, Bohr soñó con «un agradable día en las carreras», después del cual el físico comprendió «que los carriles marcados en la pista por donde se hace correr a los caballos eran análogos a las órbitas fijas que los electrones deben seguir». No sorprende que los admiradores de Bohr consideraran preferible ignorar lo que muchos de ellos sentirían como una tacha: la idea de que una teoría tan importante e influyente se le hubiese ocurrido en un sueño.

Con todo, constan suficientes casos bien atestiguados de científicos que han obtenido de sus sueños valiosas intuiciones. Hay escasa razón para dudar de que en ciertos aspectos la contribución individual más importante para el desarrollo de la ciencia moderna, la filosofía cartesiana, haya sido sustituida por una secuencia de tres sueños que René Descartes tuvo en 1619.

### *Los sueños de Descartes*

Descartes, de veintitrés años a la sazón, se hallaba en Ulm, en los cuarteles de invierno del príncipe de Nassau. Era ya un cumplido matemático, pero su ambición iba más allá: ser un filósofo que demostrara cómo la precisión de las matemáticas podía extenderse al campo de la metafísica. Su pensamiento no lograba avanzar en esta dirección; entonces, la noche del 10 de noviembre, tuvo esos sueños, «los más importantes de mi vida».

Según la biografía escrita por Adrien Beillet, publicada en 1641, aún en vida de Descartes, en el primero de los sueños Descartes se veía frente a unos espectros, los cuales le aterraban tanto, que apenas podía mantenerse en pie, y había de inclinarse hacia la izquierda para disimular la debilidad que afectaba al lado derecho de su cuerpo. «Por el embarazo de tener que andar de esta manera, trataba de enderezarse; pero una especie de torbellino le arrastraba en su vórtice. Estaba a punto de caer a cada paso, hasta que al fin, viendo en su camino un colegio abierto, entraba en busca de refugio y de cura para sus dolores». Su primera idea era ir a la capilla del colegio para orar; pero «advirtiendo que acababa de pasar junto a un conocido sin saludarle, estaba a punto de volverse para hacerlo, cuando el viento le empujó con violencia a la capilla». Allí, en el atrio, alguien le llamaba por su nombre, diciéndole que el señor N. tenía algo para él. Descartes supuso que había de ser un melón, traído de lejos. Pero le perturbaba notar que la gente en torno suyo no encontrara dificultad para mantenerse erguida, mientras el seguía tambaleándose aunque el viento había cesado.

En este punto despertó, sintiendo efectivamente un dolor en el costado, «lo cual temió que significara que algún mal espíritu estuviera tratando de seducirle». Se volvió sobre el costado derecho «y rogó a Dios que le liberara del mal influjo del sueño y de todas las calamidades que podía esperar como castigo de sus pecados». Volvió a dormirse e, inmediatamente, tuvo otro sueño, en el cual creía oír un fuerte estallido, que tomó por un trueno». Al despertar de nuevo, aterrado, le pareció que la habitación estaba llena de chispas; algo que ya le había ocurrido antes: pero en la presente ocasión decidió «buscar una explicación en la filosofía», lo cual apaciguó sus temores. Logró relajarse y dormirse de nuevo.

En el tercer sueño, veía un libro sobre una mesa, sin saber cómo había llegado a ella. «Abriéndolo, se alegró de descubrir que era un diccionario, pues esperaba que le resultara de utilidad». Advirtió entonces que tenía la mano sobre otro libro, que tampoco había visto anteriormente y que ignoraba de dónde había venido. Resultó ser una colección de poemas de varios autores. Entonces el sueño se tornaba confuso, con sucesivas apariciones y desaparaciones del libro de poemas.

Tal fue la impresión causada en él por estos sueños, que trató de interpretarlos según su secuencia. Decidió que su único refugio seguía estando en Dios; pero no era ya el Dios de su infancia. El Dios de su adultez, sin duda, le estaba reprochando su debilidad e impulsándole hacia adelante, hacia su destino. El trueno sería un indicio de que el Espíritu de la Verdad había descendido sobre él; los libros, señal de que la poesía no menos que la filosofía había de tener en la adquisición de la sabiduría algún papel que desempeñar. ¿Y el melón? Tímidamente, Descartes sugería que pudiera evocar «los encantos de la soledad, pero tal como los presentaban solicitaciones puramente humanas». Freud había de ser más explícito al respecto: «haciendo las debidas concesiones al lenguaje de la época, es evidente que se trata de fantasías sobre la mujer orientadas a la masturbación».

Al considerar esos sueños y su interpretación por Descartes, Raymond de Becker, en su *Understanding of dreams* (1968), llega a la conclusión de que no importa si tal interpretación era o no correcta. Lo importante era que Descartes la creyera y, partiendo de ella, «recibiera la iluminación de lo que más tarde consideró el mayor de sus descubrimientos: «la unidad de todas las ciencias humanas». Más aún: «los siglos posteriores a Descartes habrían sido muy diferentes si la noche del 10 de noviembre de 1619 la unilateralidad de los primeros enfoques del filósofo no hubiese recibido el contrapeso de esos tres sueños, que expresaban su angustia y rebelión inconscientes».

No es éste un punto de vista bien acogido por los cristianos, para quienes la verdadera iluminación no se da de esa manera desaliñada. Jacques Maritain, el filósofo y pensador católico, sospechaba que los sueños habían sido suscitados en la mente del filósofo por malignas influencias de la sociedad secreta Rosacruz. Los racionalistas encuentran tales sueños más embarazosos aún. Aunque las teorías de Descartes sobre los sueños en general han sido desde entonces interminablemente discutidas y diseccionadas por los filósofos, es raro que éstos mencionen siquiera esos tres que, aquella noche de noviembre, cambiaron el curso de su vida.

### *«Aprendemos a soñar»*

En ciertos casos, los escépticos difícilmente han podido descartar la importancia de los sueños para la ciencia; así ha ocurrido con los sueños de Friedrich Kekulé, profesor de química de la universidad de Gantes, en los últimos años del siglo XIX. Fueron de una clase un tanto desusada, pues se dieron en forma de ensoñaciones durante las cuales Kekulé pudo, al parecer, permanecer sin conciencia, de modo que la solución de sus problemas aflorara por sí sola y se dejara aprehender antes de borrarse de la memoria. Pero él mismo no tenía dudas de que se trataba de sueños.

Una hermosa noche de verano, cuando Kekulé vivía en Londres, volvía a su casa en el último autobús a través de las calles desiertas, cuando:

> caí en una ensoñación; y vi ante mis ojos cómo brincaban los átomos. Hasta entonces, cada vez que esos entes diminutos habían aparecido ante mí, estaban siempre en movimiento; pero nunca había logrado discernir la naturaleza del mismo. Sin embargo, ahora veía cómo, a menudo, dos átomos más pequeños se unían para formar un par; cómo un átomo mayor abrazaba a los menores; cómo otros, más grandes aún, se apoderaban de tres o cuatro de los pequeños; y el conjunto seguía girando como un torbellino en vertiginosa danza.

Vio también cómo «los más grandes formaban una cadena»; y pasó parte de la noche dibujando esas «formas de sueño» que habían de proporcionarle su teoría sobre la constitución de las moléculas.

Ensoñaciones tales le habrían de ayudar durante años; y, en particular, la última de ellas. Mientras dormitaba en un sillón frente a la chimenea, los átomos comenzaron a brincar ante sus ojos.

> Esta vez, los grupos menores se mantuvieron modestamente en segundo plano. Mi ojo mental, agudizado por repetidas visiones de ese tipo, era ya capaz de distinguir estructuras mayores de múltiple configuración: largas hileras, a veces más densas y apretadas que otras; todas entretejiéndose y retorciéndose en un movimiento serpenteante. ¡Pero ved! ¿qué era eso? Una de las serpientes había cogido su propia cola, y la forma giraba burlonamente ante mis ojos. Como ante el destello de un relámpago, desperté.

La comprensión de que las moléculas de ciertos compuestos forman cadenas cíclicas fue de importancia decisiva en la obra de Kekulé. «Señores, aprendamos a soñar —se sentía justificado a decir—, y entonces acaso descubriremos la verdad».

Un progreso comparable en importancia fue el descubrimiento del modo de clasificar los elementos químicos en función de su peso atómico. Una noche de 1869, el químico ruso Dimitri Mendeléiev, fatigado al cabo de infructuosas tentativas para encontrar una respuesta, se retiró a dormir, y al soñar vio una tabla en la cual los elementos «se situaban, como se requería, cada uno en su lugar».

Cuando despertó, tuvo el cuidado de escribirlo. Sólo en uno de los lugares, según descubrió después, fue necesaria una corrección para lo que se conoce hoy como la tabla periódica de los elementos; otro de los desarrollos decisivos de la física decimonónica.

El más grande de los naturalistas del siglo XIX, Henri Fabre, afirma en sus *Recuerdos entomológicos*, que, en su caso por lo menos, el estado de sueño no suspendía la actividad mental sino que la acrecentaba. Durante el día, tal vez luchaba en vano con un problema; pero por la noche, «una insignia brillante se enciende en mi mente, y entonces salto del lecho, enciendo mi lámpara y anoto la solución, cuyo recuerdo se perdería si no; estas fulguraciones, como las de un relámpago, se esfuman apenas aparecen».

El caso particular más complejo de resolución onírica de problemas es el que comunicó en 1883 H. V. Hilprecht, profesor de asiriología en la universidad de Pensilvania. Había pasado una fatigosa velada «en el vano intento de descifrar dos pequeños fragmentos de ágata que se suponía pertenecían a los anillos de algunos babilonios»; tarea muy fatigosa dado que no disponía de los originales, sino sólo de un rápido diseño esbozado por algún miembro de la expedición que los había descubierto. Para incorporarlos al libro que estaba preparando, lo más que pudo hacer fue conjeturar lo siguiente: puesto que uno de los fragmentos contenía la sílaba KU, podría pertenecer al rey Kurigalzu; pero el otro, decidió, era inclasificable. Intrigado, descorazonado y exhausto, se retiró a su lecho y pronto se durmió.

> Tuve entonces un sueño notable. Un alto y magro sacerdote de la antigua Nippur precristiana, de unos cuarenta años y vestido con una simple abba, me guiaba a la cámara del tesoro del templo, situada al sudeste. Me acompañaba a un recinto pequeño, de techo bajo y sin ventanas, donde se veía un gran cofre de madera y, por el suelo, había fragmentos de ágata y lapislázuli dispersos. Entonces me dirigía estas palabras: «los dos fragmentos que has publicado por separado en las páginas 22 y 26 van juntos, no son de anillos, y su historia es como sigue. El rey Kurigalzu [ca. 1300 a. C.] envió una vez al templo de Bel, entre otros objetos de ágata y lapislázuli, un cilindro votivo de ágata con inscripciones. Poco después, los sacerdotes recibimos repentinamente la orden de hacer para la estatua del dios Ninib un par de pendientes de ágata. Nos sentimos desolados, pues no había a mano ágata en bruto. Para ejecutar el mandato, no tuvimos más remedio que cortar en tres el cilindro votivo, obteniendo así tres aros, cada uno de los cuales contenía una parte de la inscripción original. Los dos primeros aros sirvieron de pendientes para la estatua del dios; los dos fragmentos que tanto trabajo te han dado pertenecen a ellos.

Si los pones juntos, tendrás la confirmación de mis palabras. Pero el tercero no lo habéis hallado en el curso de vuestras excavaciones, ni nunca lo hallaréis.» Con esto, el sacerdote desapareció.

Hilprecht despertó al terminar el sueño e inmediatamente se lo relató a su mujer, por temor a olvidarlo. Por la mañana, examinó los fragmentos y encontró que, uniéndolos según las instrucciones del sacerdote, y restituyendo los caracteres que faltaban, la inscripción se volvía legible: «Al dios Ninib, hijo de Bel, su señor, ha hecho Kurigalzu, pontífice de Bel, esta ofrenda». La mujer de Hilprecht confirmó la historia; y pocas semanas más tarde el mismo profesor tuvo la confirmación definitiva, cuando pudo examinar directamente los fragmentos de ágata. Estaban en dos vitrinas diferentes, pues el conservador del museo tampoco había advertido que formaban una unidad. Al ponerlos juntos, encajaban.

Jean Louis Agassiz, el naturalista suizo que desde 1848 enseñó en Harvard y fue uno de los más acerbos críticos de Darwin, conoció una experiencia similar. Su viuda, que escribió la biografía de Agassiz, recuerda una ocasión en que éste no lograba resolver un problema acuciante:

Hacía dos semanas que se esforzaba por descifrar las impresiones, algo borrosas, de un pez fósil, conservadas en una laja de piedra. Perplejo y fastidiado, abandonó finalmente la tarea y trató de apartarla de su mente. Poco tiempo después, una noche, despertó con la convicción de que, mientras dormía, había visto al pez con todos los rasgos que faltaban perfectamente restaurados. Pero, cuando intentó asir y fijar la imagen, se le desvaneció. No obstante, acudió temprano al Jardin des Plantes, pensando que si observaba de nuevo las impresiones notaría algo que le situara en la pista de su visión. En vano: el borroso registro permanecía tan mudo como siempre.

La siguiente noche volvió a ver el pez, pero el resultado no fue más satisfactorio: cuando despertó, la visión se había esfumado de su memoria igual que antes. Con la esperanza de que la misma experiencia se repitiera la tercera noche, antes de irse a dormir puso papel y lápiz junto al lecho.

Y hacia el amanecer el pez reapareció en sus sueños; confuso al principio, pero por último con tal nitidez que ya no tuvo dudas sobre sus características zoológicas. Todavía medio en sueños, en completa oscuridad, trazó el esquema de esas características en la hoja de papel que tenía al lado.

Esa mañana, Agassiz encontró que su esquema le había proporcionado la información que buscaba.

Mucho más importante fue el sueño del farmacólogo alemán Otto Loewi, una noche de 1920. Se había formulado la teoría de que el control de las funciones orgánicas se ejerce por trasmisión de impulsos eléctricos. Pero se había descubierto también que ciertas drogas pueden tener un efecto similar. Unos veinte años antes, Loewi se había planteado la posibilidad de que los impulsos elétricos indujeran una acción química para la excitación de músculos y glándulas. No logrando imaginar algún experimento que le permitiera poner a prueba su hipótesis, ya la había apartado de su mente, hasta que esa noche —según él mismo nos relata—,

> desperté, encendí la luz y garabateé unas breves notas en un trozo de papel. Entonces volví a dormirme. A las seis de la mañana, se me ocurrió que durante la noche había anotado algo importante; pero no logré descifrar el escrito. La noche siguiente, a las tres, volvió la idea. Era el plan de un experimento para determinar si resultaba o no correcta la hipótesis de la trasmisión química, que había formulado diecisiete años atrás. Me levanté al momento, fui al laboratorio, y realicé un sencillo experimento con el corazón de una rana, según ese plan nocturno (...)

Los resultados del experimento «se convirtieron en el fundamento de la teoría de la trasmisión química del impulso nervioso», por lo cual dieciséis años más tarde Loewi recibió su premio Nobel. Y por lo menos otro de los laureados con ese premio, Albert Szent-Gyorgi, ha atribuido a las «consultas con la almohada» la solución de sus problemas como investigador: «Mi cerebro debe seguir pensando en ellos mientras duermo, pues me despierto, a veces en mitad de la noche, con repuestas a las cuestiones que me han tenido perplejo».

En ciertos aspectos, el caso más notable de inspiración onírica en la ciencia es la carrera de Shrinivasa Ramanujan. Su nombre ya no es familiar, y en verdad nunca fue una figura pública. Pero, según James R. Newman, coautor del artículo «Mathematics and imagination», publicado en 1948 por el *Scientific American*, fue siempre un «matemático para matemáticos», y era considerado generalmente en ese círculo como el más notable de su generación.

Nacido en la India en 1887, aunque era de familia pobre se mostró en la escuela desde temprana edad como un niño prodigio; pero a los catorce años, cuando le prestaron la obra de G. S. Carr *Synopsis of pure mathematics* (1886), «se despertó su genio». Ese libro no le ofrecía más de lo que el título indicaba:

el sumario de los principales teoremas conocidos hasta la década de 1870. Pero, cuando Ramanujan fue a Inglaterra, en 1914, se vio que «estaba a la par, y a menudo por delante, de los conocimientos matemáticos del momento. Así, en un vasto, poderoso y solitario decurso, había logrado recrear, solamente con sus poderes intelectuales, sin ayuda, todo un rico medio siglo de matemática europea». Es dudoso, señala Newman, que «otra hazaña tan prodigiosa se haya cumplido jamás en la historia del pensamiento».

¿Cómo se llevó a cabo? La madre había permanecido estéril hasta que su padre intercedió ante la diosa local. Esta diosa, solía decir Ramanujan, era quien le inspiraba, otorgándole las fórmulas mientras dormía. Al despertar, «solía anotar los resultados y verificarlos», cuando podía: a veces iban mucho más allá de lo que alcanzaba su conciencia lúcida. Esta pauta «se reiteró durante toda su vida», hasta que la cortó su muerte por tisis a los treinta y un años de edad.

Los matemáticos parecen haber sido los más afortunados beneficiarios de la asistencia onírica. En sus *Studies in dreams* (1921), Mary Arnold-Foster proporciona ejemplos, entre ellos el caso de su padre, cuya experiencia había sido análoga a la de Condorcet:

> El problema matemático que le tenía perplejo se presentó en el tratado de cristalografía que estaba preparando. Después de trabajar en él durante muchas horas, se vio obligado a dejarlo sin resolver, para acostarse. Se durmió profundamente, y en el curso de un largo sueño le llegó la respuesta a su problema. A menudo me lo contó, y me dijo cómo, por la mañana muy temprano, despertó, anotó la solución que el sueño le había ofrecido, y verificó ansiosamente su validez.

El marqués Hervey de Saint-Denys, en la década de 1860, buscando apoyo para su tesis de que los sueños pueden brindar información útil, indagó entre sus amigos, y uno de ellos le refirió que, estando embarcado en la resolución de un problema de ajedrez, que consistía en dar mate en seis jugadas desde una posición poco usual,

> soñó que tenía delante el tablero con cada pieza en su posición correcta. En el sueño seguía estudiando el problema, pero entonces la solución que buscaba apareció con maravillosa lucidez. El juego continuaba hasta el final, y él veía claramente la disposición de las piezas en el tablero después de cada jugada.

Tan claros tenía en la mente los movimientos de las piezas, que al despertarse volvió a su tablero y los reprodujo de memoria. Comprobó que la solución era correcta.

Pero, sin duda, el más atractivo de los casos de este tipo es el de Ernst Chladni, de Wittenberg, quien, en las últimas décadas del siglo XVIII, había llegado a ser la principal autoridad europea en el campo de la acústica. Según se relata en *Such Stuff as dreams* editado por Brian Hill (1967), un anochecer de 1789, cansado después de una caminata, Chladni se había sentado a dormitar.

> Apenas hubo cerrado los ojos, cuando la imagen de un instrumento como él deseaba pareció presentársele delante y, tanto le aterró, que despertó como si hubiese recibido una descarga eléctrica. Al momento se incorporó bruscamente, presa de una suerte de entusiasmo; y realizó una serie de experimentos, que le convencieron de lo correcto de su visión, y de que estaba a su alcance ponerla en práctica. Efectuó sus experimentos, y construyó su primer instrumento con tanta reserva, que nadie se enteró de nada. El 6 de marzo de 1790 estuvo terminando su primer instrumento de esa clase, y a los pocos días pudo tocar con él algunas piezas sencillas. Dio a este instrumento el nombre de Euphon, que significa «de grato sonido».

Así nació el eufonio o tuba menor.

### *¿Sueñan los científicos?*

Bajo el título:

«EL GRAN DEBATE SOBRE KEKULÉ: ¿SUEÑAN LOS CIENTÍFICOS?»,

*The Brain Bulletin* del 28 de julio de 1986 preguntaba: «¿Pueden darse experiencias visionarias que lleven a descubrimientos sensacionales?».

Los científicos, observaba el artículo, han empezado a discutir el asunto en sus periódicos especializados. Previsiblemente, el campo reduccionista lo descarta. «El químico John Wotis y la investigadora molecular Susanna Rudofsky piensan que la célebre historia [de Kekulé] presenta una imagen perjudicial de los científicos, y de los químicos en particular». Los químicos —dicen estos autores— «no sueñan sus teorías. Constatan datos y después establecen una estructura química».

En balde se enfrenta gente así con la documentación histórica, porque para ella la historia es anecdótica, y la anécdota no es ciencia. Pero algunos científicos de la actualidad ya no están dispuestos a descartar sin más tales constancias. En una reseña de 27 páginas citada en el *Brain Bulletin* como «la más extensa consideración que jamás haya de aparecer sobre los orígenes de la teoría del benceno», Alan Rocke y Bertrand Ramsay señalan que Kekulé difícilmente hubiese revelado la fuente de su inspiración como una broma: solo hubiera logrado provocar el ridículo. El que haya relatado esa historia cuando lo hizo —siendo ya un estadista de cierta edad y en una reunión en honor suyo— indica su firme intención de que se le tomara en serio.

Aparte del sector neurobiológico, recientemente los comentadores de sueños vienen mostrando mayor disposición a admitir el valor potencial de los mismos para resolver problemas. Aun Christopher Evans —aunque su teoría de que los sueños cumplen la función que cumple un ordenador, la «limpieza de programas», permitiendo eliminar el material no deseado— tenía plena conciencia de que esa teoría no lograba explicar el tipo de sueños que sirvió de ayuda a Kekulé o a Fabre. Citando la tesis de un psicólogo, de que si una persona está trabajando conscientemente en un problema «es muy probable que su insconciente continúe con este trabajo en el estado onírico», Evans hubo de admitir que, aun con la más profunda desconfianza en las resonancias freudianas de la idea de «inconsciente», esa tesis en general «parece irrefutable: los sueños continúan el trabajo iniciado durante el estado de conciencia». Y, en sus *Sueños y pesadillas* de 1954, James Hadfield es más explícito aún: «La función de los sueños es, reproduciendo los problemas subjetivos u objetivos del día, trabajar con vistas a su solución». A veces los sueños se limitan a atraer la atención sobre los problemas; a veces ofrecen respuestas inadecuadas; pero, en algunos casos, «presentan soluciones a los problemas prácticos de la vida».

### *«Orientación» de los sueños*

Si matemáticos y científicos pueden recibir la solución de abstrusos cálculos en sus sueños, ¿no tendríamos los demás que obtener ocasionalmente beneficios análogos? La respuesta es que algunos hemos sido, y somos, beneficiados así. Probablemente uno de los más afortunados —y también uno de los más influyentes, con relación a lo que los sueños le orientaron a hacer— fue Elias

Howe. El curso preciso que tomaron sus sueños se ha descrito de manera diversa; pero la versión más conocida es la de W. B. Kaempffert, en su historia de las invenciones en Estados Unidos (1924).

Como muchos de sus coetáneos, Howe había tratado, inútilmente, de imaginar el dispositivo para construir una máquina de coser. En un sueño que tuvo en 1844, se veía capturado por salvajes que le amenazaban de muerte si no lograba dar cima a esa máquina.

> Un sudor frío le bañaba la frente, las manos le temblaban de miedo, se le estremecían las rodillas. Por mucho que lo intentara, el inventor no lograba atrapar la huidiza imagen que le ayudaría a resolver el problema sobre el que había trabajado tanto tiempo. Todo eso era tan real para él que llegó a gritar. En la visión, estaba rodeado por guerreros de piel oscura, con ornamentos pintados, quienes formaban un cuadrado en torno suyo y le conducían a un lugar de ejecución. De pronto, advirtió que las lanzas portadas por sus guardianes tenían cerca del extremo un agujero en forma de ojo. ¡Había descubierto el secreto! Lo que necesitaba era una aguja con el ojo próximo a la punta. Despertó, saltó del lecho y ejecutó en seguida un modelo en madera de la aguja con un ojo en el extremo inferior, lo cual le permitió llevar sus experimentos a un final feliz.

Aunque Howe patentó rápidamente su invento, tuvo que pasar siete años en la pobreza, luchando con imitadores; pero finalmente logró los réditos debidos.

Un amigo de Mary Arnold Forster le aseguró que había podido confiar en sus sueños para solucionar sus problemas matemáticos, según cuenta esa autora en sus *Studies in dreams* (1921):

> En más de una ocasión, preparando los exámenes, hube de trabajar dos o tres días en un problema sin llegar a la solución, y finalmente lo resolvía en mis sueños con tanta claridad, que al despertar podía anotar muy fácilmente el resultado correcto. Ocasionalmente solía sucederme así en mis días escolares, y, si tenía cálculos muy difíciles y problemas complicados, acostumbraba a poner junto al lecho papel y lápiz, para poder apuntar la respuesta si me llegaba en sueños.

Según su experiencia, afirma Mary Arnold Forster, tales casos pueden no ser comunes, pero tampoco están aislados.

A juzgar por las informaciones recibidas en la fundación Koestler, siguen ocurriendo. Cuando W. H. Moss, miembro del Instituo de Contadores Diplomados, servía en el ejército durante la guerra como oficial de artillería en Persia, tuvo tres sueños premonitorios, lo que nunca le había sucedido antes ni le sucedió después. Dos de ellos simplemente le anunciaron algo que estaba a punto de ocurrir; pero el tercero fue más sorprendente.

> Un miembro de la dotación del radar me despertó una noche para decirme que la unidad de energía Diesel funcionaba mal. Le sugerí que «hiciera cosquillas» al motor con una batería de 6 voltios; respondió que así lo haría y se marchó.
>
> Más tarde, el hombre volvió a despertarme para informarme de que había problemas con el generador. Le pregunté si había puesto en práctica el remedio que le había sugerido. Me respondió que no sabía de qué le hablaba: él acababa de informarme del problema. Los demás allí presentes lo confirmaron, y quedé atónito al descubrir que mi primer despertar había sido un sueño. El hombre probó el recurso que le sugerí y tuvo éxito.

Al oficial Moss, cosa extraña, no se le habría ocurrido la idea del «cosquilleo» si hubiese estado despierto: «aunque yo había oído hablar de ese procedimiento durante mi período de instrucción, unos tres años antes, nunca lo había puesto en práctica, ni volví a pensar después en él».

Siendo estudiante, el doctor E. G. West, condecorado con la Orden del Imperio Británico y actualmente ingeniero consultor en metalurgia,

> descubrí que cuando me esforzaba por resolver problemas, especialmente de matemáticas y diseño, podía consultarlos con la almohada, y a menudo obtenía una solución durante el sueño. Pero, si no tomaba nota inmediatamente al despertar, por la mañana había olvidado los puntos esenciales de la solución. Por lo tanto adopté la costumbre de llevarme junto a la cama un cuaderno y un lápiz, y tomaba nota de los principales elementos de mis soluciones oníricas tan pronto como me despertaba. Los resultados siempre parecieron satisfactorios, y me valí en muchas oportunidades de esta técnica.

Una técnica que seguía siendo útil durante su carrera profesional, «no tanto para resolver problemas matemáticos como para lograr indicaciones útiles acerca de cómo encarar aspectos particulares de trabajos en los que asesoraba y presentaba informes de lo observado»; un tipo de sueños que, llegó a creer, es simplemente «una extensión de los procesos de pensamiento de la vigilia», conducidos sin la concomitante distracción inducida por la vida de trabajo.

Esta extensión de los procesos de pensamiento puede evidentemente asumir diversas formas. Se sabe que a veces actúa como instructora. En *Le sommeil et les rêves* (1861), el científico Alfred Maury relata cómo, muchos años antes, mientras estaba aprendiendo inglés,

> me encontraba tratando sobre todo de entender los verbos seguidos de preposición. Tuve entonces este sueño: estaba hablando inglés y, como quería decirle a alguien que la tarde anterior había ido a verle, utilicé la expresión «I called for you yesterday». «Eso no es correcto —fue la respuesta—; nosotros decimos «I called on you yesterday». Al día siguiente, cuando desperté, tenía un recuerdo muy claro de ese detalle de mi sueño. Cogí la gramática que estaba sobre mi mesilla de noche y lo verifiqué: el personaje imaginario había acertado.

Por lo menos una vez, en tiempos recientes, el «orientador» onírico, al corregir un error, empleó el medio ordenado de hacer recobrar la confianza a un hombre abatido y devolverle fama y fortuna. El golfista estadounidense Jack Niklaus, en un momento de su carrera, comenzó a jugar tan mal, que no se sentía insatisfecho si lograba un 76 en una vuelta; pero una noche tuvo un sueño acerca de su swing: «en el sueño hacía los golpes muy bien, y en seguida advertí que no sostenía el palo del modo en que lo solía sostener estos últimos tiempos», confió a un periodista.

> He estado encontrando dificultades al bajar el brazo derecho y medir la distancia entre la cabeza del palo y la pelota, pero en sueños lo hacía perfectamente. Así, cuando volví al terreno ayer por la mañana, procedí como en mi sueño, y resultó. Ayer hice un 68 y un 65, y, créame, es mucho más divertido de este modo. Me siento como un tonto al reconocerlo, pero ocurrió realmente en un sueño. Todo lo que tenía que hacer era cambiar un poco mi empuñadura.

### *El promotor de la memoria*

Si los problemas técnicos y científicos pueden encontrar solución en los sueños,

¿no podrían los problemas de otro orden resolverse del mismo modo también? El primer autor que examinó con cierto detalle la cuestión fue John Abercrombie, quien dedicó una sección de sus *Inquiries concerning the intellectual Powers* a considerar los modos en que nuestras facultades operan durante el sueño. La principal característica de los sueños —reconocía— es que las impresiones recibidas aparecen como reales: «tal creencia no es corregida, como en el estado de vigilia, por comparación con las cosas del mundo externo»; y esas impresiones se suceden de formas «sobre las cuales no tenemos control; no podemos, como en el estado de vigilia, variar la serie ni detenerla por propia voluntad». Pero esto no significa que no podamos confiar en las impresiones. Al contrario, pueden resultar de gran ayuda; en particular, sostenía Abercrombie, como promotores de la memoria; y citaba como ejemplo lo que le había ocurrido a un amigo suyo, cuyo relato era fiable «en los más mínimos pormenores».

En un tiempo en que su amigo trabajaba como cajero de banco, un cliente irritante se abrió paso entre los demás que aguardaban a ser atendidos y exigió que se le pagaran seis libras. Trataba de explicar por qué, pero, con tan feroz tartamudeo, que al final uno de los que estaban detrás de él propuso que el cajero accediera a la demanda, con tal de quitarse de encima al individuo. El cajero así lo hizo, y olvidó el episodio. Ocho o nueve meses después, al realizar el balance, el cajero comprobó que faltaban seis libras.

Tras una semana de buscar inútilmente la fuente del error, una noche, al volver a su casa, se durmió exhausto.

> Soñó que se encontraba en su puesto del banco; y toda la transacción con el tartamudo pasó ante sus ojos detalle por detalle. Despertó con la impresión de que el sueño le llevaría a descubrir lo que tan ansiosamente buscaba; y, al examinar las cuentas, no tardó en descubrir que, por un descuido, la suma pagada a esa persona no había quedado registrada en los libros, lo que daba cuenta exacta del error en el balance.

Para Abercrombie, el caso resultaba «en extremo notable», considerando el intervalo temporal transcurrido. Aun así, el cajero había acabado por recordar el episodio; caso opuesto a otro, que había intrigado a Walter Scott. El soñador, «un señor R.» (más tarde Robert Dale Owen, al verificar el episodio, logró identificarlo como Mr. Rutherford), era un propietario rural, a quien Scott conocía, y al que un noble de la vecindad tenía puesto pleito por pagos atrasados de un diezmo. Rutherford estaba seguro de que su padre había comprado y pagado esas tierras al noble; pero la búsqueda entre los papeles paternos y los registros de sus abogados no revelaron trazas del recibo. Más que litigar en los tribunales, había decidido viajar a Edimburgo y ver si podía llegar a un arreglo.

> Se fue a dormir con esta resolución y, aún con la mente ocupada en las circusntancias del caso, tuvo un sueño del tenor siguiente. Su padre, que había muerto muchos años atrás, se le aparecía en el pensamiento y le preguntaba por qué estaba perturbado su ánimo. En sueños, uno no se sorprende de tales apariciones. Mr. Rutherford pensó que informaba a su padre sobre la causa de su preocupación, y añadía que el pago de una suma considerable le resultaba tanto más incómodo, porque tenía firme conciencia de no deberla, aunque no lograba recobrar constancia alguna que sustentara su creencia. «Tienes razón, hijo mío —respondía la sombra paterna—. Adquirí el derecho a esos terrenos por cuyo pago ahora te demandan. Los papeles relativos a la transacción están en poder del señor abogado, que ya está retirado de la actividad profesional y reside en Inveresk, cerca de Edimburgo. Era una persona cuyos servicios requerí en esa oportunidad por una razón particular, pero que nunca, en ninguna otra ocasión, intervino en mis negocios. Es muy posible —continuó la aparición— que el señor haya olvidado un asunto tan viejo, pero puedes traérselo a la memoria por esta señal: cuando acudí a pagar su cuenta, hubo dificultad para conseguir cambiar una pieza de oro y nos vimos obligados a bebernos la diferencia en una taberna».

Ocurría que Inveresk estaba a un paso; y Rutherford se sintió lo bastante impresionado por la visión para acercarse hasta allí y visitar al abogado en vez de dirigirse a la capital.

> Sin decirle nada sobre la visión, le preguntó si recordaba haber tramitado un negocio así para su difunto padre. El anciano señor no pudo recordar inicialmente tal circunstancia; pero, al mencionar la anécdota de la moneda de oro, volvió todo a su memoria. Efectuó una búsqueda inmediata de los papeles, y dio con ellos; de modo que Mr. Rutherford llevó a Edimburgo los documentos necesarios para ganar la causa que estaba a punto de perder.

Walter Scott sostenía que no había nada de sobrenatural en las circustancias de ese sueño, y Abercrombie estaba de acuerdo; todo llevaba a creer, argüía, «que el caballero había oído el suceso de boca de su padre, pero lo había olvidado por completo, hasta que la frecuente e intensa aplicación de su mente al asunto había producido a la larga una cadena de asociaciones que trajo a la memoria esas circunstancias en el sueño». Sin embargo, a veces esta clase de explicaciones resulta menos plausible.

Horace Hutchinson —más conocido por sus escritos sobre golf, pero asiduo recopilador de sueños— recuerda cómo en 1870 a un amigo suyo, ingeniero, se le había encargado un tramo de autopista, siendo parte de su tarea habitual verificar la seguridad de los puentes. El ingeniero le comunicó lo siguiente:

> Un día soñé del modo más vívido que veía una imagen exacta de cierto pequeño puente. El paisaje estaba completo, de modo que no había manera de dudar de qué puente se trataba. En el mismo momento, una voz me decía: «Ve a ver ese puente». Y lo repetía de modo diferente dos veces más. Por la mañana persistió en mi mente el recuerdo del sueño, y tanto me impresionó, que me puse en camino, unos nueve kilómetros, hasta allí. No se veía nada fuera de lo normal, salvo que la corriente de agua, pequeña, venía a raudales. Entrando en ella, encontré, con gran asombro, que los cimientos del puente estaban completamente socavados y la corriente se los iba llevando. Era un milagro que la construcción se mantuviera aún en pie. Naturalmente, se realizaron los trabajos necesarios para preservarla.

El ingeniero señaló a Hutchinson que, de no haber sido por ese sueño, el puente se habría derrumbado, pues normalmente no se le hubiese ocurrido llevar a cabo una inspección así. Nunca en su vida había tenido semejante experiencia: «No me cabe duda —concluyó— de que recibí un aviso especial de parte de una inteligencia superior.»

Entonces todavía no había cobrado importancia la idea del subconsciente; si no, el ingeniero podría haber dado este nombre a esa «inteligencia superior» a que se refería. Pero aún así difícilmente se explicaría la experiencia que tuvo William Cavendish-Bentinck, sexto duque de Portland, mientras se ocupaba de los preparativos para la coronación de Eduardo VII, en 1901.

> La carroza oficial debía pasar por el arco de la Guardia de Caballería en su camino hacia la abadía de Westminster. Soñé que quedaba atascada en el Arco, de modo que algunos de los guardias de corps que estaban de servicio se veían obligados a aserrar la corona de la parte superior del carruaje para dejarlo libre. Cuando se lo conté al palafrenero real, el co-

ronel Ewart, éste se echó a reír y dijo: «¿Qué importan los sueños?» «En todo caso —respondí—, hagamos medir el arco y la carroza.» Así se hizo, y quedé atónito cuando se descubrió que el arco era casi ochenta centímetros demasiado bajo para permitir el paso de la carroza. Volví triunfante junto al coronel Ewart y le dije: «¿Qué piensa usted ahora de los sueños?» «Pienso que ha sido una suerte descomunal que haya tenido usted ése», respondió. Parece que la carroza oficial no había pasado bajo el arco desde hacía bastante tiempo, y que, entretanto, ciertas reparaciones habían elevado el nivel del camino.

Que los sueños siguen evitando ocasionalmente situaciones embarazosas o cosas peores a las personas, resulta claro por algunas de las comunicaciones enviadas a la fundación Koestler; entre ellas la del agrimensor Gordon Pearson:

> Hace unos años, pasé varias semanas trabajando hasta que la noche ya estaba avanzada para preparar documentos de licitación con destino al proyecto de un gran edificio.
>
> Una noche, cuando estaba dormido en mi cama, me despertó un fuerte sobresalto, que me dejó temporalmente asustado. Había soñado que había cometido un error en el trabajo en el cual estaba atareado toda esa temporada. No logré volver a dormirme hasta que hube tomado nota del posible error. Al despertar a la mañana siguiente encontré la anotación, de modo que verifiqué mi trabajo en cuanto llegué a la oficina. Encontré que había cometido un error de monta, el cual, de no haberse corregido, habría costado caro al cliente y puesto a mi superior en una situación gravemente embarazosa.

A menudo la función promotora de la memoria se cumple por mediación de un progenitor u otro ser querido difunto, como para destacar la importancia de la información impartida. Un corresponsal de Frederick Greenwood (a quien éste no identifica, pero en su *Imagination in dreams* (1894), califica de «honorablemente conocido en sociedad») le comunicó que su padre, al fallecer, había dejado sus negocios y su casa a la madre, la cual, sin experiencia en tales asuntos, fue fácil víctima de robos. La hija apenas conocía la casa, pues anteriormente había estado de pupila en una escuela o en la casa de campo de la familia. Una noche había permanecido leyendo en la sala, a la luz de una vela.

Aún hoy, al recordarlo, no estoy segura de si me quedé dormida o si fue una visión lo que tal vez tomé por un sueño. Al oír la campana de una iglesia dar el primer cuarto de la una, levanté la vista del libro. Frente a mí estaba el sillón favorito de mi difunto padre. Con gran asombro, me pareció verlo cubierto por un velo negro. Me restregué los ojos y miré de nuevo: el velo había clareado hasta quedarse gris; y en esa fea nebulosidad se me hizo visible una figura. Con una lentitud que todavía me horroriza recordar, la figura asumió los contornos de mi padre; no como le habría visto muerto, sino más gris, más sutilizado, y con una especie de horrible apariencia cenagosa. Cogiendo la vela, me dijo que fuera tras él para conocer el secreto de los robos que, agregó, eran mayores de cuanto se suponía; y a la vez designó como culpable a un servidor a quien todos teníamos apego y confianza. Hasta entonces, este hombre me había resultado tan poco sospechoso como mi madre misma. Seguí a mi padre escaleras abajo hasta lugares de la casa no familiares para mí. Él abría las puertas sin dificultad, aunque las llaves estaban arriba, en el dormitorio de mi madre.

Estaba segura de no haber oído nunca la palabra «claraboya» hasta que su padre la utilizó esa noche, mostrándole una. En vida de él, todas las noches había permanecido con cerrojo, lo que había dejado de hacerse desde entonces, «y gracias a este sueño pronto se demostró que unos ladrones, cómplices del servidor infiel, habían usado la claraboya para entrar y salir».

«Mrs. Pat», la señora Patrick-Campbell, que fue la Liza Doolittle de la primera representación de *Pygmalion*, interpretando un papel que Bernard Shaw había creado para ella, perdió sus encantos y la mayoría de sus antiguas amistades cuando envejeció; pero, al enfermar, en la década de 1930, le prestó sus cuidados una de aquéllas, Sara Allgood, que se había hecho famosa en el Abbey Theatre de Dublín. Poco antes de estallar la segunda guerra mundial, «Mrs. Pat» creyó que iba a morir; pero se recobró, y decidió pasar el resto de sus días en París. Antes de partir, dejó como recuerdo a Sara una tetera y una acuarela enmarcada, con la figura de una grulla.

Sara fue una más entre los integrantes de la compañía del Abbey Theatre que se dejó tentar por Hollywood, para ganar más allí en una semana de lo que podía ganar en un año en el teatro de origen. Se había criado con la creencia de que el primer sueño que tuvo en la casa que adquirió en Beverly Hills

tenía la misma exagerada claridad que caracteriza a la visión estereoscópica. Sobre el horizonte aparecía, como por arte de magia, una locomotora que pasaba, con su agudo silbato, a toda velocidad. Todo estaba en su lugar, como una percepción real, pero el rasgo absolutamente distintivo fue la emoción suscitada cuando el tren se detuvo abruptamente poco después de pasar la estación: de él bajaba la señora Campbell y se acercaba corriendo a su vieja amiga. Se la veía pálida y exangüe, como si hubiera estado sometida a una experiencia agotadora.

Antes de que Sara pudiera expresar su asombro, la señora Campbell se llevaba un dedo a los labios: «¿Has encontrado mi obsequio de ultratumba? Mira detrás de la acuarela». Estas palabras las había pronunciado con ese aire de sublime hastío que fuera uno de sus triunfos escénicos.

A la mañana siguiente, Sara descolgó la acuarela. Al retirar el marco, encontró una caricatura de «Mrs. Pat» realizada por Max Beerbolhm, que se valoró en más de mil dólares. Sara tenía noticias de que su vieja amiga se había trasladado de París a Pau, en el sudoeste de Francia, donde en 1940 vivió bajo la ocupación alemana; pero se había informado de que se encontraba bien. Pocos días después del sueño, Sara leyó la noticia de su muerte.

Una de las comunicaciones registradas en el libro de Oliver Steven *Mistery of dreams*, colección procedente en su mayor parte de fuentes estadounidenses, publicada en 1950, era de una vieja amiga del autor, a la cual éste no identifica pero en quien evidentemente confiaba. El marido había fallecido en 1929, muy poco después de que el matrimonio hubiera anticipado el diez por ciento —cinco mil dólares— por la compra de una casa. Ella encargó entonces a la agencia que administraba sus bienes que vendiera las acciones que mejor le pareciera para completar el pago. La agencia no lo hizo así, quizá porque el valor de las acciones estaba en alza. La señora sabía que la administración tenía a su cargo cincuenta acciones en el Departamento de Títulos del First National Bank; cuando averiguó el precio por primera vez, era de 650 dólares la acción, y a finales de agosto había superado la marca de 1000 dólares.

En ese tiempo yo dormía muy mal y, esa noche en especial, recuerdo haberme recogido muy tarde. Antes de despertar tuve un sueño, el más vívido que había tenido nunca. Hasta entonces —menos de tres meses después de su muerte— nunca había soñado con mi marido, y en general rara vez soñaba. Esa noche soñé que él estaba de pie ante la cómoda, anudándose la corbata y peinándose, vestido para bajar a desayunar. (Yo, por lo general, lo hacía arriba, con una bandeja, y él y mi hija tomaban abajo un desayuno copioso.) Mi marido me decía: «Voy a consultar a E. W. C. a ver qué están haciendo en el Departamento del First National Bank. Pagan sólo 175.000 dólares tres veces al año (yo no sabía cuanto pagaban), y ahora venden a 1.050 cada acción. A menos que vayan a darnos una participación en las acciones, me parece que lo mejor es venderlas para pagar nuestra nueva casa». Al volverse para salir de la habitación, me sonrió y dijo: «Hasta luego»; y al cerrarse la puerta desperté. Por un momento creí que él había estado allí como de costumbre; todo aquello me había resultado tan asombrosamente real: su voz, su aspecto, sus gestos, su personalidad. Me destrozaba el corazón aceptar que no fuera más que un sueño.

Una vez recobrada de la emoción, telefoneó a un amigo del banco, quien le comunicó que una hora antes las acciones se vendían a 1.375 dólares, y, consideraba que era un precio inflado, por lo que estuvo de acuerdo con ella en que debía vender las acciones para comprar la casa. También persuadió a su cuñado de que diera su consentimiento. La señora llamó entonces a un vicepresidente del Banco para que se realizara la operación sin demora; aquél puso objeciones, pero al final accedió. De hecho, la venta se hizo en el mejor momento del mercado; amigos de esa señora que habían preferido conservar sus acciones perdieron hasta el último dólar en la catástrofe de la Bolsa de 1929.

En un caso comunicado a la Fundación, la orientación paterna dada en un sueño pudo tener un influjo decisivo sobre la carrera del hijo, aunque el destino quiso que Colin Forrest hubiera de pasarse a otra, la de barítono profesional. Pero en el tiempo del relato estaba deseando graduarse como enfermero y se encontraba preparando su próximo examen. En un sueño —cuenta—,

> vi a mi difunto padre (cirujano naval) con el aspecto de un joven de veinticinco años, vestido con una brillante túnica blanca que me decía: «la glándula tiroides». Mi primer examen era al día siguiente, en el Royal West Sussex Hospital, de Chichester, y el sueño me impresionó tanto, que esa mañana reuní información sobre la glándula, y ese fue el tema del examen, de modo que pude responder correctamente.

### *Hallazgo de objetos perdidos*

Probablemente los sueños «orientadores» más frecuentes son aquellos en los que la información proporcionada permitió recuperar valiosos objetos perdidos. También en ellos a menudo esa información procede de la visión de alguien difunto para el soñador.

Sin duda el objeto más valioso así encontrado han de ser los trece últimos cantos del *Paraíso* de Dante. Según Boccacio, la familia y los amigos de Dante no lograban encontrarlos, pese a una larga y cuidadosa búsqueda, y empezaban a sospechar que el *Paraíso* hubiese quedado inconcluso. Pero, unos ocho meses después de la muerte del poeta, uno de sus discípulos, Piero Giardino, fue despertado cierta noche por uno de los hijos de Dante, Jacopo,

> quien le dijo que esa noche, cuando estaba dormido, se le había aparecido su padre, Dante, vestido de blanco purísimo, y con el rostro resplandeciente de extraordinaria luz; entonces él, Jacopo, le preguntaba si estaba vivo, y Dante respondía: «Sí, pero en la verdadera vida, no en la nuestra». Entonces Jacopo, le preguntaba si antes de pasar a la verdadera vida había dado término a su obra, y, si era así, qué había hecho con esa parte que faltaba, puesto que ninguno de ellos la había podido hallar. A lo cual Dante parecía responder: «Sí, la he terminado». Y, cogiendo a Jacopo de la mano, le conducía a aquella cámara en la que él, Dante, solía dormir cuando vivía en esta vida; y, tocando una de las paredes, decía: «lo que tanto habéis buscado está aquí»; tras lo cual, tanto Dante como el sueño huyeron al punto de Jacopo.

Éste, incapaz de dormir, decidió despertar a Giardino, de modo que buscaran juntos para ver si las instrucciones (muy claras en la memoria de Jacopo) procedían de un espíritu de verdad o de una ilusión.

> Para lo cual, aunque aún era de noche, partieron juntos y fueron a la casa donde habitaba Dante en el momento de su muerte. Habiendo despertado al actual propietario, éste les recibió, y fueron todos al lugar señalado; encontraron allí un tapiz colgado de la pared, como lo habían visto siempre en días anteriores; y, al levantarlo delicadamente, descubrieron en la pared un ventanuco, que nunca ninguno de ellos había observado, ni sabía siquiera que allí estuviese.
>
> Hallaron varios escritos, todos mohosos a causa de la humedad de las paredes, que, de haber permanecido más tiempo allí, se hubiesen estropeado sin remedio. Cuidadosamente limpios de moho, resultaron ser los trece cantos que faltaban para completar la Comedia.

Boccacio pertenecía a la misma generación de Jacopo, y tuvo plena ocasión de oír la historia de boca de los participantes. ¡Qué fortuna —comentó, impío— que el descubrimiento dispensara a Jacopo de la ambición de terminar él mismo el Paraíso!

En su *Book of dreams and ghosts* de 1897, Andrew Lang, historiador especialista en folklore y filólogo clásico, señala que tales mensajes pueden proporcionar información que luego resulte correcta, de un tipo que el soñador «no sabía que sabía, y estaba anheloso de saber»; y cita el caso de un abogado conocido suyo, que una noche, a hora avanzada, estaba escribiendo cartas, y después de medianoche salió a echarlas al buzón.

> Mientras se desvestía, echó de menos un cheque de una importante suma que había recibido durante el día. Lo buscó en vano por todas partes, se fue a la cama, se durmió, y soñó que veía el cheque enrollado en una verja no lejos de la puerta de su casa. Despertó, se levantó, se vistió, salió a la calle y encontró el cheque en el lugar que había soñado. En su opinión, yendo hacia el buzón lo había visto caer de su bolsillo sin advertirlo conscientemente, y una parte más profunda de su memoria había despertado mientras dormía.

En 1884, Herbert J. Lewis envió a la Sociedad de Investigación Psíquica la narración de un episodio ocurrido cuatro años atrás, en que había perdido la autorización de desembarco de un navío que transportaba mineral de Cardiff, el cual debía comenzar la descarga a las seis de la mañana siguiente.

> Recibí la autorización de desembarco a las cuatro de la mañana, y cuando, a las seis, llegué a la oficina, descubrí que la había perdido. Toda la tarde hice lo posible por encontrar a los funcionarios de la aduana para conseguir un nuevo permiso, pues la pérdida era de gran importancia, al impedir que el barco descargara. Volví a casa muy perturbado, temiendo que las consecuencias fueran la pérdida de mi empleo.
>
> Por la noche soñé que veía la autorización en una pequeña grieta de la pared bajo un escritorio, en la sala de recepción de la aduana. A las cinco de la mañana siguiente volví a la aduana e hice que el conserje se levantara y abriera. Fui a la sala con la que había soñado y encontré el papel en el lugar preciso. El barco no estaba listo aún para descargar a la hora indicada. Subí a bordo a las siete y entregué la autorización, evitando toda demora.

Uno de los casos estudiados por la Sociedad de Investigación Psíquica en 1889, fue el de un sueño que llevó a recuperar un broche de oro perdido. En una visita a Londres, la señora A. M. Bickford-Smith, al volver al hotel después de efectuar sus compras, descubrió que había desaparecido su broche. Como había estado probándose ropa en Swan y Edgar, supuso que sin duda lo habría dejado en el probador, y avisó a la tienda para que lo buscaran. Así lo hicieron, pero no pudieron hallarlo.

> Yo estaba muy contrariada y afligida por el broche, y esa noche soñé que lo encontraría dentro de un número del periódico *Queen* que había sobre una mesa; y en el sueño veía hasta la página donde estaba. En ella había observado una de las ilustraciones. Inmediatamente después del desayuno acudí a Swan y Edgar, y expliqué mi sueño y el lugar donde había visto el broche a la joven empleada. Ya habían retirado los periódicos, pero los encontré, y, para el asombro de las empleadas, dije: «Este es el número donde está mi broche»; y allí, en la misma página donde yo esperaba, lo encontré.

El cuñado de la señora Bickford-Smith, que había estado en el hotel y había participado en la búsqueda, confirmó el relato.

Entre los casos reunidos en su compilación de 1901, Horace Hutchinson cita el de C. H. H., de Estados Unidos, sobre la recuperación de un anillo perdido que, siendo aún muchacho, su hermana le había dado. Junto con unos amigos habían armado un columpio en un lugar arbolado, cerca de Delaware «y se entretenía con él». Una noche descubrió que le faltaba el anillo, y pasó gran parte del día siguiente en vana búsqueda.

> Me fui a dormir pensando muy seriamente en la sortija. Cerca del amanecer, tuve un sueño muy vívido. Vi la sortija, cubierta por un montoncito de arena, bajo el columpio, entre dos huellas de pasos. El sueño fue tan nítido, que al despertar aún veía el camino, los edificios, las vallas, los árboles, el columpio y la arena, y hasta las huellas, tal como en el sueño. Tan pronto como hubo luz suficiente, salí rumbo al columpio, sin detenerme a buscar por el camino. Al llegar, entré con cuidado en la franja de arena, hasta alcanzar dicho promontorio, entre las dos huellas de pasos; removí un poco la arena del montículo con la punta del zapato, y la sortija salió rodando. Los pájaros cantaban en los árboles, el río seguía su curso hacia el mar, un tren de la línea York-Erie cruzaba el río.

> Varias veces me di puñetazos en la cabeza para asegurarme de que no seguía en el país de los sueños; pero no, estaba de veras allí, de pie sobre la arena. Y, ahí delante, el anillo. No era el caso de ninguna alucinación, sino de un útil y afortunado sueño.

*The Dream World* (1939), de R. L. Megroz, contiene una variante poco común de sueños que orientan a la recuperación de objetos perdidos. La soñadora no consintió que se diera su nombre, pero el autor se había cerciorado de la autenticidad del relato.

En su casa de Florencia había perdido una sortija valiosa para ella, tanto por su precio como por sus asociaciones. Había pertenecido a su abuela, quien la recibiera de su esposo; tenía siete diamantes, número de la suerte, «y en verdad la suerte había acompañado a mis abuelos, de modo que esa sortija asumía especial significación». El que la hubiera dejado sobre una mesa habiendo obreros en la casa no hacía la pérdida sino más amarga: temía que la suerte pudiera abandonarla. Pero estaba resuelta a no dejarse dominar por ideas morbosas o supersticiosas; y al cabo de cinco meses se había resignado a la pérdida.

La noche de su sueño se sintió como en cierta ocasión por obra de un anestésico: como elevada a otro plano. Allí encontraba a un hombre al cual había conocido durante su infancia, unos treinta años atrás, y que había muerto en un accidente ferroviario. El hombre se sacaba una sortija de oro del anular izquierdo y se la ponía a ella en el índice de la diestra. Le quedaba floja; y, sosteniéndola para asegurarse de no perderla, cobró gradualmente conciencia de encontrarse en su dormitorio y de tener en el dedo su sortija de diamantes. Contenta, volvió a dormirse. Al despertar, se encontró con el dedo sin anillo.

No pudo creer que la sortija hubiera sido un engaño de su imaginación. De algún modo, estaba segura, significaba que estaba destinada a hallarla. Se puso, pues, a buscar la joya, aunque sus amigas se burlaron cuando les contó lo ocurrido.

> Durante tres días recorrí los lugares de antes, indagando por tiendas en las que se localizaban a veces objetos robados. Acudí a la única casa de empeños, una institución oficial; pero todo en balde. Hasta que de regreso a casa, al atardecer, cruzando el Ponte Vecchio, siempre escudriñando en las esquinas al pasar, vi en una de ellas mi sortija.
>
> Sería largo contar las formalidades que hube de cumplir antes de que me devolvieran mi tesoro. Pero algunos pormenores pueden resultar de interés. El anillo había sido llevado a Venecia y vendido allí a un comer-

ciante. Éste a su vez se lo vendió a otro, que lo trajo de nuevo a Florencia. Y había cambiado de manos muchas veces antes de que lo adquiriera el negociante en cuyo escaparate lo descubrí.

Pero lo que me parece una extraña coincidencia es que llevaba en posesión de este último sólo tres días —como su registro, perfectamente en orden, lo probaba—; en verdad, sólo unas pocas horas antes de que yo hubiera sentido la presencia del anillo en mi dedo.

¿Era de veras coincidencia?, se preguntaba esta señora. ¿No era posible que hubiese tenido una experiencia de las que rechaza la ciencia ortodoxa? «¿Acaso el hecho de que el anillo, manteniendo ciertas cualidades magnéticas, en afinidad con otras cualidades existentes en mí a causa de una larga asociación y contacto, hizo la materialización posible y fácil tan pronto como aquél entró en mi proximidad, ya que el lugar donde lo descubrí estaba a tiro de piedra de mi casa?» En lo que a la dama en cuestión concernía, eso poco importaba: el sueño había hecho lo suyo; «lo esencial es que la sortija está en mi posesión, cualquiera que fuere la explicación del caso».

En *The invisible picture* (1981), Louisa Rhine relata el caso de una muchacha de dieciséis años, de Oregon, que acaba de ingresar en su primer trabajo, como auxiliar de un dentista. Éste le había encargado recoger un paquete con oro laminado y guardar estas láminas bajo llave en su despacho. Mientras ella retiraba la envoltura, llamaron a la puerta, y salió a recibir un tal Frenchie, un conocido «personaje» del lugar, quien venía a retirar algo que había dejado el dentista para él. La muchacha fue a una habitación interior en busca de ese objeto y se lo trajo al visitante. Cuando éste se marchó, ella volvió junto a la gaveta donde había dejado el oro: había desaparecido.

Ella sabía que Frenchie había estado varias veces en la prisión local por mala conducta, pero nunca por delitos serios. Tenía un vago recuerdo de haber oído cerrarse suavemente la gaveta; pero comprendió que acusar al visitante sería causarle un daño irreparable.

Casi enferma de inquietud, esa noche se fue a dormir rogando una ayuda. Temprano, antes del amanecer, despertó recordando un vívido sueño. Creía haber oído una voz decirle que abriera la gaveta inferior, soltara cierto enganche, empujara hacia fuera la gaveta superior inmediata, y buscara el sobre con las láminas de oro metido de canto contra la pared posterior del mueble. Por la mañana corrió a la oficina, siguió esas instrucciones, y halló el sobre con el oro intacto.

La siguiente vez que vio a Frenchie éste le aconsejó que fuese más cuidadosa: «No sabes quién puede colarse hasta allí». Él, al ver abierta la gaveta con el sobre en ella, la había cerrado, y de algún modo el sobre se había deslizado hacia atrás y caído por el resquicio.

De entre los centenares de comunicaciones sobre sueños que afluyeron a J. B. Priestley a raíz del programa «Monitor», en 1964, cierto número de ellas se refería a la recuperación de objetos perdidos. Una mujer que había extraviado su paraguas soñó que volvía al restaurante donde había estado comiendo. En respuesta a su indagación, alguien le respondía: «Mamá lo ha llevado arriba y dijo que, si nadie lo reclamaba, lo guardaría para ella, pues le gustaba ese mango en forma de cabeza de pájaro». En virtud de ese sueño, la señora se dirigió al restaurante, donde, según informó su marido, «repitió las mismas palabras del sueño» y le devolvieron el paraguas.

*Investigación*

En su *Second sight in daily life* (1951), W. H. H. Sabine refiere el caso de un sueño que, según destaca, muestra «del modo más claro posible» que no debe de ser incluido en la categoría de los fenómenos extrasensoriales, pero que señala el camino hacia una línea de investigación de la cual podría sacarse provecho: el uso de los sueños para resolver problemas.

Recorriendo el catálogo de un librero de lance, Sabine dio con un libro publicado en 1801, que, supuestamente, elucidaba los misterios de la masonería. Al hojearlo, notó que, en la portadilla, había una anotación en código:

Ziydvjxyjpix
ty Qxzf & Oivjjxg Qvwgzjpix

Intrigada, trató de descifrar el código aplicando el método indicado en «El insecto de oro» (1843) de Poe, que casualmente había leído no hacía mucho, basado en la frecuencia de las letras —de la «e» en especial— en inglés. Pero el texto no era lo bastante largo para que esa técnica resultara efectiva, y Sabine abandonó la tarea como irrealizable.

Esa noche tuvo un sueño, consistente en una única imagen: la palabra

«ARCHITECTURE»

en letras de color violeta sobre fondo negro. Al despertar, no se le ocurrió poner en relación el sueño con el problema del código, hasta que reparó en el catálogo, «y de pronto mi mente, como a la luz de un relámpago, comprendió que «architecture» podría ser la palabra codificada más larga. Como, para mi considerable excitación, resultó ser». El resto de la solución no era difícil:

«mc Seal and Written Signature»

(«Sello y firma escrita del mc»), donde, presumiblemente, «mc» sería una abreviatura de «código masónico».

Hacia fines de la década de 1950, William Dement, que dirigía los estudios sobre los sueños en la universidad de Standford, decidió investigar si los estudiantes podrían utilizar sus sueños para solucionar problemas. Por eso, formuló ciertas cuestiones y les indicó que las estudiaran antes de acostarse; por ejemplo:

> «Las letras O. T. T. F. F. constituyen el comienzo de una serie infinita. ¿Cómo se determinan las letras sucesivas y cuáles son las dos siguientes?»
> «H. I. J. K. L. M. N. O. forman una palabra; ¿cuál?».

La respuesta a la primera es que las letras dadas son las iniciales de «One, Two, Three, Four, Five» («uno, dos, tres, cuatro, cinco»); las dos siguientes serán las correspondientes a «seis» y «siete», y así continúa. La respuesta a la segunda es «agua», pues la secuencia consiste en «H to O» («H hasta O», que en inglés suena lo mismo que «$H_2O$»).

Entre más de mil casos, en 87 de ellos los sueños mostraron cierta pertinencia y, aunque sólo siete estudiantes recibieron orientación directa, resultaron reveladores. Uno de los estudiantes soñó que estaba en una galería de arte:

> Al recorrer la sala, empezaba a contar los cuadros: uno, dos, tres, cuatro, cinco... Pero, al llegar al sexto y al séptimo, las telas habían sido arrancadas de sus marcos. Yo miraba los marcos vacíos, con la peculiar sensación de que había algún misterio sin resolverse. De pronto, comprendía que los espacios sexto y séptimo eran la solución del problema.

En otros casos la información del sueño no se interpretó correctamente. Uno de los estudiantes tuvo una sucesión de sueños referidos al agua —nadar, navegar, mirar la lluvia—, sin comprender que le ofrecían claves para la solución «$H_2O$».

En 1983, el periódico *New Scientist* propuso a sus lectores tomar parte en un experimento para averiguar si los sueños pueden resolver problemas de un tipo que generalmente asombraría a la conciencia en estado de vigilia. Uno de ellos era de orden matemático:

> «Utilizando seis segmentos de recta de igual longitud, construir cuatro triángulos equiláteros cuyos lados sean de la misma longitud que esos segmentos.»

Once personas respondieron a Morton Schatzman, que dirigía el experimento, informándole de cómo un sueño les había ayudado a resolver el problema. Una de ellas, una estudiante, soñó que pasaba la mano por unos barrotes, seis de los cuales estaban agrupados «formando algo así como una choza cónica de indios». Después, en el sueño, aparecía su profesor de química y decía: «109°28'». La estudiante sabía que esta medida angular estaba en conexión con moléculas tetraédricas; y, al despertar, se le hizo presente que un tetraedro está formado por cuatro triángulos equiláteros. Esto, y la imagen de la «choza cónica», le dieron la clave de la solución, que consistía en que el modelo había de ser una pirámide triangular.

Esta estudiante sabía de tetraedros; pero una de las corresponsales carecía de preparación en ciencias. Había soñado directamente con el enigma, y en el sueño pedía ayuda a un científico. Éste, como respuesta, daba brincos arriba y abajo, y acababa «subiéndose de un salto a lo alto de un armario». Cuando la soñadora despertó, se le ocurrió que los triángulos debían ir «para arriba». Los dibujó así y sus compañeros le informaron de que eso era un tetraedro. «Para alguien no matemático, como yo, fue una sensación de triunfo dar con la respuesta —escribía a Schatzman—. No creo que hubiese resuelto el problema sin ese sueño, porque soy una persona que no suelo pensar de esa manera.»

El segundo acertijo era más fácil, por lo menos para gente sin conocimientos matemáticos:

«¿Qué tiene de particularmente notable la siguiente oración: «I am not very happy acting pleased whenever prominent scientist overmagnify intellectual enlightenment» («No me siento muy feliz fingiendo agrado cada vez que destacados científicos resaltan a un intelectual culto»)?

Es una clase de acertijo que parece muy sencillo una vez explicado pero que a menudo se resiste al esfuerzo consciente. Un estudiante de primer año de secundaria obtuvo la respuesta en un sueño, en el cual daba clase a unos científicos sentados en torno a sus mesas. Al despertar, le llamó la atención que hubieran aparecido cinco mesas, con uno, dos, tres, cuatro y cinco científicos respectivamente. «Comprendí que lo importante era el número de letras de cada palabra. Conté las letras, y di con la secuencia: uno, dos, tres ... trece.»

Otro de los corresponsales había soñado que escribía a máquina: «The quick brown fox jumps over the lazy dog» («El veloz zorro castaño salta sobre el perro perezoso»), la oración que contiene todas las letras del alfabeto inglés, pero su instructor le indicaba que escribiera en cambio «123456789». Al despertar, encontró la clave de la solución. En otro caso, el sueño implicaba una tácita aprobación a Freud; en él aparecía un conde (en inglés, «count», que significa «conde» o «cuente»); el juego de palabras proporcionaba la clave.

Casi todos los informantes que habían resuelto los problemas referían haber despertado de su sueño por la mañana a la hora habitual. En otros términos, irse a dormir con el problema en la mente no entrañaba despertar a media noche con la solución. Schatzman opina que este experimento, aunque evidentemente de reducida escala, «sugiere la inferencia de que, contra la hipótesis de Francis Crick y Graeme Mitchinson, según la cual soñamos para «desaprender» información no relevante, los sueños pueden ayudar a resolver problemas». Algunos sueños dan directamente la respuesta; otros proporcionan indicios, que fácilmente podrían pasarse por alto, a menos que el soñador espere encontrarlos en sus sueños y en ellos los busque. Puede que recibamos respuesta a nuestros problemas sin advertirlo, si no prestamos a los sueños suficiente atención.

## *La forma y la fuente*

En muchos casos de orientación y resolución de problemas por vía onírica, es plausible la explicación propuesta por Walter Scott para el sueño de Rutherford: que no era «sino la recapitulación de informaciones que ese señor fácilmente pudo recibir de su padre en vida de éste», pero que había olvidado; en cierto sentido, es más posible hoy que en tiempos de Scott, pues la investigación ha ido mostrando mediante experimentos referidos a la regresión hipnótica el alcance de los registros mnemónicos que el subconsciente puede almacenar. El profesor W. Romaine Newbold, en la *Revista de la Sociedad de Investigación Psíquica* de 1893, explicaba de modo análogo el sueño por el cual Hilprecht había resuelto el problema de los fragmentos de ágata babilónicos, considerando que toda la información proporcionada en él estaba dentro de «los procesos de razonamiento asociativo que el profesor Hilprecht realiza a diario».

En toda apreciación sobre las fuentes del material onírico debe tenerse en cuenta también otra posibilidad. Antes de poder sostener seriamente que proceda de percepciones extrasensoriales, señalaba en 1886 Edmund Gurney, secretario honorario adjunto de la Sociedad de Investigación Psíquica, debe considerarse la siguiente objeción:

> Millones de personas sueñan cada noche; y si hay un campo donde el espectro de posibilidades parezca infinito, es el de los sueños: ¿cabe llegar a alguna conclusión positiva a partir de tal caos de impresiones fragmentarias y carentes de sentido? ¿No debemos admitir la fuerza del argumento evidente a priori, de que, entre la innumerable multitud de sueños, de vez en cuando alguno tenga la posibilidad de corresponderse en el tiempo con un suceso real semejante al soñado; y que, cuando un sueño «se hace realidad», las mentalidades no científicas no dejarán de señalar y retener el hecho como algo extraordinario, sin molestarse en reflexionar sobre si tales incidentes ocurren con mayor frecuencia de lo que permitiría el mero azar?

Esta línea de argumentación sigue oyéndose a menudo, presentada coherentemente por Christopher Evans en un libro que preparaba en el momento de su muerte y que ha sido editado y completado por su homónimo Peter Evans, corresponsal científico de la BBC, y publicado en 1983 bajo el título *Landscapes of the night*. Christopher Evans consideraba que lo que tomamos erróneamente por percepciones extrasensoriales no son sino indicaciones de que nuestra mente es más astuta de lo que advertimos, y, para ilustrarlo, menciona una experiencia propia.

Le habían robado un reloj pero, cuando fue a denunciar el robo, descubrió con embarazo (experiencia harto frecuente) que no recordaba la marca, aunque estaba impresa en la esfera del mismo.

> Esa noche desperté súbitamente en medio de un vívido sueño. Al parecer, había estado mirando la esfera de mi reloj, presentada en una especie de primer plano ampliado. Las manecillas, las cifras y otros rasgos, hasta el brillo metálico de la caja, eran nítidamente visibles. Y también la marca, escrita claramente en mayúsculas en el centro de la esfera: BIFORA.

Muchos la habrían clasificado como una experiencia extrasensorial, comenta Evans, y sería una explicación posible. Pero creía mucho más probable que el nombre de la marca estuviese almacenado en su memoria y «pudiera ser extraído en un sueño».

Era una explicación razonable para ese sueño; pero Evans, que no podía resolverse a aceptar la realidad de la percepción extrasensorial, eligió ejemplos más impresionantes de «llamativas correspondencias» que la Sociedad de Investigación Psíquica había comenzado a registrar, y que desde entonces han seguido produciéndose. Dio un paso importante el psicólogo suizo Theodore Flournoy, muy admirado tanto por su coetáneo el filósofo y psicólogo William James como por su protegido, Jung, quien le llamó «su reverenciado y paternal amigo». Escéptico por naturaleza pero estrictamente cuidadoso de presentar los dos aspectos del caso, Flournoy dedicó mucho tiempo y reflexión a los problemas que los investigadores de parapsicología iban sacando a la luz; y una observación que formuló en su *Espiritismo y psicología* (1911) le ayudó a disipar algo de la confusión.

Flournoy sostuvo que la forma en que la información se presenta en los sueños no es una guía confiable para establecer la fuente. Así, el decorado teatral de que se reviste el sueño de Hilprecht —el sacerdote alto y magro, la estancia sembrada de ágata y lapislázuli— no implica que ese sacerdote haya existido de hecho: estaba allí porque tales eran las asociaciones que la información contenida en el sueño suscitaba en la imaginación de Hilprecht. Si Agassiz hubiese tenido inclinaciones espiritistas, el pez fósil que vio en sueños pudo habérsele presentado «en un contexto apropiado, por algún mensajero del otro mundo o por un pescador de la prehistoria»; pero Agassiz era un positivista.

Con todo, Flournoy se sintió obligado a admitir que en ciertos casos la información proporcionada en un sueño no era fácilmente explicada en el sentido de que el subconsciente del soñador contuviera dispersas todas las piezas de información pertinentes y las hubiera seleccionado y reunido para dar una solución al problema que debatía la conciencia en vigilia.

# 3

## Sueños clarividentes

Actualmente, el problema de si en los sueños puede existir clarividencia —y, en verdad, si la propia clarividencia existe— sigue siendo controvertido. Con todo, tanto en el pasado como en nuestros propios días hay constancias de ella en casos de coincidencias que difícilmente son atribuibles al azar. Aunque en casos particulares el azar no puede excluirse, para el conjunto de las comunicaciones pertinentes resulta una explicación inverosímil.

A menudo lo que se comunica es de poco interés o carece de interés intrínseco, excepto como prueba de percepción extrasensorial, en que la misma trivialidad puede ser un argumento a favor. Un buen ejemplo es el que ofrece uno de los coautores de *Dream Telepathy* (1963): Alan Vaughan, quien recuerda que en 1970 vio a Kurt Vonnegut, autor cuya obra admiraba enormemente, en un programa de televisión. Un par de noches después, soñó con él. Obedeciendo a un impulso, Vaughan anotó el sueño y se lo envió a Vonnegut: «Estaba usted planeando salir de viaje. Entonces mencionaba que se dirigiría a una isla llamada Jerome. (Hasta donde yo sé, no existe ningún lugar con ese nombre, de modo que tal vez «Jerome» o la inicial J tenga algún sentido pertinente para este caso)». Quince días después recibió la respuesta de Vonnegut: «No estuvo mal. La noche de su sueño cené con Jerome B. (un escritor de libros para niños), y hablamos de un viaje que me disponía a hacer tres días después a una isla llamada Inglaterra.»

Si admitimos que éste es un ejemplo de percepción extrasensorial, ¿por qué habría de llegar a Vaughan una información tan carente de importancia? Recientemente, el psiquiatra Jan Ehrenwald ha formulado una hipótesis, atendiendo a una idea de Henri Bergson en el sentido de que la función principal del cerebro humano es obrar a manera de filtro. Todos estamos constantemente bombardeados por mensajes de nuestros sentidos; el cerebro procura asegurar que sólo se filtren aquellos más importantes para nuestras necesidades. Cuando cruzamos una calle, nuestros ojos y oídos se ajustan para registrar la presencia de tránsito; vemos un árbol al otro lado de la acera, oímos cantar a los pájaros, pero no tomamos conciencia de esos hechos. Como las comunicaciones a través de un sexto sentido se han hecho en gran medida redundantes debido a los mensajes procedentes de los cinco sentidos más especializados, sostiene Bergson, recibe menor prioridad que cualquiera de ellos; más o menos en los seres humanos el sentido del olfato se ha vuelto en gran medida redundante.

Las comunicaciones extrasensoriales, sostiene Ehrenwald, se filtran hasta nuestra conciencia de dos maneras. Una es «dirigida por resquicios»: los mensajes perceptivos extrasensoriales fluyen continuamente; en ocasiones, la función del filtro falla, y deja pasar la comunicación por el resquicio, aunque puede carecer de importancia. Pero la otra manera, en cambio, es importante: está «dirigida por necesidades», y el mecanismo de filtro puede dejarla pasar precisamente por eso.

El hecho de que la mente lúcida no intervenga durante el sueño facilita el paso a la información de fuentes externas, información que ocasionalmente puede recordarse al despertar. Si se acepta esta idea, la presunción es que la comunicación entre personas que están próximas por vínculos de familia o de afecto se encontrarán a menudo en las relaciones que se produzcan en sueños. Son particularmente comunes los relatos de una curiosa variedad de intercomunicación: los sueños «compartidos».

### *Sueños compartidos*

En muchos casos, el soñador parece haber recogido los pensamientos de alguien vinculado a él. En una de las comunicaciones verificadas en la década de 1880 por Edmun Gurney para la Sociedad de Investigación Psíquica, Jean Eleanora Fielding, esposa de un clérigo, relató cómo una noche en que no lograba conciliar bien el sueño entretenía el paso del tiempo recordando en detalle su hogar de infancia en Escocia, adonde no había vuelto desde hacía veinte años; y eso le había traído a la memoria un vecino de allí, Harvey Brown. Su esposo, que estaba dormido, conocía el hogar paterno de ella, pero sólo de nombre al tal Brown. Tampoco habían hablado de esta persona en esos veinte años. Pero «ambos nos despertamos a las seis. Antes de que hubiésemos cambiado una palabra, me dijo: "He tenido un sueño muy extraño sobre Harvey Brown; estaba en tu viejo hogar, por ahí rondando"».

La señora Noami Harris, de la administración Peabody, de Londres, comunicó a la Fundación una experiencia bastante similar, salvo que en su caso ella misma era la soñadora y lo que soñó respondía a una cuestión que ocupaba el pensamiento de su marido. En 1986, esta señora tuvo un sueño desusadamente intenso en el que visitaba Kenwood House guiada por Lady Ivegh. Ella conocía la conexión de los Guinnes con Kenwood House, pero ignoraba la existencia de aquella dama. Sin embargo, el sueño era tan real, y Lady Ivegh aparecía tan netamente representada en él, que a la mañana siguiente se lo contó a su marido.

«¡Gracias a Dios! —respondió éste—. Ése es el nombre que he estado esforzándome por recordar en vano». Era médico, y todo el día y la noche pasadas había estado devanándose los sesos tratando de recordar ese nombre, en relación con uno de sus pacientes.

En estos casos, la coparticipación podría explicarse reductivamente, sin forzar demasiado las cosas, como una coincidencia por azar. Pero tal explicación se torna menos clara en otros casos, registrados en la compilación de Gurney, de una categoría que, según este autor, «podrían verse razonablemente como telepáticos». En enero de 1882, el reverendo A. B. McDougall, miembro del Lincoln College de Oxford, residía temporalmente en una casa de Manchester, cuando una noche sintió «algo desagradablemente frío que se me deslizaba por la pierna izquierda» y que resultó ser una rata. A la mañana siguiente, 11 de enero, un primo que casualmente estaba de huésped en su casa de Oxford y ocupaba su dormitorio,

> bajó a desayunar y contó un extraordinario sueño, en que aparecía una rata devorando mis infortunadas extremidades. Mi familia lo tomó a risa, pero el día trece recibieron carta mía, donde relataba mi desagradable experiencia con la rata y la posterior captura del animal. Entonces todos los presentes recordaron el sueño que les había contado mi primo, por cierto, cuarenta y ocho horas antes.

En algunas familias es tan común que marido y mujer tengan el mismo o parecido sueño en la misma noche, que casi deja de prestárseles atención, a menos que, como un ejemplo citado por Jeremy Taylor en su *Dream Work* (1983), la representación compartida sea demasiado extraña para poder atribuirse al hecho de que los cónyuges han de pensar, y, consiguientemente, soñar, en cosas parecidas. Si marido y mujer han estado pensando en elefantes, que ambos sueñen con elefantes no parecería nada raro; pero una noche dos cónyuges tuvieron sueños

> en los que aparecía un gran elefante, cuyas patas delanteras terminaban en manos humanas correspondientemente grandes. En mi sueño, el elefante era un lanoso mamut, mientras que en el de Katherine era un elefante de circo; pero en ambos casos los elefantes estaban sentados sobre sus patas traseras y meneaban en dirección a nosotros sus gigantescas manos, en un gesto similar al que suelen hacer las bailarinas de vodevil.

El azar resulta también una explicación inverosímil para el sueño compartido comunicado a la Fundación por la señora M. R. Elliot, de Derby:

> Me encontraba en una bonita casa, abierta y soleada, con mucha gente, entre los que un joven se me acercaba y me decía: «Te amo», y yo respondía: «Yo también te amo». Era un hombre de cabello oscuro y ojos castaños, y, en mi sentir, por completo fiable y bueno.
>
> Cuando vi a mi madre, que vive cerca, me contó que había soñado con un apuesto joven, a quién había encontrado en una reunión, y que le decía: «Te amo», a lo cual respondía ella: «Yo también te amo». Hasta la descripción del hombre de su sueño se correspondía exactamente con la del mío.

La señora Elliot no encontraba ninguna razón lógica por la cual ella y su madre pudiesen haber tenido en esa oportunidad un pensamiento en común.

El que los sueños sean tan a menudo compartidos por personas próximas entre sí tiene implicaciones importantes para la psicología. También es posible que los sueños compartidos puedan indicar una afinidad inesperada o no desarrollada entre personas que no se conocen entre sí, como ocurre en un caso que relata Louisa Rhine en *The invisible picture* (1981):

> En Nueva Jersey, un hombre soñó que salía con una escopeta en compañía de una mujer, a quien apenas conocía. Ambos disparaban sobre diferentes objetos, pero los blancos que más le llamaban la atención eran unas vacas en un campo. Por la mañana recordó el sueño, en parte porque aquella no era una mujer que le interesaba particularmente, sino una simple persona del lugar con quien solamente tenía tratos ocasionales.
>
> Al siguiente día se la encontró en una tienda. Cuando ella le vio, le

dijo que quería contarle un sueño «loco» que había tenido, donde aparecía él. «Por un momento me quedé estupefacto, cuando me dijo que había soñado que ambos salíamos juntos y disparábamos contra unas vacas».

¿Podría una investigación haber mostrado alguna afinidad aún no descubierta entre ambos?

Existen relatos aún más extraños sobre sueños compartidos, en particular uno extraído de los clásicos por Aubrey en sus *Miscellanies* (1696):

> Cierto hidalgo de nombre Prestancio había requerido a un filósofo que le resolviera una duda, a lo cual éste se negó rotundamente. La noche siguiente, Prestancio, aunque cabalmente despierto, vio ante sí al filósofo, de cuerpo entero, que le aclaraba su duda y, apenas hecho esto, se retiraba. Cuando al día siguiente vio Prestancio al filósofo, preguntóle por qué, no habiendo accedido el día anterior a sus súplicas de que respondiera a su pregunta, había acudido a verle sin ser solicitado y a extemporánea hora de la noche, para descubrirle cada punto a su satisfacción. A lo cual el filósofo respondióle: «A fe mía, quien a vos vino no era yo, mas en un sueño me imaginé que mi persona os prestaba tal servicio».

Andrew Lang, enterado de un caso igualmente extraordinario, ocurrido a los Drummond de Drumquaigh, en Escocia, y su perro Fanti, se tomó la molestia de acudir a confirmarlo a esa familia. A la sazón se encontraba la señora Ogilvie, su hijo el hacendado y su hija mayor; las dos hermanas mayores estaban ausentes en casa de unos amigos.

> Una mañana la señorita Ogilvie bajó a desayunar y dijo a su hermano: «He tenido un sueño extraño: soñé que Fanti se ponía rabioso».
>
> «¡Vaya! Es extraño —repuso su hermano—; yo soñé lo mismo. Mejor no contárselo a mamá: podría preocuparse.»
>
> Despues del desayuno, la señorita Ogilvie fue a ver a la anciana señora, quien le dijo: «Deshagámosnos de Fanti; anoche soñé que se ponía rabioso y mordía».
>
> Al caer la tarde, las dos hermanas menores volvieron a casa.
>
> «¿Qué tal lo habéis pasado?», les preguntaron.
>
> «No hemos dormido bien —respondió una de ellas—; yo soñaba que Fanti se ponía rabioso, se volvía gato y lo arrojábamos al fuego».

Fanti no padeció de rabia, sino que vivió plácidamente el resto de sus días. Conociendo a la familia, Lang no tuvo duda de que el relato era auténtico; pero, sin mucha convicción, admitió que no se trataba sino de «curiosas coincidencias».

Pero sin duda el más extravagante de los casos de sueño compartido registrado es el que relata Robert Graves. Había estado hablando con varios amigos sobre el *Experimento con el tiempo* de Dunne, y, siguiendo las instrucciones de este autor, de registrar todos los pormenores de un sueño, anotó cuidadosamente lo que recordaba de un sueño que le había dejado vívida impresión al despertar. En él se encontraba en un bar con Oscar Wilde y otros dos escritores poco del agrado de Graves (pero a los que no identifica); después de este episodio, en el sueño aparecía en mayúsculas una extraña palabra —TELTOE, PELTOE o TELSOE o algo parecido—, que le dejaba perplejo.

El sueño en conjunto carecía de significado alguno para él, pero al día siguiente se lo contó a sus amigos. El día después de éste, le llegó una carta de un perfecto desconocido, un señor Roberts, enviada desde Islip, donde anteriormente había vivido Graves. La carta incluía estas líneas:

Attercop, the all-wise spider
The poet at Islip scrawled— Re
Oscar Wilde at the tipplers;
Whistler, do let's appreciate
Walter Pater's polish, deceit.

(«Attercop, la araña omnisapiente arañó al poeta de Islip-Re sobre Oscar Wilde con los borrachines; Whistler, vamos, apreciemos el barniz de Walter Pater, un engaño.»)

La carta continuaba: «Se me antoja que algo no marcha con estos anagramas. Carezco del ingenio simiesco para desentrañarlos. ¿Qué intención tuvo usted? Podrían ocurrírseme otros, por docenas. Ha de ser pura casualidad.»

Para Graves, todo esto resultaba puro galimatías; excepto la primera línea, que era un verso de sus poemas. Al final, se le hizo la luz: su corresponsal creía, sin duda, por el término «Attercop», que ese verso era un anagrama, lo que le había movido a tratar de descifrarlo construyendo otras cinco líneas de anagramas correspondientes. Pero no era un anagrama: «attercop» es un término escocés antiguo que significa «araña» (el argumento, en su versión original, se titulaba «Bruce and the Attercop»).

A R. L. Megroz, que utilizó este relato en *The Dream World*, le comentó a Graves:

> Pero ese asunto sobre Oscar Wilde, con los dos amigos literatos es una descabellada historia nacida con los anagramas... Alguien invadió mis sueños, y la palabra teltoe, peltoe o telsoe parece haber sido un residuo de las letras que trató de utilizar Mr. Roberts en algún anagrama, haciendo que formaran un nombre propio (¡y yo me tomé el trabajo de buscar esa palabra en el *Atlas del Times* y en el *Diccionario de nombres del Larousse*!)

La carta de Roberts, siguió señalando Graves, había sido enviada dos días antes del sueño y llegó dos días después.

> Probablemente yo fui el responsable de todo el incidente. Porque había escrito (aunque no publicado) un poema acerca del curioso efecto de los anagramas, y lo tenía muy fresco en la mente en el momento en que Roberts me escribió su carta. En ese poema acuñé la palabra «anagramégico». Al parecer, mis vibraciones inalámbricas afectaron de algún modo a Roberts mientras leía el poema sobre el «Attercop», y las suyas, a su vez, se vengaron perturbando mis sueños.

Si era necesrario, concluía Graves, proporcionaría las pruebas a Megroz, en forma de documentación y el testimonio de sus amigos.

Así pues, los sueños compartidos son «dirigidos por resquicios» en la medida en que no es su importancia lo que origina el acceso a través del filtro cerebral. Sin embargo, puede argüirse que son promovidos por necesidades, hasta cierto punto, cuando la participación se da entre dos personas afectivamente próximas. Y ello les presta una significación a menudo oscurecida por la trivialidad del contenido, en cuanto muestran que existe comunicación a un nivel más profundo que el que la psicología corriente está dispuesta a reconocer.

La existencia de sueños «dirigidos por necesidades» es de significación aún mayor, ya que indica la capacidad del filtro cerebral para reconocer señales marcadas como «urgentes». Los casos de «sueños de crisis», como a veces son denominados, se dividen en cuatro categorías principales: sueños «de desastre», que al aparecer son provocados por alguna calamidad, como una catástrofe aérea o un asesinato; sueños «de llamada», en que parece haberse formado un vínculo telepático que desea comunicarse con el receptor; y los que podrían denominarse sueños «de asunto pendiente», en los que un difunto aparece en un sueño para pedir perdón o reparar algún perjuicio.

*Sueños «de desastre»*

Cuanto más calamitoso sea el suceso, tanto más probable resultaría que fuera captado por vía telepática; y, aunque esto no es algo que pueda comprobarse estadísticamente, recibe cierto apoyo por investigaciones como la emprendida a fines de la década de 1950 por el profesor Ian Stevenson, de Virginia, con motivo del naufragio del *Titanic*. Uno de los sueños que este autor registra se destaca del resto.

Una mujer de Nueva York tuvo una pesadilla en la que veía a su madre en un bote salvavidas tan sobrecargado que corría peligro de hundirse. Se la relató a su marido a la mañana siguiente, pero, como suponía que su madre estaba aún en Europa, él la tranquilizó. Al día siguiente, leyeron la noticia del naufragio, y la mujer con horror encontró el nombre de su madre en la lista de pasajeros. En realidad, la madre había sobrevivido. No había comunicado a su hija su intención de embarcarse en el *Titanic*, con el propósito de darle una sorpresa. Le contó luego cómo, en el bote salvavidas, cuando pasó la hora en que su hija tuvo el sueño, había temido lo peor, creyendo que en cualquier momento se hundirían; y «todo el tiempo sus pensamientos estaban vueltos hacia la hija, a quien no esperaba ya volver a ver».

Aunque no figura en la colección de Stevenson, Graham Greene fue uno de los que soñó esa noche. Hablando en *Una especie de vida* sobre lo importantes que han sido los sueños para él, señala que a menudo le han proporcionado indicios de sucesos catastróficos:

> La noche de abril en la que ocurrió el desastre del *Titanic*, cuando tenía cinco años de edad y pasaba las vacaciones de Pascua en Littlehampton, soñé con un naufragio. Una de las imágenes de ese sueño ha permanecido en mí más de setenta años: un hombre con impermeable de hule doblado se hallaba en cubierta junto a una escalerilla, bajo el impacto de una enorme ola. Nuevamente, en 1921, escribí a casa, desde donde localizaban a mi psicoanalista: «Hace una o dos noches tuve un sueño sobre un naufragio: el barco en que yo viajaba se hundía en el mar de Irlanda. No pensé más en ello. Aquí no tenemos periódicos regularmente, y sólo ayer, hojeando un diario viejo, leí que en el mar de Irlanda había naufra-

gado el *Rowan*. Acudí a mi diario de sueños, y encontré que había soñado eso el sábado por la noche. El accidente había ocurrido precisamente después de la medianoche del sábado.» De nuevo, en 1944, soñé con un cohete V1 unas semanas antes del primer ataque. Cruzaba horizontalmente el cielo con la cola llameante, en la misma forma en que se presentaría después.

Louisa Rhine ha registrado el caso de un hombre que el 7 de diciembre de 1941 dormía la siesta en su casa de Alabama, cuando de pronto se incorporó de un salto y dijo a su mujer que acababa de oír al Presidente anunciar que los japoneses acababan de atacar Pearl Harbour. «¡Tonterías!» dijo ella; no era más que un sueño. Estaba la radio puesta; de haberse producido tal anuncio, ella lo habría oído. Mientras discutían, se emitió un programa de noticias: Roosevelt había anunciado el bombardeo japonés sobre Pearl Harbour.

Durante la campaña electoral de 1968 por la presidencia, Louis Heren, el distinguido jefe de corresponsales extranjeros de *The Times*, pasó un par de semanas cubriendo las elecciones primarias de Oregon y California; los principales candidatos oponentes eran Robert Kennedy y Eugene McCarthy. Según su comunicación a la fundación Koestler,

> Kennedy no me atraía particularmente: había en él cierta veta innoble, así como la convicción de que la presidencia era suya por derecho propio; y aplaudí —no, naturalmente, en las columnas de *The Times*— cuando perdió en Oregon frente a McCarthy. Fue ése un golpe amargo para Kennedy, pero California era un estado más grande y él disponía de más dinero que su rival. Llevó la campaña como un poseso, y pronto se hizo evidente que ganaría.

Como esto daba a la campaña menos significación e interés que si hubiera existido la posibilidad de que Kennedy perdiera, Heren volvió a Washington, donde siguió por televisión la cobertura periodística de las elecciones la noche del jueves siguiente.

> Sabiendo que tenía por delante una dura jornada, me fui a dormir antes de que se anunciara el inevitable resultado. Como de costumbre, me dormí en seguida, pero tuve una pesadilla terrible. Alguien trataba de asesinar a Kennedy y yo procuraba defenderlo esgrimiendo mi máquina de escribir portátil. Empapado en sudor, caí del lecho; mi mujer me recon-

> fortó y luego bajamos a prepararnos un té. Como buena esposa de un corresponsal, ella encendió la radio, en el momento en que el locutor anunciaba que Kennedy había sido asesinado.

Muchos sueños de desastre pueden atribuirse al azar, ya que son tan comunes. Pero a veces la coincidencia de detalles resulta impresionante, como en un caso registrado por G. N. M. Tyrrell en su libro *Science and Psychical Phenomena* (1938). Una noche de 1928, Dudley Walker, uno de los corresponsales de Tyrrell, soñó que presenciaba cómo un tren se estrellaba contra otro menor, sobre la mísma vía.

> Vi el expreso y sus vagones levantarse y retorcerse en el aire, y el estruendo era terrible. Después iba caminando junto a los despojos a la tenue luz del amanecer, observando con un sentimiento de terror la enorme locomotora volcada y los coches aplastados. Me encontraba en medio de una escena de horror indescriptible, con gente muerta o lesionada, y escuadrones de rescate por doquier.
>
> La mayoría de los cuerpos tendidos a un costado de la vía eran de mujeres y niñas. Al pasar, guiado por algún desconocido, veía el cadáver de un hombre en un estado atroz, que, arrojado desde lo alto, yacía sobre un coche volcado.

En verdad, esa noche ocurrió un accidente ferroviario en una ciudad situada a pocos kilómetros de donde vivía Walker, resultado de una colisión entre dos trenes del tipo que él había visto. De las ocho personas muertas, siete eran mujeres, una de ellas una muchacha joven, y un reportero notó que «un espectáculo particularmente horrible era el cadáver de un hombre tendido encima de uno de los vagones». No era posible descartar estos detalles del caso arguyendo que el recuerdo del sueño pudiese deberse a los relatos periodísticos. Walker había quedado tan perturbado, que había descrito con todo detalle el sueño a su madre cuando bajó a la hora del desayuno (que, a causa de la conmoción, fue incapaz de tomar); más tarde lo narró a su jefe; y hasta había escrito una relación de su sueño antes de que las noticias del choque empezaran a aparecer en los periódicos vespertinos.

Ésta es una característica común a los sueños de desastre: una cualidad de pesadilla, que produce una impresión profundamente perturbadora en los soñadores, particularmente en aquellos que por lo común sólo rara vez recuerdan sus sueños. En una comunicación a la fundación Koestler acerca de una experiencia de este tipo, la señora Marion Yau, de Cheadle, Cheshire, relata cómo despertó una noche de 1967 «bañada en sudor y en un estado terrible; temblaba, me palpitaba aceleradamente el corazón y me sentía aterrada». En este caso, fue el marido quien acudió a rescatarla con una taza de té. Ella le contó que había presenciado un terrible desastre marítimo: «el barco ladeándose, el petróleo derramándose en el mar, las olas azotando el barco, pero sobre todo las aves cubiertas de petróleo mientras trataban de mantenerse por encima del oleaje». El diario matutino traía la información sobre la catástrofe del *Torrey Canyon*, la primera de su género frente a la costa británica, con la inmensa mancha de petróleo esparcida desde el averiado buque-tanque, y las destructivas consecuencias para las aves marinas.

### *Sueños «de despedida»*

La segunda categoría de los sueños de crisis, también objeto de muy frecuentes comunicaciones, es la de los que parecen anticipar un aviso necrológico que publicarán los periódicos. El sueño realiza este anuncio de diversos modos: ora mostrando al difunto en su ataúd, ora haciéndole aparecer en una visión como si viniera a presentar a los vivos su último saludo. Aunque no es raro soñar con amigos o parientes difuntos, en unos casos la correspondencia temporal, en la que el sueño coincide con el momento de muerte, y en otros las circustancias de detalle, sugieren hechos de clarividencia.

A menudo se «ve» en sueños la muerte de alguien conocido, según ocurrió en otro de los casos comunicados a la Fundación. La señora Marie L. Freeman estaba con su familia en un chalet de Cornwall, cuando una madrugada soñó que veía al profesor Bronowski —cuya serie televisiva lo había hecho familiar— volando sobre su cabeza, aunque vestido con normalidad. «Desde lo alto me miraba y decía: He muerto esta mañana. Yo respondía que lo lamentaba mucho, pero él simplemente seguía su vuelo.» La señora Freeman, cuando su esposo y sus hijos adolescentes despertaron, les contó el sueño. Al encender el marido la radio, oyeron la noticia de que Bronowski, a quien ella jamás había visto personalmente, había fallecido.

En muchos casos, podría argumentarse que los soñadores pudieron conocer subconscientemente que alguien estaba a punto de morir; pero la explicación se hace improbable cuando han vivido largo tiempo a distancia de dicha persona. En 1852, durante uno de sus prolongados periodos de exilio, Giuseppe Garibaldi, acostado en su camarote en medio de una tremenda tempestad en el Pacífico, soñó con su madre y un funeral. Había estado alejado durante meses y pasarían meses antes de que, a su retorno a Italia, supiera que ella había muerto la noche de su sueño. Análogamente, Henry Morton Stanley, antes de alcanzar su fama de explorador, llevaba viviendo varios años en América sin contacto con su familia, residente en Gales, cuando tuvo un sueño que le impresionó profundamente. Como recuerda en su autobiografía, en los tiempos en que integraba las fuerzas de la Confederación, había sido capturado en Shiloh y enviado a un campamento de prisioneros cerca de Chicago. Una mañana de 1862 estaba descansando después de terminar su trabajo...

> cuando súbitamente sentí un ligero golpe en la nuca y al momento quedé inconsciente. Poco después tuve la vívida imagen de la aldea de Tremeirchion y las herbosas laderas de las colinas de Hiradogg, y me pareció estar suspendido sobre los bosques de Brynbella, poblados de cornejas. Me deslizaba así hasta el dormitorio de mi tía Mary. Ella estaba en el lecho y parecía mortalmente enferma. Yo me colocaba al costado del lecho y me veía a mí mismo, la cabeza inclinada, escuchando sus últimas palabras, que sonaban pesarosas, como si le remordiera la conciencia por no haber sido tan bondadosa como hubiese podido o querido ser. Y oía al muchacho junto a ella decir: «Tía, te creo. No es tu culpa ni la mía. Fuiste buena y amable conmigo, y yo sabía que tú deseabas serlo más; pero las cosas estaban dispuestas de modo que tú habías de ser lo que eras. Yo también deseaba de corazón quererte, pero temía decirlo, por miedo a que me deprimieras o dijeras algo que pudiera herirme. Creo que con este espíritu nos separamos. No hay por qué arrepentirse. Tú has cumplido tu deber para conmigo, y tenías hijos propios, que requerían todos tus cuidados. Lo que desde entonces me ocurrió estaba decretado que debía suceder. Adiós».
>
> Yo tendía la mano y sentía cómo las manos largas y delgadas de la moribunda las estrechaban. Le oía un murmullo de adiós, e inmediatamente desperté.

Como Stanley supo después, su tía agonizaba en Gales en ese momento. Al relatar esto en su autobiografía, comenta:

> Creo que el alma de cada ser humano tiene su espíritu auxiliar, una esen-

cia ágil y delicada, cuyo modo de acción consiste en sugerencias sutiles que logra insinuar en la mente, dormida o despierta. Somos demasiado burdos para poder comprender la significación del sueño, de la visión o del presagio repentino, o adivinar la fuente o el sentido de las premoniciones. Admitimos que estamos abiertos a la recepción de la imagen fugitiva de un acto o de una figura, en cualquier momento, pero, a menos que nos sacudan ciertas extrañas coincidencias, que a la mayoría nos ocurren, rara vez hacemos el esfuerzo de develar el misterio. El dardo veloz del mensajero estampa una imagen en la mente y despliega una visión ante el dormido, y si, como a veces sucede, entre los ardides y retorcimientos de la mente errabunda, por actos reflejos de la memoria, ocurre que haya una representación verdadera de lo que va a suceder, se nos deja irremediablemente a tientas en cuanto a su modo y significado, pues no hay nada tangible en lo que asirse.

Muchas cosas hay en relación con mi existencia que son inexplicables para mí, y probablemente así es mejor; esa escena junto a un lecho de muerte, proyectada sobre la pantalla de mi mente a través de dos mil quinientos kilómetros de distancia, es uno de esos misterios.

Aparte de la demostración de afecto, las visiones oníricas de personas moribundas raramente prestan ningún servicio particular, aunque el productor David Belasco, que dio su nombre a un teatro neoyorquino, creía deber uno de sus espectáculos de mayor éxito a su sueño de crisis referido a su madre:

> Una noche, después de un largo y agotador ensayo, me fui a acostar muerto de cansacio, a mi casa, en Newport, y me quedé dormido enseguida. Sin embargo, casi inmediatamente desperté y traté de levantarme, pero no pude, y tuve un gran sobresalto al ver a mi querida madre —a la cual sabía en San Francisco— de pie a mi lado. Me esforcé por hablar y sentarme en la cama, pero ella me sonrió con una sonrisa amorosa y tranquilizadora, dijo mi nombre —el nombre con el que me llamaba de niño: «Davy, Davy, Davy» —, y luego, inclinándose, parecía besarme; después se apartaba un poco diciendo: «No te aflijas. Todo está bien y soy feliz»; finalmente se encaminaba hacia la puerta y desaparecía.

Al día siguiente contó a su familia esa aparición de su madre y dijo que estaba seguro de que ella había muerto.

Pocas horas después (yo seguía dirigiendo los ensayos de *Zoza*) fui, durante un decanso, a almozar con un miembro de mi equipo, quien me entregó algunas cartas y telegramas recogidos en la taquilla del teatro. Entre ellos había un telegrama donde me comunicaban que mi querida madre había muerto la noche anterior, alrededor de la hora en que la había visto en mi cuarto. Más tarde supe que inmediatamente antes de morir se había incorporado y había sonreído, murmurando tres veces «Davy, Davy, Davy».

«Transferencia de pensamiento», consideraba Belasco, era una explicación inadecuada. Estaba seguro de haber visto efectivamente a su madre, y esta y otras experiencias le habían convencido de que «lo que llamamos sobrenatural es, después de todo, al menos supranormal». Esto le indujo a escribir una pieza de teatro sobre el tema, y *El retorno de Peter Green* (1911) fue el resultado.

Un caso en que lo llamativo son, más que el suceso mismo, los detalles, fue registrado, y garantizado en su autenticidad, por Robert Dale Owen en sus «Footfalls» (1860). En 1836, el capitán Clarke, al mando de un mercante de la línea entre Cuba y Nueva York, soñó que se hallaba en el funeral de su abuela, en Lyme Regis; y todo se llevaba a cabo del modo previsible, hasta que, para sorpresa suya, el cortejo no se dirigía hacia el sepulcro de la familia sino hacia otra parte del camposanto. Allí —señala Owen, que verificó el relato junto con Clarke— «vio la tumba vacía parcialmente inundada por la lluvia; y, mirando dentro, notó que dos ratas de campo ahogadas flotaban en el agua». Perturbado por este sueño, Clarke anotó la fecha, y a su tiempo se enteró de que su abuela había sido sepultada el mismo día. Más tarde, su madre le dijo que la propia anciana había elegido el lugar donde quería ser sepultada, y resultó ser el mismo que él había visto en su sueño. «Por último, comparando sus notas con informaciones proporcionadas por el viejo sepulturero, comprobó que la copiosa lluvia de aquella mañana había llenado parcialmente la tumba y que, en efecto, se encontraron en ella dos ratas ahogadas».

La visión que tuvo Samuel Clemens (Mark Twain) de la muerte de su hermano Henry, en 1858, ha sido citada a menudo como uno de los más notables sueños de crisis. Henry tenía entonces veinte años; según el biógrafo de Mark Twain, Albert Bigelow Payne, era «un muchacho apuesto, atractivo, de quien su hermano, que le profesaba entrañable afecto, estaba orgulloso», y realizaba a la sazón el aprendizaje de piloto en uno de los barcos de vapor del Mississipi; Samuel había de seguir su ejemplo. Una noche, Samuel, que residía en St. Louis con su hermana, soñó que veía a Henry tendido en un ataúd de metal puesto en una sala de estar sobre dos sillas, con un ramo de flores blancas y una roja sobre el pecho. Contó el sueño a su hermana, pero no hizo caso de él, hasta que se supo que el barco donde se encontraba Henry había estallado, a sesenta millas de Menphis. Cuando Samuel llegó, vio a su hermano tal como en el sueño, tendido en un ataúd de metal, «sólo faltaba el ramo de flores blancas con la roja en el centro; detalle que se completó allí mismo, pues en ese momento una señora de cierta edad entró llevando un gran ramo blanco en cuyo centro había una única rosa roja».

Era fácil para los escépticos objetar que, siendo autor de obras populares de imaginación, Mark Twain no resultaba fiable. De no gozar de una reputación establecida, quizá se habría abstenido de contar ese episodio. Otro autor de fama reconocida, Rider Haggard, también pudo comprobar cuán difícil era en esa época publicar sucesos así sin riesgo de ponerse en ridículo. En 1904, Haggard envió a *The Times* el relato de un notable sueño de crisis. «Tal vez estarán ustedes de acuerdo en que las siguientes cicunstancias son dignas de recuerdo —escribió—, aunque sólo sea por su interés científico. A causa de este interés sobre todo, pues tales relatos no deben quedar anónimos, me he decidido a publicarlo con mi propio nombre, aunque tengo plena conciencia de que, al hacerlo así, puedo exponerme a cierto grado de incredulidad y ridículo».

> Contaba que doce días antes, la noche del sábado, había tenido una pesadilla:
>
> Me despertó la voz de mi mujer, que me llamaba desde su lecho, al otro lado de la habitación. Al despertar, la pesadilla, que había sido larga y vívida, se desvaneció de mi mente. Todo lo que de ella pude recordar fue un sentimiento de terrible opresión y desesperada, aterrada lucha por la vida, como probablemente se dé en el momento de ahogarse. Pero, entre el instante en que oí la voz de mi mujer y el instante en que mi conciencia respondía a él, o tal me pareció, tuve otro sueño. Soñé que un sabueso negro, un animal de lo más afectuoso e inteligente, llamado Bob, que pertenecía a mi hija mayor, yacía de costado entre unos arbustos o alguna forma de áspero matorral, junto al agua. Mi propia personalidad, de alguna manera misteriosa, me parecía surgir del cuerpo del animal, que sabía con certeza era Bob y no ningún otro; tanto, que mi cabeza estaba contra la suya, que se hallaba en un ángulo antinatural. En mi visión, el perro trataba de hablarme con palabras, y, al no lograrlo, transmitía a mi mente, de un modo indefinido, el conocimiento de que él esta-

ba agonizando. Luego todo se desvanecía, y desperté oyendo a mi mujer preguntarme qué me pasaba para hacer esos horribles y extraños ruidos.

La señora Haggard contó el suceso a la familia durante el desayuno, y su marido lo confirmó; pero no pensó más en ello, hasta que se enteró de la ausencia del perro. Emprendió entonces una búsqueda, y halló el cuerpo del animal flotando contra un azud, más de kilómetro y medio río abajo. Una investigación reveló que un tren lo había hecho caer al río desde el puente del ferrocarril el sábado por la noche.

La carta de Rider Haggard continuaba así:

> En el orden tanto jurídico como privado, he tenido toda mi vida el hábito de investigar pruebas y testimonios y, si cabe descartar a nuestro viejo amigo, «el largo brazo de la coincidencia», que en este caso debería sin duda ser forzado hasta la dislocación, confieso que las distancias disponibles en este asunto me obligan a llegar a las siguientes conclusiones:
>
> El perro Bob, hacia el cual yo sentía mucho apego, logró, sea en el momento de su muerte, si es concebible que su existencia se haya prolongado hasta después de la una de la mañana, sea, lo que parece más probable, unas tres horas después del hecho, llamar mi atención hacia su reciente trance, llevando aquella parte de mi ser capaz de recibir impulsos tales cuando se hallaba encadenada por el sueño, a la terrible situación en la que él estaba. Posteriormente, rota esa cadena del estado de sueño por la voz de mi mujer que me devolvía a la condición normal de nuestra existencia humana, el perro, en algún último y desesperado esfuerzo, mientras esa indefinible parte de mí se retiraba paulatinamente de él (se recordará que en mi sueño me parecía surgir del perro mismo), me hablaba tratando primero de hacer uso de lenguaje propio, y después, al fracasar en el intento, por algún medio sutil de comunicación que me es desconocido, que anunciaba su agonía, pues no me era visible sangre ni herida alguna que expresara ese hecho.

Rider Haggard pasa luego a especular sobre si podía haber estado en juego alguna forma de telepatía; si no, ya que su sueño había ocurrido aparentemente tres horas después de que el perro fuera atropellado por el tren, «parecía que hubo de ser alguna parte no corporal pero superviviente del espíritu del perro» (en ese tiempo, la telepatía había recibido cierto grado de reconocimiento, pero no se había extendido aún en las comunicaciones producidas con anterioridad o posterioridad al suceso de referencia). Cualquiera que fuera la interpretación de los hechos —atestiguados por todos los partícipes: su familia, un veterinario, algunos empleados ferroviarios, etcétera—, Rider Haggard consideraba que «parecen sugerir la existencia de una conexión fantasmal más íntima entre todos los miembros del reino animal, incluido el hombre, de lo que hasta ahora, por lo menos entre los occidentales, se ha creído; en suma, que todos ellos son manifestaciones diversas de alguna vida central, configuradora, pero que habita el universo bajo formas diferentes».

Un sueño de muerte llevó a un convencido racionalista a vislumbrar que su positivismo le había descarriado en cuanto a la naturaleza de la realidad. Una noche de 1872, George J. Romanes, miembro de la Royal Society, tuvo un sueño, el cual le perturbó hasta el punto de que lo puso por escrito, y se lo contó a su mujer por la mañana:

> Imaginaba estar sentado en la sala, junto a una mesa, disponiéndome a leer, cuando de pronto aparecía sentada al otro lado, muy cerca de la mesa, una señora anciana. No hablaba o se movía, sólo me miraba fijamente, y yo la miraba del mismo modo, unos veinte minutos por lo menos. Su apariencia me llamaba mucho la atención: tenía cabello cano, pero cejas muy negras, y una expresión penetrante. En ese momento no la reconocí y pensé que era una extraña. Mi atención fue atraída entonces en dirección a la puerta, que se abría y (siempre dentro del sueño) mi tía entraba por ella. Al ver a la anciana, exclamaba con sorpresa, en tono de reproche: «John, ¿no sabes quién es?», y, sin darme tiempo a responder, añadía: «Es tu abuela».

Romanes temió lo peor, pero no tuvo noticias durante varios días. Al cabo de ellos, el padre escribió para anunciarle la súbita muerte de la abuela: «había ocurrido la noche misma de mi sueño —recordaba Romanes— y a la misma hora». Se vio así llevado a tomar con seriedad los fenómenos parapsicológicos, y después a descartar por completo sus ideas positivistas.

Los sueños «de despedida» se siguen registrando con frecuencia. En *Working with dreams* (1919), Montague Ullman y Nan Zimmerman informan del relato de una mujer, la cual soñó que, estando en el lecho, atendía el teléfono, y era su marido, con quien había vivido más de veinte años, hasta divorciarse cinco años antes, por ser un alcohólico. La cómoda del dormitorio tenía espejos gemelos, y mientras hablaban por teléfono, su marido salía de uno de ellos anudándose la corbata.

Yo cortaba la comunicación, me levantaba de la cama (siempre en el sueño) y decía: «Roger, ¿qué haces aquí?»; y él respondía: «sólo quería verte».

La mujer despertó, deprimida. Esa mañana su cuñado la llamó por teléfono para comunicarle que su marido había muerto durante la noche a causa de un infarto. «Creo que me dijo adiós».

El artista Louis le Brocquy —irlandés, pese a su apellido ya que reside en Francia— recuerda un sueño de despedida muy curioso que tuvo poco después de su primera exposición en Dublín, en 1942. Parecía que volaba hasta llegar al campo, donde echaba a andar a lo largo de una carretera. detrás de él oía el galope de un caballo; cuando éste llegó a su lado, reconoció que la amazona era una muchacha que guiaba a los visitantes en la galería, y él la saludó: «Hola Mary». Ella respondía con severidad que no era Mary: «Mi nombre es Mère Jo, y debo seguir viaje»; y desaparecía al galope cruzando la cima de una colina cercana.

Cuando le Brocquy despertó, recordó que su abuela paterna, de nombre Josephine, era llamada «Mère» por los padres de él, y «Jo» por su marido. Pocos minutos después, la madre de le Brocquy llamó a su puerta, y él le dijo al punto que estaba seguro de que la abuela había muerto esa noche. «Cinco minutos antes, mi madre había recibido por teléfono esa inesperada noticia.»

### *Sueños «de llamada»*

Louisa Rhine, en *The invisible picture* (1981), relata un típico sueño «de llamada»:

> En los Angeles, una muchacha oyó que su madre le llamaba, como desde el cuarto contiguo. Se volvió y, sin pensar, respondió: «Sí, mamá». Pero al punto se reprendió a sí misma por este lapso: «¡Si mamá está a cinco mil kilómetros de aquí!»
>
> Unos días más tarde recibió carta de su madre, donde le decía que aquella noche «me sentía tan solitaria sin ti, que me detuve a la entrada de tu cuarto y te llamé».

Tales casos, comenta Louis Rhine, «tienden a producir en los soñadores una impresión difícil de olvidar».

Quienes están literalmente en «puestos de atención» al público, como los médicos, parecen particularmente propensos a sueños de esta clase; así ocurre en un caso descrito con ciertos pormenores por Margaret Murray, autora del que por un tiempo fue considerado el libro de autoridad sobre el desarrollo de la hechicería, aunque investigadores posteriores hayan demolido su tesis central. Por escéptica que fuera en general esta autora, se sintió lo bastante impresionada por la experiencia de un médico conocido suyo para relatar su autobiografía. Este médico, que ejercía su profesión en Calcuta, acababa de atender a una de sus pacientes, que había dado a luz pero que, al no presentarse complicaciones, había vuelto a su casa a guardar cama.

> A eso de las dos de la mañana, la mujer del doctor despertó y le vio vestirse para salir. «¿Qué estás haciendo? —le dijo—. No ha habido ningún mensaje; Chandra no te ha llamado».
>
> Él respondió: «Ya he enviado a Chandra a llamar al cochero para que tenga listo el carruaje, y a despertar al portero para que abra el portón, de modo que no demoremos la salida. Voy a ver a esa paciente. Por favor, no me detengas. Siento que debo ir, y con la mayor rapidez posible».

Cuando llegó a casa de la paciente, hubo de despertar al portero, quien protestó diciendo que no había recibido ninguna orden de llamar al médico.

> El marido de la paciente acudió corriendo y exclamó: «¿Pero por qué ha venido? Todo está tranquilo arriba. La enfermera me habría llamado si ocurriera algo». La enfermera miró desde la balaustrada y dijo con tono incrédulo: «¿Es el doctor? Pero, doctor, ¿por qué está usted aquí a esta hora de la noche? Apenas hace un cuarto de hora que he visto a la paciente, y dormía tranquila». «Es forzoso que la vea», dijo el doctor. Había llegado justo a tiempo: acababa de producírsele a la mujer una violenta hemorragia y, si hubieran tenido que despertar a los criados en una y otra casa, bubiera sido demasiado tarde.

En *The analysis of dreams* (1975), el psicoanalista Medard Boss describe una «llamada de atención» similar que le comunicó un médico ruso. Una tarde, el médico se había retirado para su siesta, y a eso de las tres y media se durmió. Soñó que recibía una llamada para atender a una paciente.

> Yo entraba en un cuarto pequeño, empapelado en color oscuro. A la derecha de la entrada había una cómoda, y sobre ella una lámpara o can-

delabro de curiosa factura. Este objeto me interesó en extremo. Nunca había visto nada igual. A la izquierda de la puerta había una cama, sobre la que una mujer sangraba profusamente. Poco después de despertar, sonó la campanilla de la entrada; se me solicitaba para ver a una paciente. Cuando entré en su habitación, quedé atónito. Era notablemente igual a la que había visto en mi sueño. Una pequeña pero curiosa lámpara de petróleo estaba sobre la cómoda, situada a la derecha, y la cama se encontraba a la izquierda. Como en medio de una nebulosa, me acerqué a la paciente y le pregunté: «¿Ha tenido usted una fuerte hemorragia?» «Sí; ¿cómo lo sabe?», respondió. Le pregunté a qué hora había enviado a por mí. Contestó que se había sentido mal toda la mañana. A la una había tenido una hemorragia leve, a la que no dio importancia. Sólo a las dos había comenzado a sentir mucho malestar y se había acostado esperando que cesara la pérdida de sangre. A las cuatro se había decidido a enviar por mí, pues se había agravado la hemorragia.

Medard Boss encontró otro caso, en que la madre de un joven que asistía a un curso para aprender a hacer análisis, había tenido dos sueños «de llamadas de atención». El hijo había enfermado de neumonía y una noche entró en fase de delirio.

Durante todo su delirio creía que su madre estaba con él, y le pedía que colocara la mano fría sobre su frente. En el curso de la mañana, la madre telefoneó a la casa de huéspedes donde su hijo vivía. En vez del saludo habitual, preguntó ansiosamente si su hijo estaba enfermo de gravedad y si debía acudir en seguida. Había soñado la noche anterior con la enfermedad de su hijo, pero no tenía ninguna otra información. En su sueño, había estado junto al hijo, que se encontraba acostado con fiebre y delirante, y pedía constantemente que le refrescaran.

Tres años más tarde, mientras el joven trabajaba en Londres y la madre estaba de vaciones en Chur, aquél se había roto una pierna mientras iba a su oficina. Al día siguiente, recibió una llamada telefónica. Era su madre, que preguntaba esta vez si las lesiones del hijo eran graves. Había soñado del modo más vívido que él estaba en una cama de hospital, con la pierna derecha completamente vendada.

Éstas fueron las dos únicas ocasiones en que la madre, señora de modestos recursos, puso una conferencia telefónica.

A veces, en un sueño, parece imperativo comunicar una advertencia a la persona de la que se trata; pero a menudo es difícil actuar, al despertar, obedeciendo a tal impulso. Con todo, en los casos de sueños «de llamada de atención», a veces es posible que la persona objeto de la llamada emprenda el adecuado curso de acción; así sucede en un curioso caso, relatado por Ann Brigde en su *Moments of Knowing* (1970), acerca de un conocido clérigo anglicano, el archidiácono Beavan. Éste había sido íntimo amigo del director de la Charterhouse School y, cuando murió, la viuda pidió a Beavan que leyera los textos bíblicos en el funeral.

> La noche antes del funeral, Beavan tuvo un sueño de lo más vívido. Estaba de pie en el presbiterio de la capilla de Charterhouse, rodeado por los miembros de una congregación vestida de negro; frente a él, en otro sitial, se hallaba el señor Le Bas, el capellán. Cada detalle de la capilla, donde Beavan no había estado desde sus días de escuela, se le presentaba con perfecta claridad. Cuando se acercaba el momento de la lectura, dejaba su sitial y se acercaba al atril para buscar el pasaje en la Biblia; pero no había nada: el atril estaba vacío. Con asombro y desconcierto, se acercaba a Le Bas y le susurraba: «¡No hay libro!»; a lo cual Le Bas replicaba secamente: «Nunca lo hay». Perplejo, Beavan volvía junto al atril y se quedaba pensando qué hacer. Por último volvía junto a Le Bas y le preguntaba con insistencia: «¿Qué hacéis, entonces?» Con el mismo tono despreciable de antes, Le Bas susurraba: «¡Lo decimos de memoria!» Frustado, el desdichado archidiácono volvía a su atril, tratando de recordar las palabras del texto, pero en vano. En su desesperación, se obligó a aproximarse por tercera vez al capellán para preguntarle: «¿Cómo empieza?» Le Bas le daba las palabras iniciales; Beavan volvía junto al atril vacío y, con un esfuerzo, lograba recitar la totalidad del texto, salvo un solo versículo, en que tartamudeaba.

Tan profunda impresión causó en Beavan este sueño, que decidió llevar consigo su propio breviario, por si se hacía realidad. No fue así: la Biblia estaba, como correspondía, en el atril. Con todo, ya que llevaba consigo su breviario habitual, leyó en él. Después fue a tomar el té con la viuda del director.

> Tras agradecerle que asistiera a prestar a su viejo amigo ese último servicio, ella le dijo: «Y no puedo expresarle cuánto le agradecí que utilizara usted la Versión Autorizada para la lecturas bíblicas. Mi marido nunca

> pudo encontrar de su agrado la Versión Revisada. Yo pensé en preguntar al señor Le Bas si no era posible usar la Versión Autorizada, pero él prefiere la Revisada y no le gusta alterar sus disposiciones. Pero —tal vez me juzgue usted muy débil— permanecí despierta gran parte de la noche pasada deseando juntar valor para pedir al capellán que permitiera usar la Autorizada en esta ocasión».

Seguramente, comenta Ann Brigde, «nadie puede poner en duda en este caso el elemento telepático. ¿Cómo, si no, la transmisión de Londres a Chelsea de la índole desapacible y tozuda de Le Bas, de esa forma tan dramática?»

En algunos casos registrados en sueños «de llamada de atención», es como si se difundiera una señal de peligro y fuese captada por personas que habrían acudido en auxilio, de haber sabido con exactitud de qué se trataba. Mervin Stockwood, obispo de Southwark durante un cuarto de siglo, recuerda, en un artículo de *Light* cómo una noche, en 1956, siendo vicario de la iglesia de la universidad en Cambridge,

> llevaba dos o tres horas dormido, cuando desperté con un sentimiento de horror. Tan aterrado estaba, que encendí la luz. Algo estaba claro para mí: debía ver al decano del King's College lo más pronto posible. Me levanté temprano y llegué a las puertas del colegio poco después de las ocho. Me recibió el portero, quien me dijo que el decano se había suicidado durante la noche, arrojándose desde la torre de la capilla.

Y sin embargo Stockwood no era sino un conocido casual del decano; como lo eran dos o tres personas más de Cambrigde, quienes más tarde le dijeron que habían despertado aterrorizados, también ellos, esa noche.

La «llamada de atención» no se dirige necesariamente a una persona determinada. Puede ser sólo una indicación de angustia y alarma, que de un modo aún inexplicable es recogida por personas sin conexión con el individuo afectado. Pero en la mayoría de los casos el receptor es un amigo o un pariente. En 1884, el canónigo Warburton, a la sazón estudiante de Oxford, fue a Londres a pasar una temporada con su hermano, y encontró una nota de éste en la que le decía que había ido a un baile en el West End y no estaría en casa hasta después de la una de la madrugada.

> En vez de irme a la cama, dormité en un sillón, pero me levanté sobresaltado a la una en punto, exclamando: «¡Por Dios, se ha caído!», al ver

a mi hermano precipitarse desde una sala a un descansillo de la escalera brillantemente iluminado, salvándose por poco al apoyarse sobre sus codos y rodillas. (La casa me resultaba totalmente desconocida, ni siquiera sabía dónde quedaba.) Sin darle importancia, volví a dormitar durante media hora, y me despertó la súbita llegada de mi hermano, que decía: «¡Ah, estás ahí! Acabo de librarme por los pelos de desnucarme como nunca en la vida. Saliendo de la sala de baile, tropecé y caí cuan largo soy escaleras abajo».

En una carta a la Sociedad de Investigación Psíquica, el canónigo Warburton decía que, aunque no había anotado pormenores de la escena del sueño, recordaba haber verificado lo que había visto con la descripción dada en el momento por su hermano. «Puede haber sido sólo un sueño, pero siempre pensé que había en ello algo más.»

En un caso al menos, el emisor de la «llamada» se sintió abrumado al enterarse de que un susto que había experimentado repercutió en un pariente a varios kilómetros de distancia. Robert Yalverton Tyrrell era considerado uno de los filósofos más eminentes de fines del siglo XIX y ocupó sucesivamente las cátedras del curso superior de latín y de griego en el Trinity College, de Dublín. Su hermana, la señora Bramly, escribió a la Sociedad de Investigación Psíquica una carta en la que relataba un sueño que había tenido sobre él dos o tres años antes:

Fue un sueño muy vívido; no veía en modo alguno una exacta representación de lo que acaecía. Soñé (estando en mi casa de Killiney, mientras mi hermano se encontraba en Dublín) que le veía cubierto de sangre y le estrechaba entre mis brazos implorándole que no se muriera, y sentía claramente el contacto de la sangre que goteaba sobre mí.

No creyó que hubiese verdad en ello, pero se lo contó a su marido por la mañana y, sintiéndose vagamente inquieta, fue a Dublín para visitar a su hermano e invitarle a ir a su casa a jugar al tenis.

Él respondió que no podría jugar al tenis en muchos días, pues al atardecer del día anterior había tenido un accidente. Estaba en el jardín con sus hijos, y uno de ellos trepó a lo alto de un cobertizo para herramientas, que tenía una claraboya en el tejado. El niño se asustó, y mi hermano subió por la escalerilla para recogerle; colocó un pie en la claraboya, y se estiraba hacia el niño cuando el vidrio se quebró y mi hermano cayó a través de él, cortándose una vena de la pierna. La herida sangró profusamente un par de horas antes de que encontraran un médico para vendarla.

El señor Bramly atestiguó que su mujer le había contado el sueño esa mañana, antes de salir para Dublín; y el profesor Tyrrell confirmó que «los detalles eran exactos», aunque lo hizo con desagrado manifiesto: «Quisiera dejar claro que veo el accidente y el sueño como mera coincidencia». Había sido un accidente sin consecuencias serias, pero no pudo sino admitir que produjo «una considerable efusión de sangre».

### *Sueños «de asunto pendiente»*

Hay inumerables relatos de sueños en que un difunto retorna para impartir información a los vivos; información que a veces se ha mostrado de gran valor. La hipótesis de Flournoy —que lo significativo es el contenido y no la forma en que se presenta— es un supuesto sano; la visión de difuntos puede ser simplemente el modo en que el subconsciente subraya la importancia del mensaje, que en muchos casos consiste en que un perjuicio causado anteriormente a un vivo debe ser reparado. El caso más conocido ha sido inmortalizado en la historia de María Marten y «el asesinato del granero rojo». La joven María, que habitaba en el condado de Suffolk, se fugó en 1827 con un granjero, William Corder. Corder siguió escribiendo a los padres de la joven, pero, al cabo de algunos meses, éstos comenzaron a preguntarse por qué no recibían carta de su hija. Una noche, la madre soñó que María había sido asesinada y su cuerpo enterrado en un granero rojo que se encontraba en las tierras de Corder. A la noche siguiente el sueño se repitió; y lo mismo la tercera noche. Convencida de que sus crecientes sospechas estaban justificadas, se las ingenió de modo que se examinara el suelo del granero; y se encontró el cadáver de su hija. Corder fue acusado, encontrado culpable, y ahorcado.

Existe un caso aún más notable de un sueño que describe exactamente un homicidio; aunque en esta oportunidad los asesinos fueron llevados ante la justicia independientemente del sueño. El caso fue investigado por un miembro del Pembroke College, de Cambrigde, llamado Clement Calyon, y registrado en detalle en su autobiografía *Early years and late reflections* (1856). Al atardecer del 8 de febrero de 1840, Nevell Norway fue asesinado en el camino de Bodmin a su casa, sita en Wadebrigde, Cornwall. Su hermano Edmun estaba entonces al mando de un barco mercante, el «Orient», en viaje de las Filipinas a España. Esa tarde acababan de llegar a Santa Elena; a las ocho, Edmun bajó y escribió una carta a su hermano. Luego fue a su camarote, se durmió y, según informaría luego a Carlyon,

> soñé que veía a dos hermanos atacar a mi hermano y matarle. Uno cogía el caballo por la brida y disparaba dos veces una pistola, pero yo no oía la detonación; después asestaba un golpe a mi hermano, que caía de la montura. Los dos le asestaban varios golpes y le arrastraban por los hombros a través del camino hasta dejarle en el lado izquierdo, donde había una casa. A las cuatro me llamaron y subí a cubierta para hacerme cargo del barco. Dije al segundo oficial, el señor Henry Wren, que había tenido un terrible sueño: que dos hombres asesinaban a mi hermano en el camino de St. Columb a Wadebrigde, pero que yo estaba seguro de que no podía ser allí, pues la casa hubiera estado a la derecha del camino, de haber ocurrido en otra parte. Wren repuso: «No piense más en eso; los de las tierras del Este, ¡sois tan supersticiosos! Si no, se sentirá desdichado por el resto del viaje».

William Lightfoot y su hermano James fueron arrestados y acusados del asesinato. William confesó:

> Fui a Bodmin el sábado de la semana pasada, el 8 del corriente [8 de febrero de 1840] y de regreso encontré a mi hermano James en la cima de Dunmeer Hill. Estaba como neblinoso. Vinimos todo el camino por la carretera de peaje, hasta llegar a la casa cercana al sitio donde se cometió el asesinato. No entramos en ella, sino que nos escondimos en un campo. Mi hermano derribó a Norway de un golpe; le disparó dos veces con una pistola, pero no salió el tiro. Entonces le abatió golpeándole con el arma. Yo estuve allí con él todo el tiempo. Norway fue golpeado estando a caballo. Fue en la carretera, entre Pencarrow Mill y el poste que marca la dirección a Wadebridge. No puedo decir a qué hora de la noche. Dejamos el cuerpo en el agua, a la izquierda del camino yendo para Wadebridge. Cogimos un monedero con algún dinero, pero no sé cuánto. Mi hermano arrastró el cuerpo a través de la carretera hasta el estanque.

Aparte del detalle menor de que la casa del sueño estaba a la izquierda del camino, cuando en realidad se encontraba a la derecha, la semejanza era casi exacta: «ese sueño debe considerarse notable —comenta Carlyon— por su incuestionable autenticidad y su perfecta coincidencia de tiempo y circunstancias con un horrible asesinato». Al analizar el caso veinte años después, Robert Dale Owen señala que, si bien era bastante natural que Edmun Norway soñara con su hermano, «difícilmente resulta natural que cada mínimo detalle de una fechoría perpetrada esa noche en Inglaterra fuera objeto en el mismo momento de una visión nocturna por parte de un marino que estaba en la isla de Santa Elena»; y señala las semejanzas:

> Edmund Norway soñó que su hermano Nevell era atacado y asesinado por dos hombres.
>
> Nevell Norway fue atacado esa misma noche por William Lightfoot y su hermano James, y asesinado por ellos.
>
> Edmund Norway soñó que sucedía «en la carretera de peaje entre Pencarrow Mill y el poste que indica la dirección a Wadebridge».
>
> James Lightfoot «disparó a Norway con una pistola dos veces, pero el tiro no salió; entonces le asestó un golpe con el arma, derribándole». «Norway fue golpeado estando a caballo.»
>
> Edmund Norway soñó que los asesinos «asestaron a su hermano varios golpes, le arrastraron de los hombros por el camino, y allí le dejaron».
>
> James Lightfoot «arrastró el cuerpo por el camino hasta el estanque». Los asesinos «dejaron el cuerpo en el agua, cn cl lado izquicrdo del camino yendo hacia Wadebrigde».

Difícil es imaginar, señala Owen, un conjunto más completo de correspondencias; en particular, el incidente de los dos tiros que no salieron.

La historia más interesante acerca de un sueño «de asunto pendiente» es el caso del testamento de Chaffin. James Chaffin había legado su granja de Carolina del Norte a su tercer hijo, dejando al margen a la esposa y a los otros hermanos. En 1925, cuatro años después de su muerte, se apareció en un sueño a su hijo mayor, James, diciéndole que había otro testamento y que lo hallaría en el bolsillo de un viejo abrigo. Cuando James fue a mirar, en el abrigo no estaba en realidad el testamento, pero sí una nota de este tenor: «Lee el capítulo 27 del Génesis en la vieja Biblia de mi padre». Como esa Biblia estaba en casa de la madre, James llevó consigo a una persona del vecindario que actuara como testigo. Tras prolongada búsqueda, la Biblia se encontró,

> tan desquiciada, que cuando la cogimos se desintegró en tres partes. El señor Blackwelder recogió la porción que contenía el libro del Génesis, y allí encontramos dos hojas plegadas juntas: la de la izquierda plegada hacia la derecha y la de la derecha hacia la izquierda, formando como un sobre, dentro del cual el señor Blackwelder halló el testamento.

Al parecer, James padre, después de leer el Génesis 27 —la historia de cómo Jacob obtuvo por falsía la primogenitura que pertenecía a Esaú—, cambió su intención de legar la propiedad al tercer hijo y decidió repartirla entre los tres; pero, por alguna razón, no les reveló el cambio. La fecha del testamento recién descubierto mostraba que era posterior al otro, y, como el tercer hijo había muerto y su viuda no interpuso reclamo, James hijo y sus hermanos quedaron como beneficiarios. La historia fue corroborada por un abogado que había intervenido en el suceso.

Los sueños más comunes de esta categoría, aunque carecen de testimonio corroborativo y, por lo general, de acción dramática, son aquellos en que alguien difunto o que está agonizando aparece en una visión onírica para pedir perdón. Una persona de suiza, de entre las que suministraron a Aniela Jaffé material para su libro sobre *Apparitions* (1979), relata lo siguiente:

> Había tenido una disputa con un amigo, que me hirió realmente. Desde entonces le evité. Dos años más tarde salí para el extranjero por unos quince días. Una noche, después de una alegre charla con amigos, sin alusión alguna a aparecidos o fantasmas, soñé que ese viejo amigo mío venía y me pedía perdón. Como yo cerraba mis oídos a sus súplicas, se me acercaba y me decía: «En nombre del Cielo, no seas tan obstinada. Hay algo que me espera, por eso quiero estar en paz». Con estas palabras, me cogía la mano; yo decididamente sentí el contacto de una mano fría. Entonces desperté, para encontrar que la figura del sueño había desaparecido. Pero oí el sonido de una puerta que se cerraba, aunque me encontraba plenamente despierta.
>
> Imagine mi sorpresa cuando dos días después de esta experiencia recibí la noticia de que mi amigo había muerto en un accidente. Lo que más me impresionó fue que mi sueño había coincidido con la hora de su muerte. Eso parecía tanto más extraordinario por cuanto entre él y yo se interponía una distancia de mil kilómetros por lo menos.

Yeats hubiese podido, con cierta justificación, considerarse como el primero que intentó experimentos en relación con la percepción extrasensorial onírica. De joven, solía pasar temporadas con un tío provecto, George Pollexfen, que vivía cerca de Sligo, al oeste de Irlanda. Atendía a Pollexfen, hombre célibe, una criada que, según la experiencia, había convencido a su amo de que era clarividente. Si él volvía a casa con huéspedes inesperados, encontraba que Mary Battle tenía ya la mesa preparada para todos. Pollexfen se interesó, por consiguiente, en las ideas y prácticas ocultistas de Yeats, y ambos, en sus caminatas, solían realizar experimentos. Por ejemplo, Yeats, a la orilla del mar, imaginaba algún símbolo; Pollexfel, andando entre los médanos, «registraba lo que pasaba ante su ojo mental, y nunca dejó de obtener la visión apropiada».

No tardaron en descubrir que si Mary Battle se acostaba y ellos continuaban con los experimentos, recogía en sueños sus comunicaciones.

> Una noche, a propósito de no recuerdo qué símbolo, habíamos visto un matrimonio alegórico del Cielo y la Tierra. Cuando por la mañana Mary Battle trajo el desayuno, dije yo: «Pues bien, Mary, ¿ha soñado algo anoche?», y ella repuso (cito por un viejo libro de notas): «Por cierto que sí». Había soñado que su obispo, el obispo católico de Sligo, se había ido «sin decirle nada a nadie» y se había casado «con una señora muy alta, y no demasiado joven tampoco».

En otra oportunidad en que Pollexfel había tenido la visión de un hombre con la cabeza hendida, Mary Battle despertó para encontrarse «con la cara llena de sangre». Cavilando sobre el modo en que la criada recibía en sueños los pensamientos de ambos, «aunque en una versión burda y caricaturesca», a Yeats se le ocurrió preguntarse si los pensamientos de un sabio o de un ermitaño, «aunque ellos no hablen palabra», pueden también pasar a la mente del hombre común.

Una investigación más elaborada fue emprendida hacia fines del siglo XIX por Giovanni Battista Ermacora, uno de los distinguidos científicos italianos que habían labrado su reputación adhiriéndose al positivismo de Comte, pero que se sintieron tan sacudidos por lo presenciado al estudiar a médiums —en particular a Eusapia Palladino—, que abandonaron su actitud escéptica y comenzaron a emprender serias investigaciones parapsicológicas. El más célebre de esos científicos, Cesare Lombroso, acabó convirtiéndose al espiritismo. Otros, entre ellos Ermacora, se esforzaron por permanecer independientes, y dedicaron su tiempo a explorar estos fenómenos tratando de encajarlos en los marcos científicos convencionales.

Uno de los sujetos de Ermacora era María Mancini. Encontró fácil trabajar con María, porque el «control» de ésta, el «espíritu» de una muchacha que se presentaba con el nombre de «Elvira», podía mantener conversaciones con él estando María en estado de trance, sea por «escritura automática» —María entonces sostenía la pluma y las palabras se volcaban en el papel—, sea por «voz directa», una especie de ventriloquia al revés, en que María era como el muñeco a través del cual «Elvira» hablaba con su propia voz.

En 1892, Angelina, una pequeña prima de María, vino a vivir con ésta, y Ermacora descubrió que también ella sabía de «Elvira», y podría entenderla si hubiera condiciones para ello. Esto dio a Ermacora una idea. Si la niña había captado telepáticamente a «Elvira», ¿no podría ser inducida a cooperar en algunos ensayos telepáticos entre ambas primas? Se lo propuso a «Elvira», la cual accedió, pero diciéndole que sólo podía pasar mensajes en los sueños de la niña.

El procedimiento que adoptó Ermacora fue poner a María en estado de trance hipnótico, durante el cual podía pasar instrucciones a «Elvira» acerca de lo que había de implantar en los sueños de Angelina. Después de algunas tentativas fracasadas, una de las ideas de Ermacora, hacer que Angelina soñara que «Elvira» llevaba una luz en la mano y un retrato de la madre de la niña en la otra, resultó suficientemente bien para persuadirle de que estaba correctamente encaminado. Angelina vio a «esa niñita» —tal era «Elvira» para ella— con una luz y un retrato, aunque no reconoció en éste a su madre.

Al desarrollarse los experimentos, Ermacora se hizo más ducho en concebir ideas para los sueños, y «Evira» entró en el espíritu del juego proponiendo mejoras. Cuando el investigador solicitó un sueño en que María y él aparecieran en una góndola de dos remos rumbo al Lido, «Elvira» sugirió por «voz directa» que aparecieran también caballos en el punto del destino y «el mar con sus olas haciendo su sonido particular». Dócilmente, Angelina soñó con un bote de dos remos, jardines, «montones de caballos y el mar», con el mismo sonido que Ermacora había oído hacer a «Elvira».

¿Era capaz María de transmitir a Angelina información verbal? Si bien Ermacora estaba seguro de que María no recordaba nada de lo que ocurría en sus trances, decidió verificarlo. Cierto día propuso a «Elvira» que tratara de hacer a Angelina soñar que estaba mirando el río desde la ventana de su cuarto.

> Habría un cordero pastando en la orilla. Pasaría una barca con manzanas, conducida por un barquero. Éste se dentendría junto al puente de hierro y se apearía para ir a beber a la taberna. Mientras el bote permanecía sin vigilancia, lo que haría reír mucho a «Elvira».

Ermacora se aseguró de que no mediase comunicación entre ambas primas. Tan pronto como Angelina despertó, se le pidió que relatara su sueño, que, como señaló Ermacora con orgullo, correspondía «casi exactamente» al programa que él había presentado a «Elvira». Las únicas diferencias fueron que Angelina vio al cordero como «un perro de color claro» (resultó que ella nunca había visto un cordero) y no sabía adónde había ido el barquero.

Los experimentos se hicieron más complicados, y más refinados los controles. Aún así, pese algunos fracasos, Angelina siguió más de seis meses produciendo sueños por prescripción, aun cuando ella y su prima durmieran en distintas casas. En cierta ocasión en que Angelina se había mareado en un sueño, despertó con la impresión de haberse sentido realmente mal. En otra, cuando se vio en un sueño leyendo, despertó con la impresión de haber aprendido a leer.

En sus conclusiones, Ermacora subraya dos puntos. Los resultados de su labor sugerían que debía establecerse una distinción entre María y el «agente telepático». En otros términos, «Elvira» debía considerarse como una personalidad de por sí. Pero esto, destacaba Ermacora, no implica creer que esa personalidad separada fuese un espíritu. «Para evitar malas interpretaciones, puedo señalar que el reconocimiento de la existencia de un agente telepático como personalidad distinta no implica hipótesis alguna en cuanto a su naturaleza.» El agente podía ser un desprendimiento psíquico de la personalidad de María, o bien podía gozar de una existencia independiente. Sobre este punto, pensaba Ermacora, no había constancias suficientes para llegar a una decisión. Pero, «tomando el término personalidad en el sentido que le dan los psicólogos modernos —es decir, una sucesión de estados de conciencia discontinuos tal vez pero unidos por la memoria y la conciencia de yo—, Elvira es ciertamente una personalidad».

En su anterior línea de investigación, los fenómenos eléctricos, Ermacora se había labrado ya una reputación envidiable. Sus investigaciones sobre María, llevadas con minucioso rigor, siguen siendo una importante fuente de datos para la cuestión de la comunicación extrasensorial onírica. Los registros de sus experimentos sientan claramente que no se dejó engañar por sus sujetos; y adoptó la precaución de invitar a otros investigadores (William James entre ellos) a ser testigos oculares de lo que hacía. Su informe apareció en 1895, fecha en la que se fundó también una revista de estudios parapsicológicos, según las líneas establecidas por primera vez por la Sociedad Psíquica de Londres desde su fundación, en 1882; pero sus planes para continuar tales estudios fueron tres años después interrumpidos por la muerte.

### *El laboratorio de sueños de «Maimónides»*

Por impresionantes que parecieran los resultados de Ermacora para el que aceptaba la existencia de los médium y le consideraba un investigador fidedigno, no tenían ninguna posibilidad de convencer a los científicos ortodoxos, la mayoría de los cuales veía toda clase de investigaciones parapsicológicas con actitud de escarnio. Se hizo evidente que para demostrar la percepción extrasensorial onírica se necesitaban pruebas de laboratorio, lo cual representaba obvias dificultades. La telepatía no es frecuente ni regular en los sueños; y no hay modo de inducirla. No cabe esperar que los voluntarios que duerman en los laboratorios presenten percepciones extrasensoriales en sus sueños con la frecuencia suficiente para validar tales investigaciones.

En 1952, Eugene Aserinsky, estudiante de la universidad de Chicago, que estudiaba el sueño en los niños, apreció ocasionalmente en ellos, mientras dormían, movimientos oculares rápidos; y se preguntó si éstos podían tener relación con cambios neurológicos, algo que sería relativamente fácil de comprobar con ayuda de registros encefalográficos, si se colocaban electrodos a los costados de los ojos. Se advirtió que tales movimientos ocurrían en períodos de sueño relativamente liviano, hecho no muy significativo de por sí; pero, cuando se emprendieron investigaciones del mismo tipo con adultos, a los cuales se despertaba en medio de uno de esos períodos, informaban, con más frecuencia que cuando se les despertaba en otros momentos, que habían tenido sueños.

William Dement, entonces también estudiante en la universidad de Chicago, emprendió una nueva investigación, para su tesis doctoral. Encontró, entre otras cosas, que la duración de los MOR (como se denomina hoy a los movimientos oculares rápidos) parece aproximadamente proporcional a la duración de los sueños tal como los recuerdan los sujetos despiertos. Por consiguiente, quedaba destruido el mito de que los sueños «se producen como un relámpago». Cosa de mayor importancia aún, los sueños se tornaban un tema más aceptable de investigación científica. No dejaban de ser subjetivos, ya que había que confiar en la memoria de los soñadores por falta de método objetivo para detectar un contenido onírico; y, en términos conductistas, carecían de fiabilidad. Pero

Dement pudo argumentar que, si bien el conocimiento acerca de los sueños debe depender en última instancia de las informaciones subjetivas de los soñadores, «se hacen relativamente objetivos si tales informes pueden ser puestos significativamente en relación con determinados fenómenos fisiológicos, susceptibles a su vez de medirse por técnicas físicas»; interesante ejemplo de hasta qué punto la psicología conductista inhibía en ese momento la investigación, para que fueran necesarias tales excusas.

Los MOR despertaron también el interés del psicoanalista Montague Ullman, que ejercía en Nueva York, y que desde hacía tiempo se interesaba tanto en los sueños como en la parapsicología. Existían centenares de pruebas de laboratorio para la percepción extrasensorial, en la que un «emisor» miraba en una habitación cartas de la baraja con ciertas figuras, y los sujetos, en otra estancia, escribían o dibujaban lo que les venía a la mente. Ullman comprendió que sería relativamente sencillo adaptar el método a la percepción extrasensorial en condiciones oníricas; y en 1960 comenzó a operar en su «laboratorio de sueños», en el hospital «Maimónides» de Brooklyn, Nueva York.

Ya los primeros ensayos mostraron las posibilidades del método, aunque no exactamente como se había previsto. El proyecto se debía a Eileen Garrett, la médium más notable de la época, a través de la Fundación de Parapsicología establecida por ella, y ella misma fue el sujeto del primer experimento. Se tomaron tres fotografías de la revista *Life*, se colocaron en sobres cerrados y sellados, y se entregaron a la secretaria de la señora Garrett, que vivía a varios kilómetros de distancia. A una señal convenida, la secretaria debía concentrarse en ellas. La señora Garrett se puso a dormir en el laboratorio; y, al cabo de tres horas, no había aún signos de los esperados MOR. Por lo tanto, la secretaria no recibió ninguna llamada telefónica y los sobres sellados permanecieron sin abrir. Pero, cuando la señora Garrett despertó, recordó un sueño. Había visto caballos corriendo de un modo que le trajo a la memoria la película de Ben Hur, que había visto unos días antes. Cuando se abrieron los sobres, uno de ellos contenía la imagen de la carrera de cuadrigas de esa película.

Ullman y sus colaboradores, Karlis Osis y Douglas Dean, eran parapsicólogos suficientemente experimentados para saber que ejemplos singulares de este tipo, por llamativos que fueran, no convencerían a los psicólogos. Lo que se necesitaba, consideraron, era una secuencia de ensayos con sujetos voluntarios que diera convalidación estadística a la percepción extrasensorial onírica.

Se utilizaron dos habitaciones aisladas una de otra. En una, sujetos voluntarios se aprestaron a dormir, con electrodos colocados para registrar los MOR tan pronto como ocurrieran de noche. En la otra, el «emisor» abría periódicamente, durante la noche, sobres con figuras o diagramas distribuidos al azar, y se concentraba en ellos. Cada vez que se producían MOR, el durmiente era despertado y se le pedía que relatara los contenidos de su sueño; la idea era que, aun cuando un sueño coincidiera sólo de tiempo en tiempo por azar, con una figura testigo, si las pruebas continuaban por un período suficientemente largo y los aciertos resultaban lo bastante frecuentes, sería defendible la teoría de la percepción extrasensorial.

En la primera serie de ensayos, con doce voluntarios, se tomaron precauciones para prevenir que les llegara cualquier indicio sensorial; y se apeló a testigos ajenos al laboratorio para juzgar, independientemente unos de otros, la coincidencia o no de sueños con figuras testigo. Ullman consideró legítimo afirmar, en su informe para los *Archives of General Psychiatry* de 1966, que los resultados «parecen lo bastante alentadores para justificar que se lleven adelante las investigaciones». Y siguieron los ensayos, con un refinado control para desarmar la crítica. Por ejemplo, la mitad de las figuras testigo no se utilizaron como tales, sino sólo como material auxiliar de verificación; de este modo era posible establecer si el número de «pares» coincidentes reconocidos por los jueces alcanzaba una cantidad de ocurrencias significativamente más alta que el número de pares empleados como controles y no como partes de la prueba; y tal se mostró que era el caso.

El resultado de quince ensayos fue notable desde todo punto de vista. Con una sola excepción, en que no se superó el nivel de probabilidad, se mostró que el número de aciertos excedía el de los errores en una proporción de cien mil a uno con respecto a las expectativas de azar. El viejo coco de la «coincidencia casual» no podía presentarse ante semejantes resultados. De haberse obtenido éstos en cualquier proyecto usual de investigación, ciertamente habrían sido tomados con respeto. Pero el hecho de que constituyeran constancias en favor de la percepción extrasensorial era suficiente para condenarlos en los círculos de la ortodoxia académica. Cerraron los ojos ante ellos psicólogos que, si hubiesen realizado experimentos con resultados estadísticamente tan significativos, habrían obtenido un premio Nobel; y esa antipatía fue fomentada por escépticos, a la cabeza de los cuales estuvo el profesor C. E. M. Hansel, de la universidad de Swansea, con su *ESP and parapsychology: a Scientific Reevaluation* (1980).

Hansel ya había dejado claro anteriormente que no estaba dispuesto a aceptar pruebas resultantes de experimentos de percepción extrasensorial, por impresionantes que parecieran. Sostenía que si los datos estadísticos para experimentos llegaran a excluir la explicación por el azar, «los resultados sólo podrían atribuirse a alguna clase de truco». Incapaz de encontrar ningún defecto importante en los informes del «Maimónides», Hansel recae en el argumento de que los voluntarios pudieran haber recogido información sobre las figuras por otros medios que la percepción extrasensorial. En vista de la descripción de las refinadas precauciones adoptadas por los experimentadores para prevenir tales filtraciones, ese argumento implica únicamente que se habría empleado «alguna clase de truco».

Otros críticos fueron aún más allá en sus ataques a la credibilidad de los experimentos y a la buena fe de los investigadores. Como pudo mostrar Irvin L. Child, de la universidad de Yale, en su artículo del *American Psychologist* de 1985, se habían distorsionado las informaciones presentadas en revistas científicas y después en el libro *Dream Telepathy* (1973), que Ullman había escrito con la colaboración de Stanley Krippner y Alan Vaughan. Tal reacción daba nuevas pruebas, si eran necesarias aún, de que experimentos de laboratorio del tipo de los del «Maimónides» para establecer la existencia de percepciones extrasensoriales, por escrupulosamente realizados que estén, no dan lugar a esperanzas de convencer a nadie hasta que los científicos se muestren dispuestos a aceptar la posibilidad de tales percepciones. Hasta el presente, aunque encuestas de opinión sugieren que una mayoría de hombres de ciencia propende a admitir esa posibilidad, el poder establecido de los científicos, o sea la élite universitaria, se opone frontal y colectivamente a tal aceptación. Así, los autores de la periferia académica se pliegan a sus prejuicios y no tienen escrúpulos para distorsionar los informes sobre esos experimentos y, si es necesario, atribuir fraudes al éxito de los mismos.

Pero, aunque los experimentos del «Maimónides» hubiesen escapado a tales prácticas, no eran del tipo que pudieran entrañar una fuerza de convicción total, pues en ciertas tentativas de reproducirlos los resultados fueron negativos. Esto no desanima a los parapsicólogos. Aun en el «Maimónides», al fin y al cabo, algunos ensayos habían producido resultados próximos al nivel del azar (lo que, dicho sea de paso, es un poderoso argumento contra las acusaciones de fraude: de haberlo habido, sus perpetradores lo habrían aprovechado sin duda para presentar conclusiones más favorables). Sin embargo, la experiencia muestra que las constancias estadísticas en favor de la percepción extrasensorial, aun cuando mostraran que exceden las probabilidades de azar en proporción de millones a uno, impresionan menos que las experiencias personales de sueños telepáticos o premonitorios, o los relatos gráficamente ilustrados de la experiencia de terceros. Algunos de los aciertos que más han llamado la atención en los ensayos del «Maimónides» y en pruebas similares han sido aquellos en que se había visto correctamente la figura testigo del modo más exacto. Pero, cuando el objetivo principal es el valor estadístico, el valor de esa actitud en gran parte se diluye. Si se sueña con una pelota y la figura testigo es una «O», esto puede ser considerado un acierto razonable a los meros fines de establecer «pares». Pero, para estos fines, esa coincidencia relativa es equivalente a la de una pelota soñada que se presente pintada con los mismos colores y con la misma pauta de la pelota representada en la figura testigo. Por «poco científico» que se considere este criterio, muy probablemente impresionen más al público unos cuantos ejemplos anecdóticos de aciertos exactos que los áridos resultados estadísticos.

# 4

## Sueños sobre el futuro

Los sueños que suscitan el máximo interés, tanto en los soñadores mismos como en los que oyen contarlos, son los que parecen anunciar algún suceso futuro. Esta anticipación, hoy denominada usualmente precognición o premonición, solía verse como una de las manifestaciones más comunes de la clarividencia en los lugares del mundo donde la clarividencia era endémica, como en las islas occidentales de Escocia. Pero, para las primeras décadas del siglo XIX, cuando empezaba a cuestionarse la existencia de «videntes», la creencia en la premonición iba quedando descartada como ridícula por escépticos de la orientación procedente de Hume, que la consideraban una forma de superstición particularmente absurda, por razones que expuso Robert McNish en 1830 en su *Philosophy of sleep*, temprano intento de ofrecer una explicación racional al comportamiento perturbadoramente irracional que la mente humana muestra en el estado de sueño.

McNish recordaba haber soñado una vez con la muerte de un pariente próximo. Al despetar en «inconcebible terror» —son sus palabras—, había escrito inmediatamente a los familiares de esa persona. Su carta se cruzó con otra de ellos, donde le comunicaban que su pariente, aunque estaba al parecer hasta entonces en perfecta salud, había muerto, y precisamente la mañana en que había ocurrido el sueño. Esto, explicaba McNish, había sido puro azar: soñar con el futuro era imposible. Y añadía que en otros tiempos ocurrían tales vislumbres del futuro, porque Dios intervenía en favor de su pueblo. Pero esto no era ya necesario. El mundo estaba ya, «en todos los casos, gobernado por las leyes fundamentales hechas por Dios para regularlo», y esas leyes excluían la posibilidad de comunicación por otras vías que las de los sentidos comunes.

En otros términos, McNish se había encontrado en la difícil posición de tratar de fusionar el nuevo positivismo con el tradicional protestantismo escocés;

hazaña sólo realizable sosteniendo que Dios, aunque todopoderoso, había establecido las leyes de la naturaleza y no necesitaba suspenderlas salvo en casos de emergencia extrema (las plegarias para procurar la intervención divina en el cese de una sequía o la curación de un enfermo). Pero, en el curso del siglo, los científicos ganaron confianza en ellos mismos y en su capacidad de análisis. Comte sostenía que sólo importan los hechos conocidos y los fenómenos observables, sobre los cuales se asentaban con segura base las leyes de la naturaleza.

Esto dejaba, empero, una molesta inquietud. Los sueños son fenómenos observables, para el soñador por lo menos; y seguían presentando ejemplos de lo que parecían ser vislumbres del futuro, imposibles de explicar por un preconocimiento consciente. De las contorsiones a que se veían forzados los seguidores de Comte para eliminar tal anomalía, dio buen ejemplo en 1861 Alfred Maury, autor muy estimado por la habilidad con que en obras anteriores había echado por tierra los argumentos de la magia auténtica (a diferencia de la magia de prestidigitación). En *Le sommeil et les rêves*, Maury relata que un día, habiéndose retirado a su dormitorio por no sentirse muy bien,

> soñé con la época del Terror; presenciaba escenas de matanzas, aparecía frente al tribunal revolucionario, veía a Robespierre, Marat, Fouquier-Tinville, todos los rostros más terribles de aquella época; por último, después de muchos sucesos que sólo recuerdo vagamente, era juzgado, condenado a muerte, llevado en carro ante una inmensa multitud a la Plaza de la Revolución. Subo al patíbulo; el verdugo me ata a la tabla fatal, la balancea; cae la cuchilla y siento cómo me separa la cabeza del cuerpo. Despierto en un estado de intensa angustia, y siento sobre el cuello la cabecera de mi cama, que se ha desprendido y caído sobre mis vértebras cervicales a modo de la hoja de la guillotina.

En verdad, por esa época otros positivistas, ante misterios de este orden, proponían explicaciones alternativas. En la década de 1840, experimentando con sujetos mesmerizados, el médico escocés James Braid descubrió que algunos de ellos parecían hacerse clarividentes; y lo atribuyó a una «hiperestesia» que se produciría en el estado de trance al cual él dio el nombre de «hipnosis». Esta idea fue recogida por el filósofo William Benjamin Carpenter; en casos como el de Maury, la explicación sería que de la cabecera de la cama habría procedido algún indicio de su caída inminente —por ejemplo, un crujido—, indicio registrado por los sentidos del soñador. Pero en Francia los positivistas seguían reacios a admitir que la mente dormida disponga de tales facultades; se prefería la tesis de Maury sobre la instantaneidad de los sueños.

Da la medida del desasosiego de los positivistas ante los continuos informes de sueños premonitorios el hecho de que surgiera una nueva y aún más singular explicación: la «paramnesia identificatoria». El decubrimiento de que los hemisferios cerebrales realizan hasta cierto punto funciones diferentes condujo a esa teoría, presentada para dar cuenta de estas experiencias. El sentimiento de que «yo he estado aquí otra vez» era, según esa teoría, resultado de una intercomunicación defectuosa entre ambos hemisferios. Uno de ellos registra, por ejemplo, un paisaje visto por primera vez. El otro, al registrarlo con retraso de una fracción de segundo, podía llevar a la equivocada impresión de que el paisaje había sido visto ya en una oportunidad anterior. La misma hipótesis se propuso para explicar los sueños que sólo se recordaban cuando alguna escena o algún suceso los traía de nuevo a la mente. Los positivistas sostenían que esto no era en realidad un recuerdo. Uno de los hemisferios cerebrales, al retrasarse fraccionalmente respecto al otro, daba la impresión de que el suceso o la escena se había presenciado anteriormente en un sueño.

Tales teorías: la de la hiperestesia, la de que los sueños son instantáneos, y la de que en ciertos casos no había realmente sueños, se veían reforzadas por otra idea de sentido común: la de que la inmensa mayoría de los sueños que parecen predecir el futuro pueden fácilmente explicarse como mera coincidencia. Alfred Lehman, el psicólogo que a la vuelta del siglo era uno de los críticos más negativos de las investigaciones parapsicológicas, se vio obligado a su pesar a admitir que conocía sueños en los que el soñador recibía informaciones a las que no podía haber tenido acceso por los medios normales, y que se habían verificado luego. La explicación, proponía Lehman, sólo podía ser que ocurría por «mero accidente», o sea por azar; y este sigue siendo el recurso al que siempre vuelven los racionalistas incapaces de aceptar la posibilidad de la precognición.

«¿Cuántas veces —pregunta Christopher Evans a sus lectores en *Landscape of the night*— habéis leído acerca de alguien que sueña con una catástrofe de aviación el día antes de salir en un vuelo, cancela el viaje, y recibe el premio de esta precaución porque el avión efectivamente se estrella?» Sin duda muchas veces, admite Evans, y a menudo la historia habrá sido real. Pero lo que debe hacerse «es preguntar: ¿cuál es la frecuencia de sueños no paranormales del mismo tipo?», es decir, los casos en que el sujeto cancela el viaje pero el accidente no se produce. Estadísticas al respecto no hay; pero, si las hubiera...

Evans eludía así una cuestión planteada por Edmund Gurney casi un siglo antes. ¿Qué proporción hay de «correspondencias por azar» a la de «precognición»? La cosa no puede decidirse sobre una base puramente cuantitativa, aunque sea posible establecer la frecuencia de los sueños que «no se hacen realidad» y compararla con la de los que se cumplen. En todo sueño que parezca predecir el futuro deben tomarse en cuenta el número de correspondencias y en particular su precisión; mucho depende de la cualidad de los detalles. El azar, unido a los nervios de volar en avión, podría dar cuenta de la gran mayoría de los sueños de catástrofe aérea que se producen la noche anterior a que tal catástrofe ocurra. Pero más difícil es sostener tal explicación cuando se prevé también el tipo de avión, y más difícil todavía si lo que ocurría en el sueño resulta corresponderse en detalle con lo ocurrido en el accidente mismo.

Este punto fue puesto de relieve por primera vez en 1927 en *Un experimento con el tiempo*, de J. W. Dunne. Difería de los libros comunes sobre el tema o sobre temas afines, en que la mayor parte de las visiones sobre el futuro que sus sueños habían proporcionado al autor carecían de importancia intrínseca. No le habían conducido a descubrir tesoros enterrados ni a acertar en carreras de caballos. Pero las correspondencias eran muy llamativas precisamente por lo trivial. Los lectores podían estar seguros de que nadie se habría tomado la molestia de inventarlas. Aun en sueños comparativamente más dramáticos, lo interesante no era tanto lo dramático mismo como las coincidencias de detalle. En 1902 Dunne se encontraba en un campamento militar en el Estado libre de Orange, Sudáfrica, adonde rara vez llegaban los periódicos.

> Allí, una noche, tuve un sueño desusadamente vívido y más bien desagradable.
>
> Me parecía estar de pie en tierra alta: en alguna estribación de colina o montaña. El suelo era de una curiosa formación de color blanco. En ella había aquí y allá pequeñas grietas, de donde brotaban emisiones de vapor. En el sueño reconocí el lugar como una isla con la que había soñado antes: una isla que estaba en inminente peligro de erupción volcánica. Y, al ver el vapor que brotaba del suelo, decía con voz ahogada: «¡Es la isla! ¡Santo Dios, todo esto va a estallar!» Porque tenía el recuerdo de mis lecturas sobre el Krakatoa, donde el mar, abriéndose paso hasta el núcleo de un volcán a través de una grieta submarina, había producido una fuente de vapor que hizo saltar en pedazos la montaña entera. Al

punto me dominaba una necesidad frenética de salvar a los cuatro mil (sabía el número) inadvertidos habitantes. Evidentemente sólo había un modo de hacerlo, y era evacuarlos en barcos. Siguió después una acongojada pesadilla: yo estaba en una isla vecina, tratando de convencer a las incrédulas autoridades francesas de que despacharan barcos de cualquier clase para evacuar a los habitantes de la isla amenazada. Me enviaban de uno a otro funcionario; y al final me despertaron los propios esfuerzos que yo hacía en el sueño aferrándome a las cabezas de los dos caballos del carruaje de un «monsieur le Maire», quien salía a cenar y pretendía hacerme volver al día siguiente, cuando estuviera abierta su oficina. Durante todo el sueño el número de la gente en peligro me obsesionaba. Lo repetía a todos cuantos encontraba, y, en el momento de despertar, estaban gritando a le Maire: «¡Oiga! Cuatro mil personas morirán si no...»

Cuando llegó el nuevo envío de periódicos, estaba entre ellos un *Daily Telegraph*, en cuya página central —en ese momento, la de las noticias principales— se leía:

«CATÁSTROFE VOLCÁNICA
EN
LA MARTINICA.
CIUDAD ARRASADA.
Alud de fuego.
Probable pérdida de 40.000 vidas.
Vapor británico incendiado.

«Uno de los más terribles desastres en los anales del mundo ha sobrevenido a la antes próspera ciudad de Saint-Pierre, la capital comercial de la isla francesa de La Martinica, en las Indias Occidentales. A las ocho de la mañana del jueves, el volcán Mont Pelée, que había permanecido inactivo durante un siglo», etcétera.

Otra sección del relato llevaba por título:

«EXPLOTA LA MONTAÑA»,

y era la descripción proporcionada por un testigo que desde un barco, a kilómetro y medio del lugar, había presenciado la catástrofe. Pero el concienzudo Dunne se interesaba en señalar en qué había errado el sueño. El número dado por el encabezamiento del artículo no era 4.000, como en el sueño, sino 40.000; aunque la primera de estas cifras se había fijado tan firmemente en Dunne, que no advirtió la diferencia en el texto hasta que, años después, hubo de copiarlo. De hecho, ninguna de las dos cifras era la correcta. Dunne continúa:

> De modo que mi maravillosa «visión» clarividente era errónea en su detalle más insistente. Pero estaba claro que ese error se mostraría probablemente tan importante como los aciertos. Pues ¿de dónde había sacado yo, en el sueño, la idea de cuatro mil? Evidentemente, debía de haber acudido a mi sueño a causa de la línea del periódico. Esto sugería la idea, en extremo desagradable, de que todo era lo que llaman los doctores una «paramnesia identificadora»: que yo no había tenido en absoluto tal sueño, sino que, al leer la información periodística, había surgido en mi mente la falsa idea de haber soñado anteriormente un sueño que combinaba todos los detalles dados en ese artículo.

Para alivio de Dunne, su siguiente experiencia, dos años después, «hacía totalmente polvo» tal teoría.

> Soñé que estaba de pie en algún tipo de soporte, que consistía en tablas cruzadas, y flanqueadas a mi izquierda por una especie de baranda, más allá de la cual había un profundo abismo, lleno de oscura niebla. Tenía la impresión de que había un toldo sobre mi cabeza. Pero no se veía con claridad, porque la niebla cubría parcialmente todo, salvo tres o cuatro metros de maderamen, delante de mí, con su correspondiente sección de baranda y abismo. De pronto notaba, proyectándose hacia arriba desde alguna parte muy profunda del abismo, un objeto en penumbra, inmensamente largo y delgado, como un listón gigantesco. Sobrepasaba el nivel de la plataforma de madera y estaba inclinado de modo que, si su extremo superior hubiese sido visible entre la niebla, habría chocado con el toldo. Mientras yo miraba, el objeto empezaba a moverse arriba y abajo, rozando el techo.

Por un momento, Dunne quedó perplejo. Luego comprendió que lo que observaba era el chorro lanzado por la manguera de una autobomba, visto a través del humo en una fotografía del periódico.

> Apenas percibí esto, el sueño se tornó totalmente abominable. La plataforma de madera se colmaba de gente, borrosamente visible entre el humo. Desde ella caían a montones; y todo el aire se llenaba de horribles y sofocados clamores. Después, el humo, que se había hecho negro y espeso, envolvía todo pesadamente, ocultando la totalidad de la escena. Pero seguía oyéndose un terrible gemir ahogado, y di gracias a Dios cuando me desperté.

Dunne decidió esta vez no dejar nada al azar. Apenas despertó, anotó, antes de que llegaran los diarios de la mañana, todos los detalles que pudo recordar. Los diarios no contenían nada pertinente. Pero los vespertinos informaban de un gran incendio en una fábrica de París, que trabajaba con cierto material que al arder producía emanaciones tóxicas.

> Un gran número de jóvenes operarias habían quedado aisladas por las llamas y encontrado la salida a un balcón. Allí quedaron por el momento relativamente a salvo; pero las escaleras disponibles eran demasiado cortas para rescatarlas. Mientras se conseguían otras más largas, las mangueras dirigían raudales de agua sobre el balcón para evitar que este refugio se incendiara. Y entonces ocurrió algo que, imagino, ha de ser único en la historia de los incendios. Desde los ventanales rotos tras el balcón, el humo de la goma, o de otras sustancia, incendiada, salió en tan densos volúmenes envolventes, que, si bien las desdichadas jóvenes estaban de hecho al aire libre, todas ellas murieron sofocadas antes de que las nuevas escaleras llegaran a su destino.

Por lo común, los sueños daban a Dunne una idea acerca de algo con lo que en breve se encontraría en la vigilia. Desde su punto de vista eran anticipaciones llamativas, sobre todo porque la explicación por azar hubiese sido verdaderamente traída al pelo. Una noche soñó con un paraguas plegado «que estaba erecto, sin sostén, al revés, el mango sobre el pavimento, justo ante la entrada del hotel del Piccadilly. Al día siguiente, pasaba casualmente por Piccadilly en autobús, y justo antes de que el vehículo llegara a la altura del hotel, observó a una anciana andando por la acera con un paraguas tal como lo había visto en el sueño, y, «lo llevaba al revés; lo sostenía por el extremo e iba hacia el hotel golpeando con el mango sobre el pavimento».

Precisamente porque sus sueños eran tan a menudo de esta clase —indicaciones sólo acerca de la capacidad de su mente para adelantarse en el tiempo—, Dunne juzgó que era descaminado considerarlos como algo «oculto» o «psíquico» en el sentido popular del término. Lo necesario, sostenía, era una nueva teoría del tiempo y de nuestra relación con él, una relación que nos permitiría movernos en los sueños hacia delante o hacia atrás por el eje temporal; y presentó una abstrusa argumentación matemática para formularla. El veredicto de quienes están calificados para seguirla y la han estudiado minuciosamente ha sido que, hasta donde son comprensibles tales teorías, resultan insostenibles. Con todo, *Un experimento con el tiempo* ha ejercido gran influjo; más, por cierto, que los resultados de las investigaciones corrientes.

Una de las razones posibles es que la primera parte del libro, donde Dunne se limita a relatar sus sueños, suena transparentemente honesta y de sentido común; como, según J. B. Priestley, lo era él mismo en persona: «tenía el aspecto y la conducta tradicionales del típico oficial eficiente, combinado con la mentalidad de un matemático e ingeniero». Aún más importante fue la sugerencia del autor, de que cualquiera dispuesto a intentar el experimento no tenía más que poner papel y lápiz junto a su cama y, apenas despertara, anotar todo cuanto recordara del sueño o de los sueños de la noche. Cuando, años después, Priestley solicitó a los espectadores de su programa televisivo de la BBC que enviaran informes de cualesquiera experiencias personales que pusieran en tela de juicio la concepción corriente del pasado, presente y futuro, las respuestas llegaron a raudales. Y comprobó que muchos de los casos más notables y mejor atestiguados provenían de personas que habían leído *Un experimento con el tiempo* y siguieron las indicaciones de Dunne. Sin ello, consideraba Priestley, «sospecho que por lo menos un tercio de los mejores sueños premonitorios que me han comunicado, jamás habría llegado a mí».

Para los autores que no admiten la precognición, Dunne sigue resultando conflictivo. En *Dreams and dreaming* (1965), Norman MacKenzie lo menciona sólo de paso (junto con otras «explicaciones sobrenaturales»: Dunne se habría sentido horrorizado y estupefacto de encontrarse en semejante compañía). Y Christopher Evans, aunque se sintiera impresionado en su adolescencia por el libro de Dunne, sostiene que, al releerlo de adulto, encontró que «sólo uno o dos de sus sueños premonitorios resultaban remotamente interesantes, y la mayoría era deleznable hasta el extremo de lo insustancial»; comentario lamentablemente descaminado, en vista de lo que Dunne destacaba, que era precisamente lo insustancial, más que cualquier contenido dramático.

Pero Evans no hubiese negado que gracias en gran parte a Dunne —y a J. B. Priestley con sus piezas sobre el tiempo construidas según la tónica de Dunne— la idea de que es posible «soñar el futuro» resulta hoy (a juzgar por las encuestas de opinión) aceptable para la mayoría del público, pese a que muchos encuentran perturbadoras sus implicaciones. Y, aunque el propio Dunne no había realizado ninguna tentativa seria de corroborar los relatos de sus propias experiencias con las fuentes históricas, de haberlo hecho habría encontrado amplia confirmación de la realidad de la precognición onírica, e incluso de sus teorías.

### *Trivialidades*

Al revisar los cientos de comunicaciones recibidas sobre sueños premonitorios, Priestley advirtió que sus contenidos tendían a situarse en los extremos: casi una mitad se refería a catástrofes o muertes; mientras la otra mitad versaba sobre trivialidades; y sólo alrededor de una décima parte oscilaba entre lo terrible y lo trivial. Apenas estaba representado un amplio espectro de material onírico habitual, que podría haberse creído obvio: había muy pocos episodios románticos o sexuales, y casi ninguno referente a asuntos de trabajo importantes, como perspectiva de premonición. «No puedo sino inferir, pues, que los sueños precognitivos no nos ofrecen ningún reflejo de los intereses principales de la persona.»

Priestley no podía saberlo, pero ese rasgo de los sueños premonitorios se ajusta bien a la tesis que más tarde propuso Ian Ehrenwald, de que la percepción extrasensorial se produce por dos vías principales: la «dirigida por resquicios» y la «dirigida por necesidades»; las de índole trivial son en su mayor parte «dirigidas por resquicios», o sea que la información atraviesa el filtro cerebral sin razones discernibles, mientras que las de catástrofe tienen vía libre debido a su importancia aparente. Sin embargo, son los sueños triviales los que a menudo, paradójicamente, constituyen los argumentos más eficaces en pro de la realidad de la precognición. En el caso de los sueños «de catástrofe», a menudo es fácil suponer que la información ha sido registrada en el subconsciente por especial agudización de los sentidos: hemos percibido inconscientemente que con tal pariente o amigo algo ocurre que le lleva hacia la muerte; o bien que se trata de un mero azar: al fin y al cabo, las calamidades pueden considerarse hechos cotidianos. Pero la agudización sensorial no puede dar cuenta de innumerables sueños precognitivos triviales, en los que, por diversas razones, la coincidencia del azar a menudo resulta difícilmente aceptable.

En algunos casos, como los de Dunne, es difícil rechazar la precognición, porque el soñador ha vislumbrado el futuro con demasiada frecuencia. En *Second sight in daily life*, 1951, W. H. H. Sabine describe sus experiencias, semejantes en muchos aspectos a las de Dunne, en las que a menudo ocurre como si el sueño fuera una predicción levemente distorsionada del suceso. Por ejemplo, en cierta ocasión, a bordo de un tren que se dirigía a la campiña, contó a su mujer un raro sueño que había tenido la noche anterior. Iba andando por el campo y preguntaban el camino a un hombre.

> Éste señaló lo que creía que era el rumbo adecuado, aunque de algún modo yo sentía que no era así. Lo notable ocurría después: veía al hombre alejarse de mí, desprovisto de ropa. Empero, de algún modo yo sólo podía verle la espalda.

Cuando llegaron a su destino, encontraron a su huésped al parecer molesto. Les explicó que su hermana Janet había acudido a la policía local, pues

> por los alrededores hay un hombre que hace exhibiciones obscenas. El domingo pasado salió de pronto de entre unos árboles frente a Janet, dejó caer una de sus prendas de vestir y se levantó otra. Claro, menuda conmoción. Así que hay policías escondidos, listos para intervenir, y, Janet ha llevado los perros por si le vuelve a suceder.

Aparte de poner de frente la visión «relámpago» de la espalda, el sueño en sí mismo no ofrece gran asidero para considerarlo precognitivo; pero fue uno de muchos, algunos más llamativos por el detalle, aunque por lo común con discrepancias respecto a las características del suceso. En 1940, Sabine soñó que un fakir indio le mostraba un mapa: «el mapa era muy claro pero muy sencillo. Consistía en un fondo castaño rojizo pálido, sobre el cual, en un matiz más oscuro del mismo color, se representaba un río ancho junto con un afluente más pequeño. El río y su afluente estaban sobre la izquierda de ese fondo». Al día siguiente acudió a una conferencia sobre fenómenos psíquicos en el Instituto de Francia, sin conocer el tema exacto. El disertante, al relatar un sueño premonitorio en relación con las guerras napoleónicas, preguntó al auditorio si un mapa podría hacer más claro el contenido del sueño. «La palabra mapa me hizo enderezar en el asiento con cierta excitación —recuerda Sabine—. Y me maravillé cuando el profesor procedió a trazar en la pizarra un mapa que representaba un río con sus afluentes, precisamente a la izquierda.»

A algunas personas, como en el caso de Sabine, les causa mayor impresión una secuencia de sueños que proporciona visiones triviales del futuro; otras han tenido sólo una experiencia de ese tipo, pero les ha impresionado la riqueza de los pormenores presentados. Rudyard Kipling estaba seguro de que la gran mayoría de los sueños que parecen predecir el futuro no eran sino afortunados aciertos. Pero, en su autobiografía *Something of myself* (1937), se sintió obligado a admitir que uno de sus sueños «iba más allá de los límites ordinarios»:

> Soñé que estaba, con mis mejores ropas, que por lo regular no uso, de pie en una hilera de hombres con similar atuendo, en algún vasto recinto pavimentado con lajas de piedra de juntura irregular. Frente a mí, al otro lado de la sala, había otra hilera de personas, y la impresión de una multitud detrás. A mi izquierda se realizaba cierta ceremonia que yo quería ver pero no podía sin salirme de la línea, porque la panza de mi vecino de la izquierda me obstruía la visión. Al término de la ceremonia, las dos hileras de espectadores se rompían, avanzando hasta encontrarse, y el gran espacio se llenaba de gente. Entonces un hombre aparecía detrás de mí, me deslizaba la mano bajo el brazo, y decía: «Quiero decirle algo». No me acuerdo del resto; pero como el sueño era perfectamente claro, se me quedó en la memoria.

Unas seis semanas después, Kipling, como miembro de la Comisión para las Tumbas de Guerra, hubo de asistir a una ceremonia en la abadía de Westminster, en la cual el príncipe de Gales dedicaría una plaqueta a los difuntos.

> Los Comisionarios nos dispusimos en hilera, a lo ancho de la nave de la abadía, más los miembros del Ministerio y un gran cuerpo del público detrás, todos vestidos de negro. No pude ver nada de la ceremonia, porque el abultado estómago de mi vecino de la izquierda me obstruía la visión. Entonces mi mirada se fijó en las grietas entre las lajas del pavimento, y me dije: «¡Pero aquí es donde yo había estado!» Rompimos la alineación, ambas hileras dimanaron hacia el frente hasta encontrarse, y la nave se llenó de una multitud, a través de la cual se me acercó un hombre y deslizó la mano bajo mi brazo, diciendo:«Por favor, quiero decirle algo». Se trataba de algún asunto completamente trivial, que no recuerdo.

En ese momento, Kipling no dijo nada ni escribió acerca de esta experiencia, en consideración —son sus palabras— «a los hermanos —y hermanas— más débiles», a quienes su ejemplo podría haber tentado «de bajar a Endor» (cf. I Sam. 28, 3 ss.). «Pero ¿cómo y por qué —preguntaba— se me ha mostrado un rollo aún por exhibir de la película de mi existencia?»

En el caso de Kipling, lo que le impresionó fue el modo en que la secuencia de la «película de su existencia» en el sueño se había repetido en la realidad. Un ejemplo similar presentaría más tarde Ann Brigde, una de las más populares novelistas de la entreguerra, en sus *Moments of Knowing* (1970). Su apellido de casada era O'Malley. Como invitada de los Maxwell-Scott, estaba por primera vez en Abbotsford, la casa próxima a la frontera entre Escocia e Inglaterra que Walter Scott había hecho construir para sí y en la cual había muerto. Ann, obligada de niña a leer algunas de sus novelas, las había encontrado insoportables, «farragosas, aburridas, y de algún modo ficticias», y transfirió su desagrado por los libros al autor.

Tuvo allí un largo y minucioso sueño, en el cual su huésped entraba en su dormitorio para hablarle, antes de que se levantara, se vistiera y bajara con la intención de salir al jardín.

> Al pie de las escaleras había un vestíbulo amplio, con una puerta lateral abierta; al poner el pie en el vestíbulo, un perrillo entró corriendo por ella, con agudos ladridos: sobresaltada, soltó un chillido, y una voz de hombre llegó adentro exlamando, en un tono más bien irritado: «¿Pero quién es?». Yo cruzaba y entraba en la habitación, diciendo: «Soy la señora O'Malley; el perro me asustó». Un hombre alto, delgado, de cabello gris, se levantaba junto a un escritorio atiborrado y se presentaba como mi huésped; a su lado estaba de pie otro hombre, más bajo y robusto, con un traje de paño de peculiar color castaño oscuro tirando a rojo, que me era ya conocido como crotal (una tintura natural hecha de líquenes); y me fue presentado como el «factor» (según llaman los escoceses a un agente de propiedades).

Ann soñó después que salía al jardín, donde todavía no había estado. Al despertar, se vistió y bajó las escaleras.

> Casi había llegado abajo, al vestíbulo, cuando por una puerta abierta a mi derecha salió un perrillo a la carrera, ladrando. Yo solté un leve chillido, y desde la puerta abierta me llegó una voz de hombre que decía con

aspereza, casi con irritación: «¿Pero quién es?» Exactamente como en mi sueño, un hombre alto y de cabello gris, Sir Walter Maxwell-Scott, se levantó de su escritorio y se presentó. Yo miré con curiosidad para ver si también estaba allí el hombre con el traje de color crotal; y sí, efectivamente estaba, y me fue presentado como el «factor» (creo que su nombre era Curle). Conversamos unos momentos; después volví al vestíbulo y salí por la puerta delantera; allí estaba ese peculiar espacio entre paredes, con los óvalos labrados en relieve sobre el sólido espesor del invernáculo, tal como lo había soñado apenas una hora antes.

Pero más a menudo lo que impresiona es un episodio particular de un sueño repetido poco después en la realidad; especialmente si lo llamativo no es el suceso mismo, sino la precisión con que el sueño ha captado la escena y aun, a veces, hasta el aspecto de los personajes que se encuentran. Charles Dickens quedó evidentemente pasmado por la secuela de uno de sus sueños, que relató a su biógrafo John Foster:

> El jueves de la semana pasada, por la noche, cuando estaba en mi gabinete, soñé que veía a una dama con un chal rojo, dándome la espalda (a quien suponía ser E.). Cuando se volvió, encontré que no la conocía, y ella dijo: «Soy la señorita Napier». A la mañana siguiente, mientras me vestía, pensé: «¡Qué extravagancia haber tenido un sueño acerca de nada! ¿Y por qué lo de la señorita Napier? Nunca oí hablar de ninguna señorita Napier». Ese mismo viernes por la noche estuve leyendo. Después de la lectura, entraron en mi habitación Mary Boyle con su hermano ¡y esa misma dama de chal rojo, a quien me presentaron como «la señorita Napier!». Estas son las circustancias contadas tal cual han sucedido.

Para el soñador y para quienes han oído el relato del sueño antes de la secuencia que lo hace digno de ser memorizado, la prueba más persuasiva de premonición se da a menudo en aquellas ocasiones en las que parecería como si fuese obra de un chistoso que gasta una broma pesada.

La señora Atley, esposa de un obispo, anotó un experiencia personal para uso de Horace Hutchinson en el libro *Dreams and their meaning* (1891):

> Soñé que, como no estaba en casa el Obispo, la familia no podía rezar sus oraciones en la capilla, como de costumbre, sino que yo me encarga-

> ba de leerlas en la sala grande del palacio, desde el cual una puerta lateral se abre al comedor. En mi sueño, al terminar las plegarias, salía de la sala, abría la puerta del comedor y allí, horrorizada, veía de pie, entre la mesa y el aparador, un cerdo enorme. El sueño era vívido y me resultó muy divertido.

Cuando la señora bajó a la sala para leer las oraciones, los sirvientes no se habían reunido aún allí; de modo que contó el sueño a sus hijos y a la gobernanta, que lo encontraron divertido también.

> Entraron los sirvientes y leí las oraciones, después de lo cual el grupo se dispersó. Abrí la puerta del comedor, y allí, para mi estupefacción, estaba el cerdo en el lugar mismo donde lo había visto en sueños.

No atreviéndose a acusar de inventar patrañas a la esposa de un Obispo, los escépticos se habían contentado con sugerir que, mientras dormía, pudo oír al cerdo entrar en el palacio. Imposible, aseguró la señora Atley a Hutchinson: su dormitorio quedaba al otro lado de la casa. Por otra parte, se había cerciorado de que el cerdo sólo pudo soltarse mientras ella leía las plegarias: el jardinero encargado de limpiar la pocilga había descuidado asegurar el portoncillo.

Otro caso de la misma época, publicado en los *Proceedings* de la Sociedad de Investigación Psíquica, fue comunicado por una escocesa cuya creencia en que los sueños se hacían realidad había sido tomada en broma por sus amistades. Cuando una mañana ofreció relatar un sueño a una partida de huéspedes, por si se cumplía, la reacción fue la predecible; pero, como ella era la dueña de casa, lo relató a pesar de todo. En el sueño

> imaginé que había varias personas en nuestra sala, entre otras el señor J., y las dejaba unos minutos para ver si la cena estaba lista. Al volver a la sala, encontraba la alfombra, que era nueva, cubierta de manchas negras. Me enojaba mucho, y cuando J. decía que eran manchas de tinta, replicaba yo: «No diga eso; sé que son quemaduras; he contado cinco».

Como era domingo, los miembros de la partida fueron a la iglesia; a la vuelta se les incorporó «el señor J.», cosa que nunca había hecho hasta entonces.

> Fui al comedor a ver si las cosas estaban listas, y luego, al volver a la sala, encontré una mancha cerca de la puerta, y pregunté quién había en-

trado con los zapatos sucios; como se trataba de una alfombra nueva, me sentía fastidiada. El señor J., lo mismo que en mi sueño, dijo que seguramente era tinta; y después señaló varias manchas más, hasta que yo exclamé: «¡Oh, mi sueño! ¡Mi alfombra nueva quemada!».

Lo sucedido, según descubrió, era que la criada, al advertir que había dejado apagar el fuego de la chimenea, había ido a otra habitación para traer brasas encendidas, y, cuando inclinó la pala en que las transportaba, varias de ellas cayeron produciendo en la alfombra «cinco quemaduras». La hija de la corresponsal, en una nota a la Sociedad de Investigación Psíquica, atestiguó que la versión de la madre era correcta.

En su *Imagination in dreams* (1894), Frederick Greenwood recuerda un siniestro ejemplo de premonición, tomado de sus propios sueños:

Una noche soñé que, durante una visita de negocios, se me hacía pasar a una sala grande y refinada, y se me pedía que aguardara. Por lo tanto, según la habitual manera inglesa, me acercaba a la chimenea para aguardar allí y apoyaba el brazo sobre la repisa; pero sólo un breve instante, pues, al darme cuenta de que había colocado los dedos sobre algo frío, miré, y vi que descansaba sobre una mano muerta: una mano de mujer recién seccionada de la muñeca.

Aunque despertó con horror, Greenwood apartó el sueño de su mente; pero ese día, al ir de visita para un negocio de poca monta, se le pidió que aguardara en una habitación adornada con diversos ornamentos.

Al mirar por casualidad la repisa de la chimenea (una vez olvidado el sueño de la noche anterior), ¿qué es lo que ví? ¡Un mano de momia, cortada por la muñeca! Era una mano muy pequeña y tenía puesto un anillo con una piedra opaca de color rojo oscuro engarzada en él que, si hubiera sido auténticamente preciosa, habría sido una joya. De donde inferí que se trataba de una mano de mujer.

¿Coincidencia? «Las visiones de manos cortadas puestas sobre una repisa no son precisamente comunes, y, con imágenes oníricas previas o sin ellas, pocas personas han visto una, sacada del ataúd de una momia, en esa localización precisa.»

J. B. Priestley encontró un sueño premonitorio que, en su opinión, prácticamente descartaba la coincidencia por azar. En su época de estudiante, un ingeniero de la BBC había soñado que tenía un gavilán posado sobre el hombro derecho, de manera que sentía efectivamente las garras del ave. Dos horas después, hallándose en una sala de estar en la planta baja de la casa de huéspedes donde vivía, entró el patrón con unos desechos para arrojar al fuego, entre ellos un gavilán embalsamado. Uno de sus compañeros estudiantes lo recogió, se le acercó por detrás «y lo clavó por las garras sobre mi chaqueta, con suficiente fuerza para que el ave quedara posada sobre mi hombro». Naturalmente, él sintió la impresión de las garras. Sólo entonces recordó el sueño, aunque de hecho lo tenía registrado en su librillo de notas junto a otro material onírico.

La coincidencia por azar alcanza aún mayor grado de improbabilidad en una de las comunicaciones recibidas por Montague Ullman.

> La madrugada de un domingo, que era el día del padre, me desperté y desperté a mi marido con un acceso de risa. El sueño consistía en una escena sin diálogo. Mi hermana, diez años menor que yo, estaba de pie ante mí con un abrigo abultado, metía las manos en los bolsillos y luego me tendía los brazos. Yo veía que tenía ambas manos llenas de tapones de botella.

Contó el sueño al marido, y al padre después. Cuando llegó el resto de la familia para la comida del día del padre,

> mi hermana, que estaba encinta, llevaba un ligero abrigo de verano, muy abultado. Mientras yo lo colgaba en una percha, ella me pidió que le alcanzara los pitillos que tenía en el bolsillo del abrigo. Volví hacia ella llevándole la prenda, y, mientras yo lo sostenía, ella metió las manos en los bolsillos y las sacó, no con pitillos, sino con sendos puñados de tapones de botella.

Al verlos, su hermana exclamó: «¡Mirad lo que los chicos me meten en los bolsillos!». «Como ve usted —comentó a Ullman la soñadora—, la única diferencia estaba en que en el sueño ella llevaba el abrigo puesto.»

En *Mind-Reach* (1977), que el físico Russell Targ escribió en colaboración con Harold Puthoff como resultado del trabajo en común en el Instituto de Investigación de Stanford, Targ narra que la noche previa a la partida de ambos a Tarryton, Nueva York, para asistir a una conferencia, soñó que uno de los ponentes, con camisa de encaje y un clavel rojo en el frac, emitía su discurso cantando. Al día siguiente, al ver a alguien vestido como el personaje del sueño, Targ le preguntó de broma en el tren si pensaba cantarles algo. Y lo pensaba hacer: era el director de la banda y el cantante de la velada.

Muy a menudo, entre el sueño comunicado y el suceso real correspondiente se presenta el mismo tipo de diferencias que Dunne había encontrado en el caso de sus propios sueños; diferencias que ocasionalmente no parecen sino prestar un curioso sostén a la idea de que se trataba de un sueño premonitorio. En *The mask of time* (1978), Jean Forman registra el breve pero vívido sueño de una maestra, la señora Marjorie Longstaffe, y la secuela del mismo:

> Vi a mi marido (reducido casi a enano en su estatura) de pie sobre la tapa del teclado, tendiendo la mano hacia una lámpara de mesa que estaba en lo alto del piano, a la izquierda (en realidad, no tenemos ninguna lámpara allí). Con rápido ademán desenroscaba la bombilla y la arrojaba al suelo, por donde rodaba hasta una esquina de la alfombra, delante de la chimenea, salvándose de milagro de chocar contra el ladrillo. En ese momento yo entraba por la puerta, daba un grito a mi marido; y desperté.

Inmediatamente, antes de vestirse y bajar, había contado a su esposo el sueño, por lo raro que era.

> Cuando abrí la puerta de la sala vi a nuestra gata, Jody, exactamente en el mismo lugar donde había visto a mi marido en el sueño: estaba sobre la tapa del teclado, y derribaba con la pata estirada un florero de cristal que la noche anterior, después de retirar las flores de azafrán marchitas, había dejado allí por inadvertencia. El cristal rodó hasta el borde de la alfombra, exactamente hasta el lugar adonde había rodado la bombilla en mi sueño; lo mismo que en éste, había caído sin romperse. Instintivamente di un grito a la gata, como en el sueño a mi marido.

En respuesta a la petición de la Fundación Koestler, la señora R. A. Drake, de Hayling Island, Hampshire, comunicó que un día ella y un grupo de amigos hablaban sobre si tenían o no sueños en colores. Ella pudo asegurar que sí, mencionando un sueño que había tenido la noche anterior. En él, se encontraba sobre un sofá-cama en una habitación del semisótano: veía los pies y la parte baja de las piernas de las personas que pasaban por delante de la ventana, a cada lado de la cual había un par de cortinas, una anaranjada y la otra púrpura. Esta combinación de colores le resultó lo bastante insólita como para recordarla; y volvió a acordarse de ella cuando «unos tres meses más tarde desperté en ese mismo cuarto, con sus cortinas anaranjadas y púrpuras». La señora Drake no había visto a la amiga en cuya casa estaba alojada hasta después de tener aquel sueño.

A veces ocurre como si el «bromista» dispusiera el sueño para confundir a los escépticos. Uno de los psicoterapeutas discípulos de Medard Boss le confió que, cuando en su curso de instrucción hubo de encarar la idea de una clarividencia onírica, ello le había perturbado, ya que iba contra sus convicciones racionalistas. Tratando el tema con su mujer, convinieron en que sólo una experiencia personal suficientemente impactante podría persuadirles. A la mañana siguiente ella le contó este sueño:

> Veía al vicario S. llegar con dos cajas. Me parecieron raras. No me atrevía a abrirlas. De pronto aparecía Annali A., abría las cajas y me explicaba su contenido. Eran vestidos infantiles. En una de las cajas había vestidos de corte americano moderno, y en la otra ropas más antiguas, de colores. Comprendía que esos vestidos procedían de la propia Annali, lo que me sorprendía. A la vez, parecía que Annali estaba de algún modo emparentada con el vicario, quizá era su hija.

Trataron de interpretar el sueño según los cánones analíticos usuales, pero sin éxito. Conocían al vicario, pero acababan de enterarse de que había salido de viaje. Annali A. era una parienta lejana de S., e hija de otro vicario, pero hacía años que habían perdido el contacto con ella. Perplejo, el marido dijo (en broma): «¡Tal vez significa algo que sucederá en el futuro!»

> Una hora más tarde llegó por correo un paquete con dos cajas. En una había vestidos blancos de corte americano moderno y en la otra ropas más antiguas, de colores, para nuetros hijos. Venían de parte de Annali A., que nos enviaba esas prendas porque ella ya no pensaba usarlas. La llegada de las cajas era tan imprevisible y extraña como la aparición de Annali en el sueño, y esa experiencia resultó tan impactante, que a ninguno de los dos nos quedó la menor duda de que se trataba de un caso de clarividencia.

Al parecer, fue decisivo el efecto que un sueño premonitorio ejerció sobre un célebre librepensador, William Hone, quien se había labrado una reputación como caústico crítico de las creencias cristianas corrientes y de quienes trataban de imponerlas; y había batido en toda la línea al fiscal general en tres procesos a los que se le había sometido por una publicación que el gobierno Tory de la época —al término mismo de las guerras napoleónicas— consideraba blasfema y peligrosa para la moralidad pública: una parodia de los diez mandamientos («No llamarás crimen a hacer que otro se muera de hambre»). Pero, según su anónimo biógrafo, Hone tuvo más tarde un sueño, en el cual entraba en un salón

> donde era un perfecto extraño, y se veía sentado a una mesa; y, al ir hacia una ventana, de algún modo atraían su atención los postigos, y en especial un nudo de la madera, de singular aspecto; y, al despertar, toda la escena, y especialmente el nudo del postigo, dejaron en su mente una intensa impresión.

Algún tiempo después, encontrándose Hone en una casa que no conocía,

> le hicieron pasar a una estancia que antes nunca había visto, y que al instante le vino a la mente por su parecido con aquella de su sueño. Volvióse al momento hacia la ventana, y su mirada recayó sobre el mismo nudo en la madera del postigo. Este suceso desató en su espíritu indagador un curso de reflexiones que echaron por tierra sus caras teorías materialistas y le llevaron a la convicción de que existen instancias espirituales tan capaces de prueba como cualquier hecho de la ciencia física; y éste parece haber sido uno de los eslabones de esa misteriosa cadena de acontecimientos por los cuales, según los inescrutables designios de la Divina voluntad, se ve el hombre a veces constreñido a inclinarse ante una potencia divina e invisible y, en definitiva, a creer.

### *El «déjà vu»*

Hay una variedad dentro de la categoría de los sueños triviales que tiene un récord impresionante en cuanto a la capacidad para persuadir a la gente de la realidad de la precognición: la del tipo que corresponde al fenómeno del «déjà vu» o de lo «ya visto», o sea al sentir que «yo he estado aquí en otra ocasión». Christopher Evans, en la década de 1960, indujo a una serie de periódicos británicos —el *Sunday Times*, el *TV Times*, *Destiny and Honey*— a publicar un cuestionario sobre ese fenómeno; se recibió un raudal de respuestas procedentes de lo que el autor consideró una muestra razonablemente representativa de la población del país, y resultó que de esa muestra el ochenta por ciento había tenido ese tipo de experiencias. Ésta aparece a menudo referida a un sueño —el sujeto que la tiene manifiesta haber soñado, ora se trate de un sueño conservado en la memoria, ora de uno olvidado hasta ese momento—, de modo que la situación de vigilia parece repetir la situación onírica.

Como había señalado Dunne, la explicación positivista habitual solía ser la paramnesia identificatoria: un hemisferio cerebral, al retrasar su funcionamiento una fracción de segundo respecto al otro, inventa el recuerdo del sueño para dar cuenta de esa impresión de «ya visto». Pero Camille Flammarion, en *La muerte y su misterio* (1920), al reproducir un relato que le había hecho el canónigo Garnier, mientras viajaba por una carretera que bordeaba una montaña, se detuvo de pronto, sin saber por qué, en un cruce entre dos caminos.

> A unos novecientos metros del lugar donde estaba parado, se levantaba ante mí, contigua a la carretera, en un patio de tierra bien apisonada, una encantadora casita, blanca como la tiza y bañada por el sol. La única ventana, que daba a la carretera, estaba abierta; tras ella se encontraba sentada una mujer bien vestida, aunque con sencillez. Entre los brillantes colores de su atuendo dominaba el rojo. Llevaba en la cabeza una toca blanca de algún material muy ligero, con bordados calados, de una forma que me era desconocida. La mujer parecía de unos treinta años de edad. Sentada ante ella había una niña de diez o doce años, que yo creía que era su hija. Miraba atentamente a la madre, que tejía enseñándole cómo hacerlo. Estaba descalza, el cabello le caía sobre los hombros, y vestía de un modo similar a la madre. Al lado de la muchacha estaban tres niños que se revolcaban por el suelo: un muchachito de cuatro o cinco años se hallaba de rodillas, mostrando algo a sus dos hermanitos, menores que él, para entretenerles. Ellos estaban tendidos de espaldas al mayor, absortos los tres en admirar el objeto. Las dos mujeres me habían echado una rápida ojeada al verme allí de pie mirándolas, pero no se habían movido. Evidentemente, estaban acostumbradas a ver pasar viajeros.

El canónigo veía además un perro tendido junto al grupo, y, a través de la puerta, tres trabajadores, con los delantales de lino y los sombreros puntiagudos típicos de los Abruzos, que bebían mientras jugaban a las cartas. Un muchacho se acercaba a la mesa, y recibía un pescozón por su curiosidad.

Tres años después, el canónigo Garnier fue por primera vez a Italia. Se detuvo en los Apeninos, en una posta, para cambiar de caballos.

> Durante esta parada, miro desde la portezuela del carruaje y me brota sudor, el corazón me palpita como un tamboril, y mecánicamente me llevo la mano al rostro, como para retirar un velo que me incomoda y me estorba la visión; me froto la nariz y los ojos, como quien despierta de súbito después de haber soñado. Creo que en realidad estoy soñando, aunque tengo los ojos bien abiertos; me cercioro de no estar loco ni ser víctima de la más extraña ilusión. Ante mis ojos está la pequeña escena campestre que hace mucho había visto en un sueño. ¡Nada había cambiado! Lo primero que se me ocurre, cuando me recobro, es: yo he visto esto antes. No sé dónde, pero estoy seguro de ello; eso es lo cierto. Y con todo, nunca he estado aquí, pues es la primera vez que vengo a Italia. ¿Cómo se explica?
>
> Por cierto, están los dos caminos que se cruzan, la pared que sostiene la tierra levantada a un costado del patio, los árboles, la casa blanca, la ventana abierta; la madre tejiendo y la hija observándola, los tres pequeños entretenidos con el perro, los tres trabajadores que beben y juegan, el rapaz que va por una lección y recibe un pescozón a cambio; los dos caballos, las ovejas. Nada ha cambiado: la gente es exactamente la que vi y tal como la vi; están haciendo las mismas cosas, en las mismas actitudes, con los mismos gestos, etcétera. ¿Cómo es posible? Pero el hecho es seguro, y llevo cincuenta años cavilando sobre él. ¡Misterio! Primero lo vi en un sueño; luego volví a verlo en realidad, tres años más tarde.

El parapsicólogo italiano Ernesto Bozzano recibió una refutación aún más pormenorizada de la teoría de la «paramnesia», que utilizó al compilar casos de precognición. Proviene de un renombrado maestro de esgrima, el caballero Giovanni de Figeroa, de Palermo, quien narró un sueño experimentado en 1910, tan vívido, que despertó a su mujer para contárselo con detalle. Estaba en algún lugar de la campiña; frente a él había una casa y, junto a ella, una choza y una carreta con un arnés.

> Después, un campesino, cuyo rostro ha permanecido claro y neto en mi memoria, vestido con pantalones oscuros, la cabeza cubierta con un sombrero flexible, se me acercaba y me invitaba a seguirle, cosa que yo hacía. Me llevaba por detrás del edificio, y a través de una puerta baja y angosta

entrábamos en un establo pequeño, de cuatro o cinco metros cuadrados o poco más, lleno de desechos y estiércol. En el establo había una corta escalera de piedra que daba la vuelta hacia dentro por encima de la puerta de entrada. Una mula estaba atada a una artesa móvil y, con los cuartos traseros, obstruía el paso por donde se accedía al pie de la escalera. Como el campesino me había asegurado que la bestia era mansa, yo la hacía apartarse y subía por la escalera, al llegar a lo alto de la cual me encontraba en una pequeña habitación o buhardilla, con el suelo de madera; y, colgando del techo, veía sandías de invernadero, tomates verdes, cebollas, y cereales sin extraer de la espiga.

En la misma habitación, que servía de antecámara, había un grupo formado por dos mujeres y una niña. Una de las mujeres era anciana, joven la otra; y yo suponía que la niña era la hija de la más joven. Los rasgos de estas tres personas también se me quedaron grabados en la memoria. Por la puerta que comunicaba con la habitación contigua percibí una cama doble, tan alta, como nunca antes había visto otra igual.

Dos meses después el caballero fue a Nápoles como padrino de un amigo que se batía a duelo, a consecuencia del cual se vio él mismo comprometido en otro. Se dirigió entonces con sus padrinos a Merano, lugar donde no había estado nunca y cuya existencia ni siquiera conocía. De pronto advirtió que el campo junto al cual se había detenido el coche que les traía le resultaba familiar. «Yo conozco este sitio —dijo a uno de sus acompañantes—. Ésta no es la primera vez que he estado aquí; a un lado del camino ha de haber una casa, y a la derecha una choza de madera». Todo resultó ser como lo había visto en su sueño, hasta la carreta con el arnés.

Un momento más tarde apareció un campesino con pantalones negros y sombrero blanco del mismo color, exactamente como le había visto dos meses atrás en mi sueño, y me invitó a seguirle a la casa; en vez de seguirle, le precedí hasta la puerta del establo, que me resultaba conocida, y, al entrar, vi la mula atada a la artesa; entonces me volví hacia el campesino para preguntarle si el animal era manso, pues sus cuartos traseros me impedían subir la escalerilla de piedra, y, como en el sueño, me aseguró que no había peligro. Al subir esa escalera, me encontré en la buhardilla, donde reconocí las sandías colgadas del techo, con los tomates verdes, las cebollas, las espigas de cereal, y, en el pequeño cuarto, vi a la mujer anciana, la joven y la niña, tal como en el sueño había sucedido. En la

> habitación contigua, donde hube de entrar para dejar mis cosas, reconocí la cama que tanto me había asombrado en mi sueño a causa de su altura; y dejé sobre ella mi chaleco y mi sombrero.

Además de sus padrinos, de Figeroa presentó a varios de sus amigos a quienes había contado el sueño y que podían atestiguar haberlo oído. El hecho de que hubiera relatado ese sueño antes de su cumplimiento, sostenía Bozzano, excluye la hipótesis de que la impresión de «ya visto» pudiera ser reducida a una ilusión de la memoria.

Lo que sigue causando impresión en muchos de estos casos es el telón de fondo, la escenografía, que describe el que recuerda el sueño; pues, a menos que éste hubiera presentado correctamente la escena, lo más probable es que no se recordaría.

Eso se advierte en un caso publicado por primera vez en una carta al *Spectator*, en 1881. Thomas Warren Trevor era huésped en casa de su amigo el canónigo Johnson, de Gales. Soñó que intervenía en una partida de caza, donde uno de los cazadores batía a un gallo silvestre; «cuando desperté, me impresionó el vívido recuerdo de mi sueño, y la localidad donde tenía lugar, poque me pareció que nunca la había visto anteriormente».

Al siguiente atardecer, volviendo de una caminata con su amigo, encontraron al guardabosques del terrateniente local, que siguió andando con su amigo. De pronto, Trevor, que nunca había estado en ese vecindario, advirtió que el sitio le resultaba familiar.

> Me detuve para reunir mis pensamientos y tratar de conciliarlos. En un instante, comprendí que era la escena de mi sueño de la noche anterior. Experimenté un extraño sentimiento de expectativa; la identidad de la escena se me hacía a cada momento más clara; mi vista se fijó en el punto exacto en que había surgido el gallo silvestre de mi sueño; estaba seguro de que el suceso soñado se iba a reproducir inevitablemente. Sentí que hablaba sin perder un momento. Grité a mi amigo: «¡Atención! Anoche soñé que cazábamos un gallo silvestre aquí mismo. Mi amigo se volvió y repuso: «¿Ah sí?».
>
> Apenas habían salido estas palabras de su boca y el guardabosques había bajado la escopeta de su hombro (yo seguía observando atentamente el mismo punto del suelo), cuando se levanta un gallo silvestre: aquel gallo silvestre de mi sueño, y cae al disparo del guardabosques: un magnífico tiro rápido. No fue pequeño nuestro asombro; y el guardabosques, ade-

más, destacó que él creía que los gallos silvestres habían abandonado la región hacía semanas.

Pocas comunicaciones de experiencias de «déjà vu» onírico fueron enviadas a la Fundación, posiblemente por ser tan familiares que no se juzgaron como extraordinarias. Pero el ingeniero doctor E. G. West, asesor metalúrgico, informa que una vez, cuando le llamaron para una importante entrevista, al entrar en la oficina del directorio supo que esa entrevista la había tenido ya, en un sueño de unas semanas atrás. En el sueño, uno de los directores entraba en la oficina detrás de él y le hablaba con un acento marcadamente distinto de los demás; y así ocurrió en la realidad.

Casos en que el «déjà vu» pueda tener una aplicación práctica, salvo para confirmar la existencia de precognición, parecen muy infrecuentes; pero, en cierto sentido, el doctor West resultó beneficiado. Al presentar una solicitud para otro puesto, había tratado de anticipar cómo resultaría la entrevista. Pocos días antes del fijado, tuvo otro sueño, en el que ocurría la entrevista, siendo presidente del directorio un hombre a quien West había tenido anteriormente oportunidad de conocer. Eso hizo más fácil para él preparar sus respuestas a las probables preguntas, con la esperanza de que, cuando llegara el momento, se encontraría con que ya había sostenido la entrevista antes, en su sueño. Y así resultó, incluso en la disposición del laboratorio donde se llevó a cabo la sesión. Sus repuestas, y una declaración que llevaba preparada, «hicieron tan satisfactoria la entrevista, que también en esa ocasión obtuve el puesto».

A veces, en tales sueños la precognición se complementa con retrocognición: se vislumbran sucesos pasados que no pueden asignarse a la memoria del soñador. Frederick Grisewood, conocido y admirado como uno de los locutores de la BBC en los días dorados anteriores a aquellos en que la televisión cautivó al auditorio masivo, dio un ejemplo de tales sueños en *Country Life*, en 1947. Cuando tenía alrededor de doce años, tuvo una secuencia de sueños acerca de una casa de campo donde vivía, al parecer en tiempos de los Estuardos, en una bonita hacienda y en compañía de un soldado de la caballería, con quien solía cabalgar por las colinas próximas. Los sueños se prolongaron dos semanas; después cesaron, y nunca más volvió a soñar con esa casa.

Unos siete años más tarde pasaba las vacaciones con unos amigos, quienes le llevaron de excursión por una parte de la campiña de Sussex que no había visto antes, y a visitar a un amigo. Al detenerse el coche ante la casa,

me erguí en el asiento y prorrumpí en una exclamación ahogada. Era incuestionablemente la casa de mi sueño. Gran parte del bosque había sido talado. Pero la casa era exactamente como recordaba haberla soñado. Imposible describir mis sentimientos. Bullía de excitación.

La interpretación reductiva común a ese momento, como Grisewood sabía, era decir que, en casos así, una casa jacobita se parece mucho a cualquier otra del mismo estilo. Pero su recuerdo del sueño era tan cabal, que pudo señalar ciertos cambios efectuados después de su visión. Dijo a su anfitriona: «Veo que el tapiz ha desaparecido». «¿Pero cómo sabe usted que había un tapiz ahí?», respondió aquélla; el tapiz efectivamente había estado en ese lugar, pero había sido retirado mucho antes de que Grisewood naciera. Él le contó acerca de sus sueños. «Recorramos la casa —repuso ella— y podrá usted decirnos exactamente cómo era entonces.» Cuando llegaron a «su» dormitorio, Grisewood protestó:

«Habéis cubierto con mampostería mi ventana. Había una hermosa ventana en ese sitio, y yo solía mirar por ella al jardín. Estaba allí, precisamente», agregó, golpeando ligeramente la pared, que sonó a hueco. «Haré que mi marido la reabra y quite la hiedra de afuera —respondió la señora—. ¡Tenemos que recobrar esa ventana!»

Los que creen en la reencarnación pretenderían tomar esto como evidencia de una existencia pasada; pero, cualquiera que fuera la explicación, no cabe negar que Grisewood tuvo acceso a una información sobre la casa y su pasado que no pudo llegarle por las vías sensoriales comunes.

Similar experiencia tuvo el comediante Roy Hudd. De niño había tenido muchos sueños sobre una casa y su vecindario, sueños que continuaron en su vida adulta. Un día, en un distrito londinense que nunca había visitado, descubrió que ésa era la escena de su sueño; llevó a su esposa a casa, y allí, desde afuera, le describió lo que sus sueños le habían mostrado del interior, en particular ciertos juegos de espejos. Resultó que había sido la casa del actor Dan Leno. Los sueños de Hudd, como después comprobaron, le habían dado una exacta representación de las habitaciones tal como habían estado organizadas mientras Dan Leno vivió allí: había hecho instalar los espejos de modo que pudiera ensayar sus actuaciones mirándose desde la perspectiva de los espectadores.

Inevitablemente, los episodios de «déjà vu» que irrumpen en un sueño producen más impacto en el soñador que en los que le oyen contarlo, a menos que, como en el caso de Grisewood, pueda valerse de ese conocimiento para impresionar a su auditorio. Lo interesante —y un tanto perturbador, además— acerca de ellos es que, contra el curso normal de los sueños premonitorios, la experiencia irrumpe mucho después de haber tenido el sueño.

El ingeniero aeronáutico Igor Sikorsky (ruso de nacimiento, que construyó y manejó el primer cuatrimotor y, después de emigrar a Estados Unidos, fundó la Corporación de ingeniería aérea que lleva su nombre, donde construyó helicópteros e hidroaviones) recuerda en su autobiografía *The story of the Winged «S»* (1939):

> Durante el año 1900, cuando tenía unos once años de edad, tuve un sueño maravilloso. Me veía andando por un pasillo angosto, lujosamente decorado. A ambos costados había puertas de nogal, análogas a las de los camarotes de un vapor. El suelo estaba cubierto por una atractiva alfombra. Desde el techo, una lámpara de luz eléctrica de forma esférica producía una agradable iluminación azulada. Sentía una ligera vibración, como la que suele experimentarse a bordo; pero sabía que no se trataba de una nave común, sino que volaba.

Se le había asegurado que tal cosa era imposible en la realidad; pero el sueño causó en él una impresión profunda, que tardó en borrarse.

En 1931 su empresa lanzó el «Flying S», más conocido entre el público como el Clipper americano. Sikorsky ya había viajado en él durante las pruebas, pero no desde que había sido equipado para atraer pasajeros de la Pan American Airlines. Invitado a participar en el vuelo de inauguración, permaneció en la cabina de mandos hasta que el piloto redujo la velocidad para iniciar el descenso, y entonces decidió pasar adentro para echar una ojeada a las comodidades ofrecidas a los pasajeros. Cuando se encendieron a su paso las luces del pasillo,

> comprendí, en ese mismo instante, que ya había visto eso mucho tiempo atrás: el pasillo, la luz azulada, la decorativa madera de nogal en paredes y puertas, y la sensación de leve movimiento. Traté de recordar cuándo podía haber recibido tales impresiones, hasta que me acordé dc los detalles de mi sueño treinta años antes.

Su autobiografía, explicaba Sikorsky, estaba destinada a contar «cómo un sueño de la edad temprana puede finalmente convertirse en realidad».

Priestley tuvo un sueño acerca del futuro distante, aunque no tan distante ni tan romántico como en el caso precedente. En *Lluvia sobre Gadshill* (1939), cuenta que, siendo aún escolar, tuvo un sueño en el que un tío a quien veía raras veces

> aparecía de pronto en la entrada y me clavaba la vista encolerizado. Yo desperté temblando de miedo, y el sueño se me quedó impreso en la memoria. Años después, durante la guerra, estaba de licencia en mi casa y, aguardando a que empezara la segunda sección de un music-hall vecino, tomaba un trago en un bar bien atiborrado. Sentí la mirada de alguien y, volviendo la mía a través del bar, vi a ese mismo tío clavándome los ojos exactamente igual que en el antiguo sueño. No nos habíamos visto durante años, y él no estaba seguro de que ese fulano de uniforme fuera su sobrino; pero se me acercó para reprocharme, coléricamente, algo que en realidad no era culpa mía. Pero su actitud —había bebido unas cuantas copas y tenía propensión a perder los estribos— me atemorizó secretamente.

¿Era una coincidencia? Quizá, pensaba Priestley, pero había tenido demasiadas experiencias así —en especial del tipo del «dejà vu», en las que había visto por primera vez un paisaje, una casa o una escena teatral asaltado por el sentimiento de haberlos visto ya— para que tal explicación le satisfaciera. «¿Pura coincidencia?» Esto es lo que los científicos, los psicólogos que creen ser científicos y los filósofos ortodoxos nos dicen, y deben de saber por qué. Pero yo no les creo.»

Los episodios de «déjà vu», ya se reconozcan como procedentes de un sueño, ya queden inexplicados, pueden resultar en extremo perturbadores. Presumiblemente, nunca sabremos por qué el «déjà vu» ejercía tan poderoso efecto sobre Shelley, que no pudo concluir su proyectado *Catalogue of the phenomena of dreams, as connecting sleeping and waking* («Catálogo de los fenómenos de sueños, como conexión entre el sueño y la vigilia»). Después de relatar cómo a veces se había visto obsesionado por paisajes oníricos, recordaba que el suceso más notable de esta índole le había ocurrido en Oxford cinco años antes, en 1810:

> Iba yo caminando con un amigo por las cercanías de esa ciudad, absorbidos en una conversación seria e interesante. De pronto, al girar en un sendero, se nos presentó la vista que las altas barracas y los setos nos habían ocultado. Ante nosotros se elevaba un molino en uno de los muchos prados encharcados rodeados de paredes de piedra; entre la pared y la

> carretera donde nos encontrábamos, el terreno era quebrado e irregular; detrás del molino se alzaba una colina más bien baja; y nubes grises y uniformes se esparcían sobre el cielo del atardecer. Era la estación en que acababan de caer las últimas hojas de los escasos y raquíticos fresnos. Por cierto, una escena harto común; la estación y la hora, poco indicadas para encender pensamientos excéntricos; y era una mansa agrupación de objetos sin mayor interés, tal que habría llevado la imaginación a buscar refugio en una sobria conversación de anochecer junto al hogar, y al postre de fruta de invierno y vino. El efecto que en mí produjo no fue como pudo haberse esperado. De pronto recordé haber visto exactamente esa misma escena en un antiguo sueño.

Aquí —escribe Mary Shelley— se vio «obligado a suspender el relato, estremecido por un horror que le dominó». Ella recordaría cómo acudió Shelley a su lado, dejando de escribir, «pálido y agitado, para buscar en la conversación refugio contra las terribles emociones suscitadas en él».

### *¿Predestinación?*

Los ejemplos presentados plantean una pregunta: ¿implican predestinación? Para el filósofo alemán Arturo Schopenhauer la respuesta es afirmativa. Que los sueños anuncien tan a menudo sucesos futuros, tanto triviales como serios, sostenía, es altamente significativo; y mencionaba uno suyo, dentro de la categoría de los triviales, porque ilustraba de modo tan claro «la rigurosa necesidad de lo que acaece, aun cuando sea máximamente accidental».

> Una mañana escribía con gran cuidado una larga e importantísima carta de negocios en inglés. Al llegar al final de la tercera página, cogí el tintero, en vez del recipiente con arena, y lo volqué sobre el papel: la tinta se derramó desde el escritorio hasta el suelo. Al tocar la campanilla acudió la criada, trajo un cubo de agua y comenzó a limpiar el suelo para quitar las manchas. Mientras lo hacía, dijo: «Anoche soñé que limpiaba aquí manchas de tinta fregando las maderas del suelo». «¡Pero eso no puede ser!», repuse yo. «Sí, es verdad; se lo había contado a la otra criada, que duerme conmigo».
>
> En ese instante la otra criada, muchacha de unos diecisiete años, casualmente entró, para llamar a la que estaba limpiando. Me acerqué a ella y le pregunté: «¿Con qué soñó tu compañera anoche?». Respuesta:

«No lo sé». Entonces dije: «Pero ella te lo contó al despertar». Y entonces la muchacha repuso: «¡Ah, sí! Soñó que limpiaba aquí una mancha de tinta».

Para Schopenhauer, el sueño era notable porque versaba sobre una acción que había realizado contra su voluntad, consecuencia de un pequeño error, y empero «tan necesaria, inevitablemente determinada, que su efecto persistía con varias horas de anticipación en la forma de un sueño en la conciencia de otro. Aquí se manifiesta del modo más claro la verdad de mi proposición: todo cuanto acaece, lo hace por necesidad».

Lo que Schopenhauer había dejado fuera de consideración era lo que habría ocurrido si la criada le hubiese contado su sueño antes de que él volcara la tinta sobre la carta, dándole así ocasión de prevenir el suceso. Por cierto, el sueño de la criada era un interesante testimonio acerca de la existencia de algún elemento de predestinación, pero no probaba en modo alguno que todo lo que ocurre «acaece por necesidad».

Los argumentos en pro de la predestinación tienen su mayor fuerza en dos tipos de sueños premonitorios: aquellos en los que la acción onírica se cumple mucho tiempo después en el futuro real; y aquellos en que se intenta mudar sin éxito un destino amenazante.

En 1774, Newton y Cunningham, dos jóvenes amigos de la poetisa Anna Seward, de Lichfield, fueron invitados a un salón literario para encontrarse con John André, un oficial que acaba de recibir su destino y estaba de visita para despedirse antes de ir a encontrarse con su regimiento en Canadá. Mientras aguardaban la llegada del militar, Cunningham contó un intenso sueño que había tenido la noche pasada y que no lograba apartar de su mente. El biógrafo de André, Winthrop Sergeant, pone este relato en discurso directo:

> Escuche; es muy raro; nunca habrá oído nada como esto. Me dormí, y me encontraba de pronto en un boscaje extraño; un lugar que nunca había visto antes. De pronto oía acercarse a un jinete a galope tendido. Cuando cabalgadura y jinete se precipitaban hasta un lugar donde yo parecía estar de pie, vi a tres hombres saltar de un matorral, donde evidentemente habían estado ocultos. Frenaron al caballo por las bridas y forzaron al jinete a apearse. Una vez desmontado, le sometieron a un rudo registro de sus ropas y sus botas. Al terminar, se lo llevaron a empujones como prisionero. ¿Sabe usted, Newton?, sentía tanta pena en mi sueño por este hombre, que en ese momento desperté. Nunca supe qué habían he-

cho con él. Al rato logré dormirme de nuevo. Pronto estuve otra vez en mitad del sueño. Pero ahora no en un bosque, sino de pie, con una gran multitud reunida frente a un patíbulo. Iban a ahorcar a alguien. Me parecía estar lo bastante cerca para verle bien la cara —y esto es lo sorprendente—: reconocí a aquel mismo hombre que había sido detenido, examinado y aprisionado en mi primer sueño. ¿No crees que fue algo extraordinario?

Newton convino en que lo era, pero algo más extraordinario aún sucedió cuando llegó André. Newton notó que Cunningham le clavaba la mirada como si fuese un espectro. Más tarde, Cunningham le explicó:

> André es el mismo hombre que vi en el sueño que le contaba antes de su llegada: el hombre a quien capturaban en el primer sueño y colgaban en el segundo. Me resultó inconfundible.
>
> En ese momento esto era un absurdo digno de tomarse a risa; pero seis años más tarde, cuando el mayor André fue atrapado y ejecutado como espía, se recordó este sueño.

A la fundación Koestler llegaron ciertas melancólicas comunicaciones de sueños que predecían con exactitud sucesos infortunados de un futuro entonces distante. Según uno de ellos, una muchacha de unos trece años tuvo una sucesión de pesadillas. En la habitación que compartía con su hermana, veía el cadáver en descomposición de ésta, tendido en una tabla sobre caballetes. Estos sueños continuaron alrededor de un año y culminaron en uno en que dicha hermana, vestida de enfermera, se precipitaba desde la ventana del piso alto. Dos años después, la hermana, alistada entonces en el Cuerpo de Enfermería del Real Ejército Reina Alejandra, prestaba servicio en Chipre, donde festejó su vigésimo primer cumpleaños. Al día siguiente llegó a la casa un telegrama donde se les comunicaba que la joven había resultado muerta en un accidente. Más tarde se supo que había muerto por las lesiones recibidas al caer desde el balcón de su apartamento.

Recordando que los sueños relatados por J. W. Dunne en su *Experimento con el tiempo* captaban sucesos «del futuro tanto como del pasado», Graham Greene, en *Vías de escape,* se han preguntado, no sin cierto desánimo, si lo que hace un novelista no podría ser eso mismo,

> ya que en tan amplia medida su obra procede de la misma fuente que

los sueños. Es una idea inquietante. Cuando Zola describió la muerte de los mineros atrapados en una atmósfera emponzoñada, ¿no estaría captando algo como un «recuerdo» de su propia muerte, asfixiado por las emanaciones de su estufa de carbón? Quizá sería preferible para un autor no releer los libros que ha escrito. Podría haber demasiadas alusiones precedentes a un desdichado futuro. ¿Por qué en 1938 escribí acerca de D. en el acto de escuchar un diálogo radiotelefónico sobre el «problema de Indochina»? (¿Existía entonces un problema lo bastante serio para llegar a una radio inglesa?) Seis años pasarían hasta el comienzo de la guerra francesa en Vietnam, y otros ocho antes de que el problema de Indochina se me hiciera patente, mientras estaba allí de pie, inmovilizado de espanto, junto al canal colmado de cadáveres del Viet Minh, cerca de la catedral de Phat Diem.

Una de las experiencias más perturbadoras en esta categoría de los sueños «de predestinación» de nuestro tiempo inspiró la película de Michael Redgrave *The night my number came up* (1954). En 1940, el mariscal de las Fuerzas Aéreas, el señor Víctor Godard estaba a punto de volar de Shanghai a Tokyo, cuando en una reunión oyó que alguien conversaba sobre un relato hecho por otra persona de un sueño que éste había tenido la noche anterior, y en el cual Godard moría en una catástrofe aérea. Esa persona había contado su sueño con todo detalle: el avión era un Dakota, llevaba tres civiles —dos hombres y una muchacha— y, después de un vuelo difícil sobrevolando la nieve, se estrellaba contra una playa llena de guijarros y rocas.

Godard sabía que tenía que volar en un Dakota, pero también que sólo le acompañarían militares: no podría haber con ellos tres civiles, o creía saberlo así. En el transcurso del día siguiente, tres civiles —dos hombres y una muchacha— se añadieron al pasaje. Salieron a la madrugada siguiente, y esa tarde temprano, a través de la nieve, el piloto divisó una playa en la que sería posible efectuar un aterrizaje de emergencia. Como empezaba a escasear la gasolina, decidió intentarlo, y el avión aterrizó de panza sobre la orilla. Todo resultó como lo había predicho el sueño, excepto que Godard no murió.

Inevitablemente, lo que suele publicarse son los ejemplos dramáticos que parecen obra de un destino inexorable, pero a veces algunos recuerdan y comunican casos triviales que han vivido. Aniela Jaffé ofrece algunos en sus *Apparitions* (1979).

En el verano de 1913, soñé que mi hermano estaba en medio de una gran multitud en la estación central de Zurich y que yo llegaba demasiado tarde para recibirle. Cuando él anunció efectivamente su llegada, me dije: «Bien, eso no sucederá». Como quería estar segura, llegué a la estación una hora antes de la prevista para la llegada del tren. Aguardé, y mientras tanto apareció un aviso: «Cuarenta minutos de retraso». Anduve recorriendo la estación de rato en rato, pero siempre volviendo de prisa al andén. Pues ¿que ocurrió? Unos veinte minutos más tarde viví exactamente lo que había acontecido en mi sueño: la máquina se había descompuesto, pero el tren se retrasó sólo veinte minutos, y no cuarenta.

Otro ejemplo proviene de una muchacha que seguía un curso de vendedora de tienda: cuenta cómo, en cierta ocasión, el instructor había hecho arreglos para llevar a los alumnos del curso a visitar una fábrica de productos alimenticios, y ella aguardaba expectante la excursión. La noche anterior tuvo un sueño:

> Estaba camino de la estación, pero, al doblar alegremente la última esquina, veía con horror que el tren se ponía en marcha llevando a todas las demás muchachas, que me llamaban y me hacían señas hasta que, naturalmente, desaparecía sin mí. Cuando desperté, me reí de mi sueño y pensé: «Esto nunca me sucederá, pues jamás en la vida he perdido un tren».

No pensó más en el sueño. Después del almuerzo, puso en hora su reloj por la señal de la radio, y salió con tiempo hacia la estación.

> Pero ¿qué vi? Exactamente en el mismo lugar que en mi sueño, vi al tren que se alejaba, mientras las muchachas me llamaban con las mismas exclamaciones. Por el momento quedé como fulminada, y mi aire no debía ser muy avispado, porque me parecía absolutamente imposible que me hubiera llevado veinte minutos andar desde mi alojamiento a la estación: una distancia de unos quinientos metros, que habría cubierto en cinco minutos o menos. Pero tanto mi reloj como el de la estación señalaban las 12 y 50. Volví tristemente al trabajo, y tuve que confesar a mi superior que simplemente había perdido el tren... Hasta el día de hoy no me explico cómo transcurrieron esos veinte minutos.

La cuestión de si es o no posible servirse de una premonición para eludir al destino despertó el interés de Louisa Rhine. En su intento por ofrecer una respuesta, examinó los registros de más de un millar de casos que les habían sido comunicados a ella y su marido entre 1930 y 1955. De ellos, 433 se referían a hechos preanunciados de tal naturaleza que las personas afectadas habrían querido evitarlos, aunque dos tercios de ellas no hicieron nada por intentarlo. En otros casos, se hizo el intento, pero sin éxito. Por ejemplo, una muchacha neoyorquina soñó que una hermosa sortija de diamantes que usaba aparecía muy dañada, como por fuego; hizo entonces todo lo posible por proteger la joya, pero se le salió inadvertidamente del dedo cuando fue a arrojar unos pañuelos de papel al incinerador de la cocina, y allí fue encontrada, en las mismas condiciones que había visto en su sueño, cuando se removieron las cenizas.

En otros casos, las personas que habían tenido premoniciones dieron pasos para prevenir las circustancias en que pudiera ocurrir el suceso indeseable; por ejemplo, evitando la carretera en la que había «visto» un accidente. En uno de estos ejemplos, empero, el destino soslayó las precauciones. Una mujer de Oregón, que despertó con la impresión de que su hijito de tres años se vería envuelto en un accidente de automóvil, le llevó a casa de la abuela, donde supuso que estaría a salvo. Encontrándose ella allí, de súbito volvió a asaltarle el temor; y el alivio fue tanto que rompió a llorar.

> Pero en ese preciso momento alguien llamó urgentemente a la puerta: un policía, seguido por una excitada multitud, traía al muchachito exánime en sus brazos. El niño había sido arrollado por un coche fugitivo mientras, según se informó a la madre, estaba sentado tranquilamente bajo un árbol del patio. El coche había saltado la valla del patio.

Está claro que muchas personas se desasosiegan aún por esta «visión del futuro» en sus sueños, por temor a que ello implique que el futuro está predeterminado. Esta preocupación se ha visto reflejada en cartas recibidas por la Fundación; en algunas, los que escriben dicen que no han revelado antes a nadie los sueños que recuerdan. Una mujer, al mismo tiempo que da interesantes ejemplos de su propia experiencia, señala que encuentra «aterradora» la perspectiva de seguir teniendo sueños así. De hecho, hay una constancia masiva en favor de la hipótesis de que el futuro se halla preestablecido, pero sólo hasta cierto punto.

Uno de los sueños de Dunne ilustra esto, aunque él no llegó a comprenderlo. En ese sueño, un caballo aparentemente enloquecido escapaba de un campo y le perseguía. Al día siguiente, mientras Dunne estaba de pesca con su hermano, un caballo empezó a comportarse como el del sueño: escapó del campo en que se hallaba y se les acercó; «ambos recogimos piedras, corrimos unos treinta metros desde la orilla, y nos pusimos frente a él». El caballo echó al galope en otra dirección; pero el comentario de Dunne —«no hay cómo rehuir al destino»— parece, restrospectivamente, tan inadecuado como el de Schopenhauer. El sueño, al alertarle sobre la posibilidad de que el caballo se le viniera encima, le había dado la oportunidad de rehuir al destino, retirándose a una posición más segura y armándose de piedras.

De los anales de la historia y del material que le enviaron sus corresponsales, Jaffé infiere que «el factor destino —una guía vastamente superior a la voluntad consciente del hombre— emerge con claridad. El hombre no es ni libre ni capaz de ejercer la voluntad de su yo frente a la fuerza de su propio destino». Pero, añade esta autora, la experiencia «muestra también que hay una libertad humana, cuando es concebida en un sentido muy diferente: como problema moral o asunto de conciencia. Casi podría decirse que la libertad humana consiste en la capacidad de luchar contra el destino o bien aceptarlo». Cuando un ser humano ha recibido en un sueño anuncios de lo que el destino le reserva, a menudo ha dado pruebas de que puede torcerlo.

### *Torcer el destino*

Inevitablemente, dentro de los sueños que dan la posibilidad de torcer el destino, los que más han llamado la atención son aquellos en virtud de los cuales se han podido salvar vidas humanas. John Fox, en su *Book of Martyrs* (1554), relata cómo un miembro de la congregación protestante de Londres en tiempos de la reina María soñó que el mensajero real llegaba para arrestar al diácono y descubría la lista de los miembros de la congregación, alrededor de trescientos en total. El soñador despertó aterrado y, cuando volvió a dormirse, el sueño se repitió. Cuando el diácono se enteró, se inclinó a descartar la advertencia como vicio de superstición; pero se le persuadió de que ocultara la lista. Al día siguiente fue arrestado; y, al no encontrar la lista el enviado de la reina, la congregación se salvó de ser conducida a la hoguera en masa.

Al recordar esta historia, Aubrey añade otra de su propia cosecha:

> De joven, el doctor Hamey (miembro del Colegio Médico de Londres), mientras se preparaba para viajar a Padua, fue (con otros) a Dover y, como los demás, mostró su pasaporte al gobernador. Éste le dijo que no debía salir, sino permanecer detenido. Cuando el doctor quiso saber por

qué razón y de qué transgresión se le acusaba, el otro replicó que esa era su voluntad. El barco se hizo a la vela al atardecer (con tiempo muy despejado), llevando a los compañeros del doctor. Pero se podujo una terrible tempestad, y se hundió con todos los pasajeros; al día siguiente llegaron las tristes noticias. El gobernador no conocía al doctor Hamey ni de cara ni de nombre; pero la noche anterior había tenido en un sueño la perfecta visión de Hamey que llegaba para pasar a Calais, con la advertencia de que le retuviera. Así se lo contó al doctor Hamey. El doctor era un hombre bueno y piadoso, y varias veces contó esta historia a algunos de mis conocidos.

Si ha de creerse lo relatado en *La Vida de Izaak Walton* (1651), Nicolas Wotton, embajador de Inglaterra en Francia durante el reinado de María y más tarde deán de Canterbury, soñó que su sobrino Thomas se veía envuelto en una conspiración la cual, si no lograba zafarse a tiempo, causaría su ejecución y la ruina de su familia. Como no era supersticioso, pudo haber pasado por alto la advertencia, si no hubiera tenido el mismo sueño la noche siguiente. Sin embargo, escribió a la Reina pidiéndole que dispusiera que se llevara a Thomas ante el consejo de los lores, para que fuera interrogado «con preguntas de tal artificio que pudieran recluirle en favorable prisión, y declarando que daría a conocer a Su Majestad la verdadera razón de su petición en la primera ocasión que le cupiere la dicha de ver a Su Majestad y hablar con Ella.» Thomas hubo de reconocer más tarde que había alcanzado «más que simples indicios» de la conjuración tramada por Sir Thomas Wyatt, el duque de Suffolk y otros para tratar de impedir la boda de la Reina con el rey católico de España, Felipe II, por la cual fueron detenidos y ejecutados. Thomas suponía que él también pudo verse implicado en ella si su tío «no hubiese soñado felizmente que le veía conducido a prisión».

En sus *Inquiries concerning the intellectual powers* (1840), John Abercrombie citaba ejemplos similares, uno de los cuales, afirma, lo conocía él mismo. Y Robert Dale Owen dio más tarde una versión completa de ese caso, con los nombres de las personas que Abercrombie había omitido. El joven Joseph D'Acre, de Kirklinton, Cumberland, había ido al norte como huésped de sus tíos, el mayor Griffith y su esposa, de Edimburgo. Una tarde les dijo que él y algunos amigos se proponían salir en una expedición de pesca al día siguiente, a lo cual sus tíos no pusieron objeción.

Pero, durante la noche, la señora Griffith despertó sobresaltada por un sueño intranquilo, exclamando con acento de terror: «¡La barca se hunde! ¡Oh, salvadles!» Su marido lo entendió como meras aprensiones; pero ella declaró no tener inquietud alguna por la excursión, que había sido ajena a su pensamiento. De modo que se dispuso nuevamente a dormir. Pero, cuando un sueño análogo se repitió tres veces en el transcurso de la noche (el último de ellos con la imagen de la barca desaparecida y todos los miembros de la expedición ahogados), acabó por alarmarse seriamente; se puso la bata y sin aguardar al amanecer, acudió a la habitación de su sobrino. No sin cierta dificultad le persuadió de que abandonara su propósito y enviara un criado a Leith con alguna excusa.

La mañana se presentó hermosa, y sus amigos se embarcaron: pero «a eso de las tres de la tarde se produjo una súbita tormenta, la barca se hundió, y todos los que iban a bordo se ahogaron».

Desde 1882, el boletín y los informes de la Sociedad de Investigación Psíquica publicaron comunicaciones de personas que consideraban que su salvación se debía a advertencias oníricas. Un navegante aficionado tuvo la insólita experiencia de beneficiarse así en dos oportunidades. En el momento de su primer sueño, William E. Brighten trabajaba como auxiliar matriculado de un abogado de Norwich; pero se las había arreglado para adquirir un viejo barco de vapor y, con un amigo del trabajo decidió salir durante el fin de semana, sin más tripulación que ellos dos. Alcanzaron Great Yarmouth, donde anclaron junto a una falúa y se dispusieron a pernoctar.

> Debo haber dormido varias horas antes de que comenzara mi sueño. Creía tener los ojos abiertos y que el techo del camarote se había vuelto transparente, de modo que podía ver dos formas oscuras que flotaban en el aire por encima de la chimenea. Parecían absortas en seria conversación, y señalaban hacia la embocadura del río y después hacia la cuerda del ancla; por último, se volvían la una hacia la otra y, tras intercambiar unos gestos, parecían haber decidido un plan de acción: cada una flotaba en el aire por su lado, una hacia proa y la otra hacia popa, apuntando con el índice; al instante, cada dedo tocaba una de las cuerdas y le prendía fuego, como si fuera un hierro candente.

Así desamarrado, el barco salía río abajo hasta que llegaba al mar y comenzaba a hundirse.

Al final, las aguas parecían llegarme hasta la boca y, ahogándome, me hundía. Con frenético esfuerzo salté de mi camarote, desfondé las puertas sacudiéndolas hasta despedazarlas, y me encontré (en pijama) despierto, al otro lado de las puertas arruinadas, en una noche tranquila de brillante luna llena; instintivamente volví la mirada a la cuerda de proa: vi con horror que acababa de soltarse. Al acudir a buscar el bichero, advertí junto a mí a mi amigo C., a quien el estruendo había despertado, y que gritó que acababa de ver cómo se desprendía la cuerda del ancla.

Sujetando el barco a la falúa con ayuda del bichero, lograron impedir que la marea los arrastrara, pedir auxilio y sujetar de nuevo la embarcación durante el resto de la noche.

Brighten, según informó Frank Podmore a la Sociedad, era hombre hábil, pero práctico y poco imaginativo. Su segunda experiencia fue más extraña todavía. En 1876, poseía una goleta de 35 toneladas, con un capitán y tres marineros. Tenía visitantes a bordo. La goleta estaba firmemente anclada en la costa de Gravesend, y Brighten se hallaba dormido en su camarote, cuando resonó una voz en sus oídos: «¡Despierta, despierta! ¡Va a haber un choque!» Volvió a dormirse, pero, como la misma voz, con las mismas palabras, le despertó de nuevo, subió a cubierta, donde observó que el barco estaba envuelto en densa niebla. Ya que aparentemente nada podía hacer, volvió a su camarote a dormir, pero la voz le despertó una vez más.

Entonces me vestí de prisa, subí a cubierta, y trepé un trecho por la arboladura, para situarme por encima de la niebla, y pronto me encontré en una atmósfera clara y brillante, con la niebla a mis pies como si fuera un mar; al mirar a nuestro alrededor, vi un gran navío que se acercaba navegando directamente sobre nosotros. Más que bajar, me precipité desde la arboladura, corrí hasta el castillo de proa, llamé de un grito al capitán, que acudió a cubierta a toda prisa, le expliqué lo que sucedía en dos palabras; él corrió a la caña del timón, la desató y la orientó hacia el puerto; la veloz corriente, al actuar sobre el timón, hizo que la goleta se deslizara al sesgo corriente arriba, cuando el gran navío llegó y nos pasó de costado.

Considerando el caso Brighten, el parapsicólogo H. F. Salmarsh, en su *Foreknowledge* (1938), tuvo el cuidado de tomar en cuenta la posibilidad de que una persona experimentada desarrolle una sobreagudización de sus facultades, que le permita alertar sus sentidos contra el peligro, aun en sueños. Una «hiperestesia» de este tipo pudo haber indicado a Brighten, primero, que había bajado la niebla y, segundo, que un barco venía en dirección al suyo. Que sus sentidos estuviesen habituados a reconocer la niebla es ciertamente probable: contribuirían a ello la alteración de los sonidos, el descenso de la temperatura, la cargazón del aire. Pero ¿el navío? Los cinco sentidos de Brighten debieran haber sido en verdad sobreagudos para anunciarle que un barco se dirigía directamente a chocar con su goleta. En todo caso, desde el punto de vista de Brighten, lo esencial era que gracias a sus sueños había logrado adoptar medidas preventivas a tiempo.

Cuando, a fines del siglo XIX, Flammarion formuló una petición para que se le comunicaran experiencias paranormales, oníricas incluidas, se vio inundado de respuestas. Una de ellas provenía de un ex magistrado y diputado de la Asamblea Nacional, el señor Bérard, en la forma de un artículo aparecido en 1895 en la *Revue des revues*. Durante su carrera, en cierta ocasión, después de presidir el tribunal que juzgaba un crimen atroz, se había retirado a un remoto lugar campestre para recobrarse; en el curso de una caminata, se extravió y decidió pernoctar en una desviada y mísera posada, donde no había nadie más que el posadero y su mujer. Habituado, por la práctica de su profesión, a tomar precauciones, Bérard examinó cuidadosamente su cuarto y encontró una puerta oculta por unas colgaduras, que se abría sobre una escalera de madera. Bloqueó la entrada lo mejor que pudo, con un desvencijado tocador, de modo que la puerta no pudiera abrirse sin producir estrépito, y se metió en la cama.

En plena noche despertó sobresaltado: parecía que alguien estuviera tratando de abrir la puerta; pero, cuando gritó: «¿Quién anda ahí?», no hubo respuesta, e imaginó que había estado soñando. Al recobrar el sueño, tuvo una pesadilla.

> Creía ver, y de hecho vi, aunque estaba dormido, la pieza en que yo me encontraba y en la cama alguien, yo u otro, no sé quién. La puerta secreta se abría. Entraba el posadero, con un largo cuchillo en la mano. Detrás, en el umbral, estaba su mujer, sucia y harapienta, haciendo pantalla al candil con sus ennegrecidos dedos. El posadero se aproximaba al lecho con paso felino, y hundía el cuchillo en el pecho del durmiente. Luego levantaba el cadáver por los pies, mientras la mujer lo sostenía por la cabeza, y ambos bajaban la estrecha escalera. Entonces ocurría un curioso detalle. El marido sujetaba entre los dientes el delgado anillo del que pen-

día el candil, a cuya luz ambos asesinos descendían los peldaños. Me desperté en un sobresalto, aterrado, con la frente bañada en sudor.

El señor Bérard no pensó más en su sueño hasta tres años más tarde, cuando leyó en un periódico la desaparición de un jurista que había estado en las vecindades de esa posada. Como un carretero le había visto en las cercanías, la mujer del posadero fue citada como testigo por el juez de instrucción. Bérard, presa de sospechas, pidió a su colega que le aguardara. La mujer, que no le reconoció, contó al juez de instrucción que el jurista desaparecido había visitado la posada, pero no pernoctado en ella; había sólo dos habitaciones, ocupadas ambas, como ya habían atestiguado los huéspedes que las ocupaban.

«¿Y la tercera habitación, la que está sobre el establo?», interrumpí de súbito.

La posadera se sobresaltó y pareció reconocerme instantáneamente, como si yo fuese para ella una brusca revelación. Proseguí con un descaro audaz, como inspirado: «Víctor Arnand durmió en ese cuarto. Durante la noche, entró usted con su marido, sosteniendo el candil, y él con un cuchillo largo; treparon por una escalera desde el establo; abrieron una puerta secreta que da a esa habitación; usted se quedó en el umbral, mientras su marido se dirigía a matar al huésped antes de despojarle de su reloj y su billetera.»

Lo que estaba relatando era mi sueño de tres años atrás; mi colega escuchaba horrorizado; en cuanto a la mujer, dominada por el espanto, con los ojos desorbitados y entrechocando los dientes, estaba allí de pie, como petrificada.

«Entonces —proseguí— cargaron el cadáver, su marido cogiéndole por los pies, y le bajaron por la escalera. Para tener luz, su marido sostenía con los dientes el aro del candil.»

La mujer, aterrada, pálida, con las rodillas temblorosas, dijo: «¿Así que usted lo vio todo?»

Se encontró el cadáver del jurista bajo un montículo de estiércol; el señor Bérard continuó preguntándose si le hubiese tocado correr la misma suerte de no haber bloqueado la puerta escondida.

Por esa época, en los Estados Unidos, Richard Hodgson adquiría una reputación sólo inferior a la de Gurney por su cuidadosa verificación de las comunicaciones que llegaban a la Sociedad Psíquica Americana, fundada por él. Una de tales comunicaciones, fechada el 14 de octubre de 1891, procedía de George Kinsolving, a la sazón rector de la iglesia de la Epifanía en Filadelfia y poco después obispo de Texas. En un sueño, se encontraba en unos bosques, donde se cruzaba con una serpiente de cascabel «que, al matarla, mostró tener dos crótalos de aspecto negro y una peculiar proyección ósea en la cola». Al día siguiente fue de caminata con su hermano.

> Al iniciar la marcha montaña abajo, de pronto se me hizo consciente el sueño, hasta el punto de sobresaltarme y ponerme en estado de alerta. Iba caminando con rapidez y había andado unos treinta pasos, cuando di con una serpiente enroscada, presta a atacar. Yo tenía ya el pie levantado, y, de haber completado el paso, habría pisado al reptil. Me arrojé a un costado y caí pesadamente. Me recobré al instante; con ayuda de mi hermano, maté a la serpiente, y encontré que era en cada detalle idéntica a la que había visto mentalmente: igual tamaño, igual color, y la peculiar malformación de la cola.

Andrew Lang, al considerar esta historia, formuló reservas críticas, porque Arthur, el hermano de Kinsolving, en su versión, creía haber visto un solo crótalo, aunque en cuanto al resto corroboraba plenamente lo que había soñado George.

Era característico de los eclesiásticos de la época, y por cierto que esta actitud continúa, mostrarse más molestos que encantados con tales ejemplos de protección onírica. «Yo creo que mi sueño me impidió pisar a la serpiente —comentó Kinsolving a Hodgson—, pero no tengo ninguna teoría acerca del caso, y me siento particularmente perplejo y confuso cuando trato de pensar siguiendo la línea de tales experiencias anormales.» En otras palabras, él no esperaba que Dios se comunicara a través de un sueño, y los ángeles guardianes habían acabado por verse como reliquias de la superstición.

En ocasiones, algunos racionalistas han mostrado menos inhibiciones, dejando que la superstición irrumpiera en ellos. Elizabeth Stanton, hacia fines del siglo pasado, anotó en su diario: «Dentro de unos días esperamos una visita de la señorita Anthony, que ha tenido un sueño notable.» Susan Anthony se había labrado una buena reputación como la sólida cabeza del movimiento sufragista femenino del país, y la organizadora del Consejo Internacional de Mujeres; el médico le había prescrito reposo, y se le había aconsejado para ello Atlantic City. Allí tuvo un vívido sueño: una pesadilla, en la que se quemaba viva en uno de los hoteles de la ciudad. Por la mañana dijo a su sobrina, que le acompañaba: «Debemos hacer nuestras maletas y volvernos a Filadelfia.» Al día siguiente, el hotel en que se había alojado, y otros diez hoteles vecinos, quedaron destruidos por un incendio.

La colección de experiencias parapsicológicas reunida por Aniela Jaffé incluye dos casos de sueños de advertencia a los cuales podría asignarse la consecuencia de salvar vidas. Ambos proceden de progenitores de las personas salvadas.

> Mi hijo prestaba su servicio militar en Basilea. Una noche soñó con su padre, ya fallecido. Sólo le veía el rostro y una mano levantada y le oía decir: «No tienes que cruzar el puente». Por la mañana había olvidado el sueño, pero por la noche volvió a tener la misma visión y a oír las mismas palabras. Luego fue enviado a trabajar en las colinas, donde comió con tal exceso que despertó con fiebre y hubo de guardar cama mientras los otros salían de maniobras. Unas tres horas después llegó a las barracas la noticia de que se había derrumbado un puente, aplastando medio tren. Hubo un muerto y una considerable cantidad de hombres quedaron gravemente heridos. El resto escapó con lesiones y rasguños. Mi hijo estaba ya lo bastante mejorado para ayudar en el rescate. Su temperatura había vuelto a la normalidad. El médico estaba perplejo; pero mi hijo sabía que su padre le había salvado.

En el segundo caso, un padre cuenta cómo cierta mañana de primavera, habiendo resuelto trasplantar sus frambuesas y sujetarlas a guías,

> fui al jardín con mis dos hijos pequeños. El menor marchó derecho al montículo de arena, mientras que el mayor vino con nosotros hasta las frambuesas. Cuando los miré, sentí de pronto oprimírseme terriblemente el corazón, de un modo que apenas puedo describir. Me puse a trabajar, pero no tardó en dominarme la angustia. Le dije a mi mujer cuán extraño me sentía. Pero en ese mismo momento acudió a mi mente una pregunta: «¿Por qué esta angustia?» Sí, era eso: yo ya había hecho ese trabajo con las frambuesas en un sueño, y en él ocurría algo desagradable que no lograba recordar. Enseguida supe que debía vigilar a mi hijita —tenía sólo dos años—; empecé a volver la mirada hacia ella cada dos o tres minutos. De pronto, al mirarla de nuevo, vi que había desaparecido. Mandé a mi hija mayor a ver qué hacía su hermana y a asegurarse de que el portón del jardín estuviera cerrado. Ella salió corriendo... pasó junto al tonel

de agua, se detuvo, miró dentro, se inclinó, lanzó un grito desgarrador: «¡Mamá!», y extrajo a la pequeña del tonel. Tenía ya la cara azul y no respiraba; pero, cargándola en brazos, la llevé al doctor, que logró salvarle la vida.

En su *Riddle of the future* (1974), Andrew MacKenzie relata el caso de un conocido cirujano londinense, el cual soñó que la primera paciente a la cual veía después del fin de semana en su consultorio tenía en uno de los glúteos una zona de la piel decolorada. Como era la primera vez que examinaba en sueños a un paciente, el sueño permaneció en su memoria; y el lunes fue a su consulta con curiosidad de ver si la primera paciente acudía a él a causa de una mancha así. Pero venía por alguna otra razón. «¡Tanto peor para mi sueño!», pensó. Pero la siguiente paciente, al examinarla, presentaba un tumor que formaba una zona decolorada en uno de sus glúteos; el doctor se llevó tal sorpresa, que dejó escapar de sus labios una exclamación audible para su paciente: «¡Pero está dos pulgadas más abajo!» La mujer había acudido a él por otro motivo; sin embargo, el doctor se sintió impresionado por el sueño hasta el punto de decidir que el tumor debía ser extirpado. «De no haberse hecho así —consideraba—, esa mujer habría muerto.» El sueño tampoco había sido inexacto al indicar que se trataría de la primera paciente de la mañana. Resultó que estaba la primera en la lista, pero antes había pasado una enfermera del hospital para que la reconociera.

Aunque J. W. Dunne no se interesaba por los sueños de advertencia como tales, algunos de los que le escribieron sobre los resultados de sus experiencias según las instrucciones dadas por él, de anotar los sueños en el momento de despertar, creían haber recibido advertencias oníricas. Un londinense le relata en 1929 que había tenido una serie de indicios premonitorios en sus sueños, la mayoría de ellos sin otro interés que el de ser meros indicios y nada más. Pero el 24 de junio había registrado el siguiente sueño:

> Una calle; estoy en medio de ella; no hay nadie a la vista; de una callejuela lateral, por la derecha, aparece un coche, gira directamente sobre mí; lo último que recuerdo es la rueda delantera a unos pocos centímetros de mi pierna izquierda.

El 24 de agosto, a eso de las diez menos cuarto de la mañana, estaba en la esquina de las calles Cannon y Queen Victoria:

durante diez segundos, todo el espacio estuvo totalmente libre de vehículos y peatones. Recordé mi sueño con la misma impresión de aislamiento en un espacio vacío.

De pronto un coche apareció a mi izquierda y giró hacia mí; lo tuve casi encima antes de darme cuenta de que debía apartarme.

De hecho, el suceso es insignificante: andando diariamente por el centro de la ciudad, uno tarde o temprano escapa por los pelos de ser atropellado. Pero ese aislamiento en mitad de una avenida de mucho tránsito es algo muy raro y , unido a los sucesos subsiguientes, me parece digno de seria consideración.

En una época en que los accidentes de tránsito constituyen los casos más frecuentes de muerte inesperada, puede sostenerse que la coincidencia casual es capaz de explicar muchos sueños acerca de accidentes tales que se verifican luego. Pero hay otros casos como éste, de la variedad del «déjà vu», en los que el soñador, advertido de lo que está a punto de suceder, toma medidas para evitar el peligro.

El doctor E. G. West, el ingeniero metalúrgico que ha encontrado los sueños tan útiles en su carrera, experimentó uno que tal vez le haya evitado darle un final abrupto. En el sueño,

> veía de modo muy realista un coche que se estrellaba contra otro vehículo en marcha que descendía muy rápido por una colina empinada, con una encrucijada al pie, y más tarde, cuando conduje en una de las carreteras, reconocí el lugar. Era tan real, que me detuve antes de alcanzar el cruce, y vi, en efecto, un coche que bajaba la cuesta a toda velocidad hacia mí, de modo que, si yo hubiera seguido adelante, se hubiese producido una colisión. Pero en esta ocasión el otro vehículo pudo girar hacia la otra carretera.

Un extraño caso de sueño premonitorio que al parecer evitó un accidente fatal fue comunicado a J. B. Priestley. Una mujer —a quien no nombra—, que vivía en Irlanda, soñó que conducía su coche por una carretera que le era familiar, próxima a su casa, cuando de pronto una niñita de cerca de tres años aparecía delante del vehículo. «Yo hacía todo lo que podía, pero me resultaba imposible evitar arrollarla, y la niña moría en el accidente.»

Cuando despertó, se le hizo presente, con gran alarma, que tendría que conducir esa mañana por esa carretera para visitar a su hija, y decidió poner especial cuidado en el punto que recordaba por su sueño. Sin embargo, no había señales de niña alguna; sólo un grupo de mujeres de pie en una parada de autobús.

> Con indecible alivio, bajé los ojos hacia el velocímetro para controlar la velocidad, y al levantarlos quedé horrorizada al ver, parada en medio de la carretera, a la niñita de mi sueño, exacta en todos los detalles, hasta en la oscura cabellera rizada y la chaqueta de punto de intenso color azul.

Logró en el último momento detener el coche sin tocar a la niña, que ni se movió. Las mujeres de la parada del autobús no prestaron atención, y la niñita permaneció quieta en la carretera, mientras la conductora, aún estremecida, pasaba junto a ella. Cuando llegó a su destino, encontró perturbada a su hija: había sentido gran preocupación, le explicó, porque la noche anterior había tenido el mismo sueño: «arrollabas y matabas con tu coche a una hermosa niñita, de lindo pelo oscuro rizado y una chaqueta de color azul».

Como Priestley ponía especial cuidado en que los ejemplos ofrecidos no resultaran luego espurios, se tomó la molestia de solicitar testimonios. El marido de esa señora recordaba que ella le había contado el sueño antes de salir para ver a su hija; y ésta confirmó haber soñado que su madre arrollaba a la pequeña. Pero, como Priestley comprendió, se presentaba un problema. Si un coche está a punto de arrollar a una niña de tres años, ésta no puede evitar asustarse. Si se cierne sobre ella un accidente fatal, resulta improbable que los espectadores no den señales de interés, en especial si el hecho va a ocurrirle a una criatura de corta edad. ¿Pudo, se preguntaba Priestley, tratarse de una visión fantasma evocada por el sueño compartido? Pero, si fuera así, el misterio no hace sino ahondarse.

De los sueños cuyo efecto es «torcer el destino» que llegaron a noticia de Louisa Rhine, el que más le impresionó provenía de un conductor de tranvía de Los Angeles. Este hombre, en su sueño, pasaba con el tranvía por un cruce de calles, cuando otro tranvía, que avanzaba en dirección diferente, le obstruía la vista de un gran camión rojo que efectuaba un giro antirreglamentario; y chocaba con él.

> En el camión había tres personas: dos hombres y una mujer. Los hombres quedaban tendidos en la calle, muertos; y la mujer gritaba de dolor. El conductor se veía en su sueño pasando sobre la mujer y advertía que

> ella le miraba, con los ojos azules más grandes que jamás había visto, mientras le gritaba: «¡Pudo haberlo evitado!»

Despertó, bañado en sudor, se levantó y se marchó a su trabajo. Olvidó empero el sueño. Al acercarse al cruce, se sintió de pronto enfermo de terror; pero sólo cuando el conductor de un coche que se aproximaba le hizo señas con la mano, exactamente como en su sueño, éste se le vino a la mente.

> Al instante frenó y paró el contacto. Un camión, no un gran camión rojo, como en el sueño, sino un camión de reparto, con un espacio para publicidad pintado de rojo en un costado, se cruzó atravesándose en su camino. Si hubiera seguido adelante, lo habría atropellado. En el camión había tres personas: dos hombres y una mujer, la cual, al pasar el camión ante al tranvía, sacó la cabeza por la ventanilla y miró al conductor con esos mismos grandes ojos azules que había visto él en su sueño.

Los conductores de coches de carreras han de soñar a menudo con colisiones. Uno de ellos tuvo razones para creer que un sueño no sólo le salvó, sino que además le permitió ganar en 1967 las 500 millas de Indianápolis. A. J. Foyt, en un estado de sueño entrecortado, «tuvo una especie de visión donde, llevando la delantera en el último tramo, ocurría ante él una colisión que le obligaba a frenar para evitar estrellarse». En la carrera, Foyt alcanzó una situación ventajosa.

> Pasó del penúltimo al último tramo y tomó la última curva. Entre tanto, su mente trabajaba activamente y, pensando en un posible accidente, bajó bruscamente la velocidad.
>
> «Fue como si hubiera tenido una premonición —dijo más tarde—. Lo había soñado, y entonces, al doblar la última curva, ¡allí estaba! Si no hubiera aminorado la velocidad, no habría habido manera de sortearlo».

En efecto, Foyt pudo desviarse y pasar, ganando la carrera.

En algunos casos en que un suceso amenazador parece haberse evitado a consecuencia de una advertencia onírica, es posible argüir que la situación (o lo anunciado por el sueño) podría de todos modos no haber ocurrido. Louisa Rhine insistió en señalar este punto, ilustrándolo en el caso de una neoyorquina que soñó oír un grito y ver a su hijito de dos años precipitarse desde una ventana. Se cercioró de que ésta fuera segura para el niño; pero dos días después, al poner en ella el colchón de la criatura para airearlo, bajó el panel de la ventana oprimiéndolo fuertemente contra aquél, y fue a otra habitación. De pronto recordó el sueño, volvió a la carrera, y encontró que el niño había logrado levantar el panel de la ventana. El colchón había caído fuera. La mujer sostuvo que había cogido al niño apenas a tiempo para evitar que cayera tras aquél; pero, ¿se habría caído el niño realmente?

No hay modo de saberlo; aunque, desde el punto de vista de la madre (por no mencionar el del niño), poco importa. El sueño de advertencia y su súbito recuerdo le permitieron tomar medidas eficaces de seguridad. Lo mismo vale para otro sueño mencionado por Louisa Rhine. Una muchacha que pasaba una temporada en el campo se disponía a pernoctar en la casa paterna de Nueva York a solas. La noche anterior soñó que, estando allí, despertaba con las manos de un hombre en torno a su cuello. Al día siguiente salió para Nueva York, pero cambió de idea y volvió a la casa de campo. «Al día siguiente, recibieron un aviso de la policía neoyorquina de que en la casa de la ciudad habían entrado ladrones esa noche, la misma donde la joven pensaba pernoctar.»

Aunque hubiera estado allí, no tenía por qué haberse despertado con las manos del ladrón en torno a su garganta; pero no era éste el punto importante para Louisa Rhine. Ella sostenía que el sueño pudo no ser premonitorio: la advertencia «pudo ser resultado de un conocimiento telepático sobre la intención de robar del delincuente». En muchos casos de sueños «de futuro» se presenta una posibilidad análoga: lo que se ve representa lo que habría de suceder en caso de que la intención se consumara. Pero, aun así, eso no es pertinente para la cuestión de si hemos de prestar más atención a lo que parecen comportar nuestros sueños como indicios parapsicológicos. El aspecto importante está en que por haber atendido a la advertencia había evitado la muchacha lo que casi con certeza hubiese sido una experiencia aterradora y hubiera podido acarrearle la muerte.

Aunque los sueños de este tipo recordados con mayor frecuencia son los que han preservado vidas, se registran también varios que han evitado otras consecuencias indeseables. Eleanor Sidgwick se mostraba escéptica acerca de la precognición; pero, en su examen de los casos enviados a la Sociedad de Investigación Psíquica hubo de admitir que uno, ya publicado antes en un periódico de Munich, resultaba «excepcionalmente bien atestiguado».

En 1886, una «señora K.» soñó con «el estallido de un incendio que se extendía con rapidez y cuya aterradora magnitud tenía sobre mí un efecto paralizador». Al despertar, lo primero que pensó fue que se hallaba en peligro su fianza guardada en la caja fuerte a prueba de incendios de una cervecería local. Cuando, tres noches después, se repitió el mismo sueño, trató de convencer a su marido de que tal peligro existía. Al comienzo él se negó a recoger esos ahorros, pero, tras varios días de insistencia, al final consintió, «menos a causa del sueño que para volver a recuperar la tranquilidad». La mujer se marchó al campo, donde nuevamente volvió a soñar.

> En vez de sentirme, como antes, aterrada por la conmocionante escena, me sobrevino un sentimiento de alivio, como por haberme librado de una gran calamidad, al haber salvado a tiempo la fianza. La mañana del 15, di a conocer a los que me rodeaban esa experiencia de mi sueño. Lamentablemente, la advertencia se cumplió; pues al día siguiente recibí de la cervecería un escrito en el que se me informaba de que la caja de seguridad había sido reducida a cenizas por un voraz incendio, que había estallado el 14 de septiembre. Según me enteré después, el edificio quedó totalmente destruido; la caja de seguridad estuvo expuesta al calor de las llamas durante treinta y seis horas, de modo que los documentos del propietario guardados en ella quedaron totalmente chamuscados. Esos sueños (como ya me había ocurrido en ocasiones anteriores) me salvaron de un gran infortunio.

No menos de cinco testigos dieron fe de la exactitud del relato de la señora K.: su marido, tres miembros de la familia, y el propietario de la cervecería, quien confirmó que las treinta y seis horas que el edificio estuvo ardiendo habían arruinado los papeles de la caja. Como señala la señora Sidwick, el aspecto de mayor interés era que la ansiedad por la fianza, si bien suscitada por el sueño, no aparecía en el sueño mismo; aunque pudo haber estado presente, y olvidarse posteriormente. «La simultaneidad entre el último sueño y el incendio» —hubo de admitir— era una coincidencia «que ciertamente suma gran peso a las razones para considerar supranormales esas experiencias en conjunto».

Algunos de los sueños premonitorios cuya información fue utilizada beneficiosamente se encuentran en la categoría de lo trivial, salvo para los soñadores mismos. Uno de los tres pardales que hacían las delicias de Eckermann, el entrañable amigo de Goethe, se le escapó volando y no pudo hallarlo, de modo que esa noche se fue a la cama inconsolable. Pero soñó que seguía buscándolo y lo encontraba en el techo de una casa del vecindario.

> Yo lo llamaba y él se acercaba, aleteando como para pedirme que le diera de comer, pero sin arriesgarse a lanzarse volando hacia abajo. Yo cruza-

ba corriendo nuestro jardín, entraba en mi habitación, y volvía con las semillas de colza humedecidas, su comida favorita, se la tendía, y él se posaba sobre la mano. Lleno de alegría, lo llevaba de regreso a mi habitación junto con los otros dos.

Al despertar, Eckermann acudió directamente al lugar que había visto en sueños, y allí estaba el ave. «Todo ocurrió como había visto en el sueño; lo llamé, se acercó, pero vaciló en volar hasta mi mano». Eckermann volvió a su casa por la comida, y el pardal voló hacia él.

En un programa de radio de 1937, la señora Edith Lyttleton —entre otras cosas, delegada británica ante la Liga de las Naciones— solicitó comunicaciones de casos en los que se hubieran cumplido los sueños; le llegó uno de una mujer, supervisora del departamento de envasado de chocolates en una fábrica, a cargo de treinta o cuarenta muchachas operarias. Una noche soñó que los chocolates resultaban «mezclados entre sí»; y a la mañana siguiente se sintió obligada a examinar la labor de una de las empaquetadoras. Encontró que la muchacha, por error, mezclaba las cremas baratas con los mejores rellenos; episodio que la operaria nos confirmó, recordando que la supervisora le había dicho que se había visto inducida a examinar su trabajo por un sueño que tuvo la noche anterior.

De los sueños de advertencia comunicados a la fundación, uno, procedente de una mujer, resulta más bien perturbador, además de insólito.

Una mañana desperté encontrándome, no en mi cama, en mi apartamento, sino en la casa de un colega. Aunque no había visitado nunca su apartamento, inmediatamente supe dónde estaba; pero no experimenté los sentimientos de sorpresa, horror o júbilo que podrían estar razonablemente asociados con un suceso así. Quizá deba puntualizar que capté la situación debido al tacto más que a la vista, pues no había abierto aún los ojos.

A los pocos segundos comprendió que había sido un sueño. En realidad, se encontraba en su propia cama.

Me sentí muy azorada por la experiencia, pues, estaba por entonces muy enamorada de otro hombre, nunca había tenido fantasías, especulaciones, ni siquiera ideas pasajeras de este tipo respecto a él. De haberlas tenido, no habría pensado conscientemente en acostarme con ninguno.

«Con todo, él resultaba divertido, no de mal parecer, con cinco años más que yo, y soltero». No era un candidato prohibido. De hecho, ambos debían concurrir esa tarde a la misma universidad, para cumplir sus tareas profesionales.

> En el curso de la tarde, me invitó a que le acompañara al café local, y pronto, para abreviar la historia, me encontré en lo que podríamos llamar una situación galante. Me sentí terriblemente sorprendida, pero, con mi experiencia matinal aún fresca en la mente, me las arreglé para cortarla allí mismo. De no haber estado prevenida, tengo una razonable certeza de que la combinación de una circunstancia imprevista, la vanidad halagada y el sentimiento de soledad (era mi primer trabajo, y en el otro extremo del lugar donde estaban mi casa y mi amigo) me hubiesen llevado a que acabara por encontrarme donde esa mañana había creído.

Hasta aquí, la cosa es frívola. Pero la señora C., quincuagenaria y madre de tres hijos en la época en que lo relata, señala que en 1956, de no haber sido por una advertencia onírica, podrían haberse realizado una serie de posibilidades indeseables: en ausencia —como hubiese sido el caso— de medios anticonceptivos, un eventual embarazo habría llevado a un matrimonio de emergencia que ninguno de los dos hubiera querido (él tenía su propia amiga), o bien a una situación de madre soltera, con pérdida del trabajo o entrega del niño en adopción; o con un aborto provocado (aunque ella no lo menciona, quizá porque hubiese rechazado tal idea). Aclara la señora que nunca había contado a nadie esa experiencia, e insiste en que, aunque había tenido a menudo vívidos sueños en duermevela matinal, «nunca fueron como ése».

## *Advertencias desatendidas*

Por cada advertencia onírica presumiblemente premonitoria de la que se ha hecho caso, debe haber decenas que no han sido atendidas. En la mayoría de éstas, probablemente, los soñadores se sintieron luego aliviados de no haber tomado medida alguna, ya que no hubo consecuencias que lamentar. Pero, en algunos casos notorios, sí se produjeron tales consecuencias. Debido a alguna advertencia se han podido prevenir catástrofes que hubieran provocado terribles efectos.

Pero en algunos resulta difícil dudar de que, si se hubiera obrado en consonancia, el curso de los acontecimientos —y hasta, ocasionalmente, el de la historia— pudiera haberse alterado.

El 28 de junio de 1914, monseñor de Lanyi, obispo de Grosswardin, Hungría, tuvo una pesadilla. Como profesor de húngaro en Viena, había sido durante una temporada tutor del archiduque Franz Ferdinand. En un sueño, relató el obispo,

> me había encaminado a mi despacho para examinar mi correspondencia. Sobre el escritorio había una carta con bordes negros y sellada con el blasón del Archiduque. Inmediatamente reconocí su letra. Abrí la carta y encima de ella noté una pintura celeste, como las que se ven en las postales, donde aparecían una calle y un pasaje estrecho. Sus Altezas estaban sentados en un automóvil; frente a ellos había un general, y un oficial junto al conductor. A ambos lados de la calle se agolpaba la multitud. Dos jóvenes irrumpían súbitamente y disparaban contra Sus Altezas. El texto de la carta del sueño era, literalmente, así: «Querido doctor Lanyi: le informo por ésta de que hoy mi esposa y yo caeremos víctimas de un asesinato. Nos encomendamos a sus piadosas oraciones. Los más cordiales saludos de su: Archiduque Franz. Sarajevo, 28 de junio, a las 2 y 24 de la mañana».

Aterrado y lloroso, de Lanyi fue a su escritorio, anotó la hora y registró el sueño.

> Inclusive copié algo del escrito del Archiduque tal como lo había visto en el sueño. Mi criado entró en el estudio a las 5 y 45 de la mañana y notó que me encontraba muy pálido rezando el rosario. Me preguntó si me sentía enfermo. Yo le dije: «Por favor, llame a mi madre y a nuestro huésped. Quiero decir misa por Sus Altezas, pues he tenido un sueño horrible». Luego fui con ellos a nuestra capilla. Pasé el día temblando, hasta que a las tres y treinta de la mañana un telegrama nos trajo la noticia del asesinato.

De Lanyi no se limitó a escribir el relato; trazó un dibujo de lo que había presenciado en su sueño y se lo mostró ese día a dos testigos; y también envió el relato a su hermano Eduardo, un jesuita. Un periodista del *Wiener Reichspost*, que se enteró del sueño, decidió verificar la historia, y encontró que el dibujo del obispo se asemejaba notablemente a los que aparecían en los periódicos como imagen de la escena del crimen. Un conocido editor, Bruno Grabinsky, recibió también la confirmación del jesuita hermano del obispo. Como señala Medard Boss en su relación del episodio, podría objetarse que la idea del asesinato estaba entonces en el aire. Pero ello no puede dar cuenta de la índole pormenorizada del sueño: «al fin y al cabo, hay infinitas maneras en que pudo cometerse el asesinato; por ejemplo, en el camino a Sarajevo, en los umbrales del palacio municipal, por tres individuos en vez de cinco, con una sola víctima en vez de dos, etc.»

El 2 de octubre de 1975, «una simple ama de casa», según se describió a sí misma, envió una carta a la primera ministro de Israel, Golda Meir. Días antes, mientras meditaba, se había dormido, y tuvo un sueño, que le perturbó tanto que, después de consultar con sus amistades, decidió finalmente transmitir:

> «Estimada señora Meir:
>
> Lamento molestarla con esta carta, pero creo que es usted la única en condiciones de apreciar si es importante o no para su país. Mientras me encontraba meditando, un árabe se deslizaba en mi visión. Yo me sorprendía tanto, que le vigilaba, porque actuaba de un modo furtivo y solapado. Estaba en una caverna, a la cual había llegado en un bote pequeño. Trepaba cuidadosamente por la pared de la caverna, hasta llegar a un recodo, y desde allí espiaba en torno suyo. Cuando se cercioraba de que el lugar estaba libre, se volvía y hacía señas tras de sí en la oscuridad.
>
> Entonces otro árabe en un bote, el mismo bote en el que el primer hombre había venido, llegaba hasta el borde del agua. Salía cautelosamente y después, por medio de un dispositivo que tiraba de la cuerda, devolvía el bote a la corriente. La cuerda estaba marcada de manera que el bote se detuviera en el lugar preciso.»

En la visión, explicaba la corresponsal, ella tenía la impresión de que el bote contenía una bomba atómica, y que la veía estallar: «la colina entera explotaba». Nunca había estado en Israel, pero en la continuación del sueño parecía hallarse entre los soldados israelíes en un lugar donde había un gran lago tierra adentro, con el mediterráneo al oeste.

> «Yo sabía que éste era el lugar donde los árabes habían subido al bote. Mientras me hallaba sobre el parapeto con la patrulla de soldados oía decir: los altos del Golán.

Usted sabrá, o podrá averiguar, si tal zona existe. De ser así, siento que debería usted hacerla vigilar bien.

He utilizado simplemente un vínculo para que esta información llegara hasta mí desde un alto nivel de vibración, y le he comunicado a usted todo lo que he recibido. Espero que le resulte de alguna utilidad.

Le escribe una simple ama de casa inglesa.

Mrs. Tanya Forest (seudónimo).»

Cuando llegó la carta, unas dos semanas después, la guerra había comenzado. El 6 de octubre las fuerzas egipcias habían cruzado el canal de Suez en embarcaciones ligeras y se habían establecido en la orilla este, mientras las tropas sirias irrumpían entre las líneas israelíes de Golán.

Al evaluar este caso en el boletín de la Sociedad de Investigación Psíquica, el parapsicólogo israelí Gilad Livnéh señala que no hay duda de que la carta fue escrita y enviada antes del ataque, y que era extremadamente improbable la posesión por la corresponsal de ninguna información reservada que le hubiese impulsado a escribirla. Algunos de los detalles, si no todos, resultan notablemente exactos. Livnéh admite cautamente que no puede descartarse la coincidencia por azar, pero que «la percepción específica de un ataque árabe contra Israel, la proximidad temporal entre la experiencia de la perceptora y lo inesperado de la guerra, son fuertes indicios de precognición como explicación pausible».

Según Livnéh, cuando llegó la carta, el 25 de octubre, Golda Meir quedó «estupefacta». Preguntó a su secretario: «Si hubiese usted recibido esta carta el 2 de octubre, ¿qué habría hecho?». El secretario respondió: «La habría desechado», y añadió: «Pero no le pondré a usted en el mismo apuro, y me abstendré de preguntarle qué habría hecho usted misma». Cualquiera que sea lo que Golda Meir hubiera hecho, no cabe prácticamente duda de que, si la carta hubiese sido recibida el día después de enviada y si los comandantes israelíes hubiesen estado al tanto de que se anunciaba un inminente ataque, las fuerzas dirigentes podrían haberse manejado de manera mucho más expeditiva de como lo hicieron; pues, en realidad, el ataque llegó en un momento en que la inteligencia militar aseguraba al gobierno que las posibilidades de una guerra estaban «por debajo de lo bajo».

A veces, después de los sueños de advertencia no se tomaron medidas porque los soñadores captaron demasiado tarde el significado de lo que habían visto. El barón von Hellembach, el escritor húngaro cuyas obras científicas y filosóficas gozaron de tanta estima un siglo atrás, se sintió mortificado al comprender que pudo haber intervenido en caso de haber captado lo que importaba en el sueño que tuvo. Había contado a M. Hauer, director de minas y jefe del departamento de química del Instituto Geológico de Viena, que llevaba mucho tiempo realizando ciertas investigaciones sobre cristalografía y quería tratarlas con él, ya que Hauer era un experto internacional en ese tema.

> Siempre había postergado mi visita, pero finalmente decidí efectuarla a la mañana siguiente. Esa misma noche soñé que veía a un hombre, pálido y tembloroso, sostenido de los brazos por otros dos. No presté atención al sueño, y acudí al Instituto; pero, como el laboratorio se encontraba en un lugar diferente del que ocupaba unos años atrás, me equivoqué de puerta y, al encontrar cerrada con llave la nueva puerta de entrada, miré por una ventana y vi exactamente la escena que mi sueño me había mostrado: dos hombres sostenían a Hauer, que acaba de envenenarse con cianuro de potasio; le conducían hasta el vestíbulo, tal como yo había soñado.

El escritor y autor teatral belga Maurice Maeterlinck, ganador del premio Nobel de Literatura de 1911, tuvo una experiencia bastante similar, aunque menos perturbadora, que relata en *La vie de l'escape* (1928). Durante un sueño,

> cuando me hallaba en Bélgica y pensaba alcanzar Gantes por un atajo, llegaba a un pueblo que no reconocía. Un joven, de pie a la puerta de una iglesia, me informaba amablemente de que me encontraba en Brujas. Yo deseaba entrar en la iglesia pero, no sé por qué, él me lo vedaba estrictamente. Conversábamos, y me decía que era el hijo de uno de mis amigos de la infancia. Como en los últimos veinte años yo había tratado a este amigo rara vez, nunca había visto a su hijo. En seguida, desde dentro de la iglesia salía a toda velocidad una especie de tranvía, al cual subía el joven. El vehículo salía como con un salto de canguro, tomaba el ángulo de la esquina a toda velocidad, y volcaba. La mayoría de los pasajeros resultaban heridos, el hijo de mi amigo entre ellos.

Cerca de un mes más tarde, Maeterlinck se encontró con aquel amigo de infancia:

> Me contó que su hijo, a quien en realidad yo había conocido pequeñuelo, había sufrido hacía tres semanas un accidente: su coche, conducido

por él mismo, había volcado en una esquina. Además de una herida en la cabeza y fuertes traumatismos, tenía fracturado el radio y el cúbito derechos. Aún no estaba recobrado del todo, pero sanaría bien. En ese momento no establecí ninguna relación entre el accidente y aquel sueño, que tenía enteramente olvidado. Sólo al volver a casa comenzó a surgir en mi mente un vago recuerdo. Abrí mi librillo de notas y, en respuesta a una carta que le envié, mi amigo me informó de que el suceso había ocurrido dos días después de mi sueño.

Una corresponsal que vive en Dyfeld, Gales, comunicó a la Fundación que cierta vez soñó que se hallaba en un puerto del Canal de la Mancha; salía de paseo por la tarde y, al regresar, no recordaba el camino al hotel donde se alojaba. Sin poder recordar el nombre del hotel ni siquiera el de la calle, «pasaba casi toda la noche yendo y viniendo frenéticamente por calles laterales a través de la ciudad, tratando de encontrarlo y sintiéndome cada vez más exhausta, inquieta y desesperada, porque había dejado en el hotel a alguien que yo sabía estaría muy preocupado al ver que no regresaba».

Varias semanas más tarde llegó a casa su hijo, y le contó que había estado un fin de semana en Francia con un amigo, la amiga de éste y el hijo pequeñito de ambos; los dos amigos no lo habían pasado bien.

Y empezó a contarme exactamente lo que había ocurrido en mi sueño. Le dije que no me contara más, pues ya lo sabía todo, y se lo conté yo.

Era exactamente como lo había soñado. Por la tarde, él y su amigo habían salido a tomar una copa, dejando en el hotel a la muchacha con el niño. No recordaban el nombre ni la calle del hotel, y habían pasado la mitad de la noche buscándolo, exhaustos y preocupados.

La comunicante no había tenido nunca un sueño de esta índole; «y lo más desconcertante es que tuve ese sueño dos o tres semanas antes del hecho».

Sin duda, muchos de los que tienen sueños premonitorios callan por temor a que la gente se mofe de ellos, en especial si la advertencia resulta infundada. Así ocurrió en el caso de John Williams, empresario de minas de estaño en Cornwall.

El primero o el dos de mayo de 1812 soñé que me hallaba en el vestíbulo de la Cámara de los Comunes (lugar bien conocido para mí). Entraba un hombrecillo vestido de chaqueta azul y chaleco blanco; e inmediatamente percibía yo a un individuo, al cual había observado desde mi entrada allí, vestido con un abrigo color tabaco y con botones de metal, extraer de su abrigo una pistola y entregársela al hombrecillo antes mencionado. Este descargaba el arma, y la bala entraba bajo el pecho izquierdo de la persona a quien iba dirigido el disparo. Yo veía brotar la sangre del lugar donde había entrado la bala, y alterarse al instante la fisonomía de la víctima en su caída al suelo. Al indagar quién era el herido, me informaban que el canciller. Comprendía que se trataba del señor Perceval, canciller del Tesoro.

(Perceval era además primer ministro). Cuando Williams despertó, contó a su mujer lo que había visto: ella le dijo que «no era más que un sueño» y le aconsejó que volviera a dormirse; así lo hizo el marido, pero tuvo el mismo sueño. Nuevamente se lo relató a la mujer, quien le instó a quitárselo de la cabeza.

Cuando me dormí por tercera vez, el mismo sueño se repitió sin alteración alguna, y, como en las dos ocasiones anteriores, desperté muy agitado. Tanta era mi impresión y alarma por las circunstancias relatadas, que estuve dudando sobre si era o no mi deber viajar a Londres y conversar acerca del asunto con el principal interesado en el hecho. Consulté con algunos amigos que encontré al día siguiente por asuntos de negocios en la mina de Godophin. Después de narrarles los detalles del sueño y cuál era mi sentir al respecto, me disuadieron de mi propósito, diciendo que podría exponerme a burlas y vejámenes o a que me tomaran por un fanático. Entonces, no dije nada más.

Spencer Perceval fue asesinado el 11 de mayo en el vestíbulo de la Cámara de los Comunes.

Pronto tuve que ir a Londres por negocios, y en una tienda de grabados vi uno en venta que representaba el lugar y las circunstancias de la muerte de Perceval. Lo adquirí, y, examinándolo cuidadosamente, encontré que coincidía en todos los pormenores con la escena que había pasado por mi imaginación en forma de sueño. Los colores de las vestimentas, los botones del asesino, el chaleco blanco de Perceval, la mancha de sangre sobre él, las fisonomías y actitudes de los personajes presentes, eran exactamente como yo lo había soñado.

Williams no escribió su relato hasta veinte años más tarde; cuando, según creyó, era deseable poner las cosas en su sitio, pues habían estado circulando diferentes versiones. Pero se lo había contado en el mismo momento a mucha gente, la cual atestiguó que conocía su sueño y su problema antes de que llegaran las noticias del crimen.

Uno de los casos más tristes relatados por Louisa Rhine es la historia de una mujer que en una pesadilla había visto un avión estrellarse sobre el tejado de una cabaña junto a un lago, a la que reconoció situada a escasa distancia del lugar donde residía. Tan segura estaba de que se cumpliría el sueño, que empezó a sentirse obligada a enviar una advertencia a la brigada local de bomberos. Tenía la fuerte impresión de que, si no lo hacía, el coche de bomberos equivocaría el rumbo y llegaría demasiado tarde al lugar del accidente.

Esa noche, mientras preparaba la cena, oyó volar un avión sobre la casa, y gritó a su marido que iba a estrellarse. Y agregó: «Trata de detener a los bomberos antes de que tomen la carretera del canal. ¡Tienen que tomar el camino de adentro, y no lo saben!» Escuchando el sonido de los motores, el marido le aseguró que todo era normal. No lo era; segundos después se estrellaba el avión. Los bomberos llegaron demasiado tarde para salvar al piloto, que pereció quemado. «Durante semanas me sentí hecha una ruina —confió la mujer a Louisa Rhine—, cavilando sobre cómo habría podido evitarlo».

A veces, quienes se sienten demasiado embarazados para tomar medidas preventivas son las personas a quienes se ha formulado una advertencia así; sea porque no creen en los avisos oníricos, sea porque no quisieran exponerse a que se rían de ellos por supersticiosos. En 1844, la armada estadounidense botó un barco de guerra, el «Princenton», con el cañón más poderoso que hasta entonces se había construido, llamado el «Peacemaker». Para celebrarlo, se invitó a una excursión en el barco al presidente Tyler, senadores, y congresistas con sus respectivas esposas, a fin de que asistieran a una demostración del poder de fuego. Tyler, viudo, invitó a su prometida, Julia Gardiner, junto con el padre de ésta, un ex senador del estado de Nueva York. La noche previa a la excursión, Julia tuvo un sueño, donde se veía de pie en la cubierta de un barco que nunca había visto antes, cuando dos caballos venían en su dirección, montados por esqueletos; uno de estos jinetes, al volverse hacia ella, mostró tener el rostro de su padre. Julia declinó entonces la invitación y pidió al padre que hiciera lo mismo, pero éste se rió de sus temores.

La esposa del secretario de la Armada, Thomas Gilmer, tuvo también esa noche un sueño de muerte. Por eso pidió a su marido, cuando estaba ya a bordo del navío, que renunciara a salir en él; pero el marido se negó a desembarcar.

Nathaniel Tallmadge, gobernador de Wisconsin, figuraba entre los invitados. Después de que el «Peacemaker» hubiera disparado tres veces, Tallmadge se sintió de pronto aterrado y, en vez de permanecer en las cercanías del cañón, bajó a la sala donde estaban reunidas las mujeres. Apenas llegaba, se oyó una violenta explosión: al disparar por cuarta vez, el cañón había estallado, dando muerte a Gilmer y al padre de Julia.

En varios casos en que un sueño presagiaba muerte o algún peligro para el soñador o para otro, la imagen transmitida no fue suficientemente clara para poder prevenir el suceso. El sueño de Calpurnia la noche previa a la muerte de César parece haber pertenecido a esta categoría; lo mismo que el sueño de Abraham Lincoln pocos días antes de caer asesinado. Según relató a su amigo Ward Lamon, se había recogido, presa de gran cansancio:

> Pronto comencé a soñar. En torno mío parecía haber una tranquilidad de muerte. Entonces oía apagados sollozos, como si muchas personas estuvieran llorando. Creí que dejaba mi lecho y bajaba las escaleras. Allí el mismo lastimoso rumor sollozante rompía el silencio, pero los que plañían no eran visibles. Anduve de estancia en estancia; ni un solo ser vivo se hallaba a la vista, pero mientras pasaba oía los mismos sonidos de lamento y dolor. Todas las habitaciones estaban iluminadas; cada objeto me era familiar; pero ¿dónde estaba toda la gente que hacía duelo como si se les rompiera el corazón? Me sentía perplejo y alarmado: ¿qué podría significar todo aquello? Resuelto a descubrir la causa de un estado de cosas tan misterioso y chocante, seguí andando hasta llegar a la Sala Este, y entré en ella. Allí me encontré con una morbosa sorpresa. Ante mí había un catafalco, sobre el cual reposaba un cadáver envuelto en un atuendo fúnebre. En torno había soldados como montando guardia; y una multitud de personas, unas contemplando el cuerpo con dolor, otras en lastimero llanto. «¿Quién ha muerto en la Casa Blanca?», preguntaba yo a uno de los soldados. Y él me respondía: «El Presidente. Le ha matado un asesino». La multitud estallaba entonces en un clamor de duelo, que me despertó. No dormí más esa noche; y, aunque no era sino un sueño, me he sentido extrañamente preocupado desde ese momento.

La esposa del Presidente le dijo que, aunque ella no creía en esas cosas, hubiese preferido que no le contara el sueño. «No hablemos más de él», repuso Lincoln.

En uno de los casos investigados en la primera época de la Sociedad de

Investigación Psíquica, una advertencia, de haber sido más explícita, podría haber evitado un crimen. El relato fue escrito en detalle para el investigador, Frank Podmore, por el propio soñador, Frederick Lane. Lane había sido el suplente del actor William Terriss, por entonces una de las estrellas del West End.

> Hacia la madrugada del 16 de diciembre de 1897 soñé que veía al difunto Terriss tumbado, en estado de delirio o de inconsciencia, sobre las escaleras que llevan a los camerinos del teatro «Adelphi». Estaba rodeado por gente del personal del teatro, entre otros la señorita Millward y uno de los tramoyistas que atendían el telón, a los cuales volví a ver unas horas después, en la escena de la muerte. Terriss tenía las ropas arrancadas a la altura del pecho, que aparecía desnudo. Todos los que estaban en torno a él trataban de hacer algo por auxiliarle.

El sueño, explicaba Lane, «era como un cuadro teatral ante el cual hubiera de levantarse y caer el telón». Soñó después que «esa velada no abríamos el teatro Adelphi».

Lane debía acudir ese día al teatro para realizar un ensayo, y contó el sueño a algunos de sus colegas. Por la tarde, Terriss y otro miembro del reparto, J. H. Graves, entraban en el teatro por la puerta de Maiden Lane, cuando un actor que guardaba rencor a Terriss por una causa puramente imaginaria y se hallaba trastornado, salió corriendo y le apuñaló. Graves logró coger al hombre y llamar a un policía, que le condujo a la estación de policía de Bow Street; cuando volvió, según hubo de declarar ante el magistrado durante el juicio, «encontró al señor Terriss tendido al pie de la escalera, a pocos pasos de la puerta», en estado de delirio; tal como Lane le había visto en su sueño. Podmore verificó el relato entrevistando a miembros del reparto, quienes confirmaron la narración de Lane. No hay indicio de que éste experimentara embarazo alguno por no haber advertido a Terriss o algún otro. Parece haber contado el sueño a sus colegas como una simple curiosidad.

En otros casos es difícil decir qué podría haberse hecho aun si tanto el soñador como el individuo objeto de peligro en el sueño hubiesen estado dispuestos a tomar seriamente en cuenta la advertencia.

En 1937, el profesor W. H. Tenhaeff, de la universidad de Utrecht —primer catedrático europeo de parapsicología— recibió un informe de un colega médico sobre una paciente que tenía sueños poco comunes. Al entrevistarse, la mujer dijo a Tenhaeff que le mantendría al tanto de sus sueños; y pocos días después, el 27 de noviembre, le relató uno en que todo aparecía tan claro que ella no podía apartarlo de sus mente:

> Veía un tren que avanzaba, y una larga autopista, y pastizales. Tras un portón situado a la izquierda estaba parado un camión. Un coche viene a terrible velocidad tratando de cruzar en el último momento pero, al hacerlo, le estalla un neumático, y se estrella a toda velocidad contra el portón y el camión que está detrás. El conductor moría inmediatamente. Mientras estaba allí tendido, yo le veía la cara: era el prícipe Bernardo.

Dos días después de recibida la carta, Tenhaeff oyó por radio que el príncipe Bernardo había sufrido un accidente. Había sido en un tramo de carretera paralelo al ferrocarril, próximo a un portón que daba a un prado. En la proximidad, unos camiones cargaban arena, y el auto del Príncipe había chocado contra uno de ellos. No había paso a nivel ni neumático reventado y, aunque el Príncipe había sido despedido sobre la carretera, sobrevivió. Para la pauta de los «sueños tipo Dunne», éste estaba bastante próximo a la realidad. Pero, aunque el Príncipe hubiese tenido noticia del sueño, pocas habrían sido sin duda las probabilidades de que reconociera la escena donde el destino dispuso el suceso.

Parecen poco numerosos los casos en los que un sueño haya señalado clara y determinadamente un curso de acción que, al no adoptarse, condujera a resultados fatales; pero existe uno «muy famoso», según Cicerón, que en su ensayo sobre la adivinación lo relata de este modo:

> Dos íntimos amigos, ambos de Arcadia, viajaban juntos y llegaron a Mégara; uno se dirigió a la posada, el otro a casa de un amigo. Retirados a descansar después de la cena, el que había sido hospedado, a hora aún temprana de la noche, vio en sueños al otro que le imploraba auxilio, porque el posadero se disponía a matarle. Aterrado por este primer sueño, se levantó; luego, al recobrarse, considerando que no había nada de peculiar en ello, volvió a acostarse; entonces, mientras dormía, volvió a ver al otro, que le rogaba, ya que no le había auxiliado en vida, no permitiese que su muerte quedara impune: el posadero, después de matarle, le había arrojado sobre una carreta y cubierto de estiércol; y pedía a su amigo que por la mañana estuviese a la puerta de la ciudad, antes de que la carreta saliera por ella.

Perturbado por este sueño, el amigo se levantó, acudió a las puertas y, al ver a un boyero conduciendo una carreta, le preguntó qué transportaba.

> El hombre salió huyendo aterrado, se extrajo el cadáver, y, una vez revelado el crimen, el posadero fue condenado.

Son bastante comunes los casos en que netos sueños premonitorios fueron ignorados, con consecuencias infortunadas, aunque menos letales. Maeterlinck relata uno, muy similar al de Schopenhauer:

> Soñé que sobre una mesilla de tres patas, en un rincón del tocador, había una botella con peróxido de hidrógeno. Una de las patas del mueble estaba sobre una alfombra color beige, y las otras dos sobre el suelo, de baldosas provenzales. Al pasar, un movimiento torpe de mi rodilla empujaba la mesita; la botella caía, rodaba y chocaba sobre las baldosas, contra las cuales se rompía. El peróxido de hidrógeno se extendía sobre la alfombra, que empezaba a humear como si se hubiese incendiado. Confuso e incapaz de movimiento alguno, miraba la destrucción de mi alfombra sin tratar de hacer nada por salvarla.

Al despertar, Maeterlinck anotó, interesado, el sueño, pero no lo consideró importante. En todo caso, cuando miró, no encontró ninguna botella sobre la mesita, cuya pata estaba, por lo demás, apoyada en una alfombra roja, no beige.

> Tres días más tarde, ya mi sueño estaba por completo olvidado, compré una pinta de ácido sulfúrico, que necesitaba para mis acumuladores, y dejé el recipiente sobre la mesilla. Pocas horas después tropecé con ella; la botellita rodó, cayó y se quebró. La alfombra quedó muy húmeda y comenzó a humear copiosamente; sólo entonces recordé el sueño que había tenido tres días antes. Se notarán dos errores de detalle: la alfombra beige, que estaba en realidad en la habitación contigua y había asumido el lugar de la roja, y la pinta de ácido sulfúrico, que había sido sustituida por el peróxido de hidrógeno, al derramarse sobre la alfombra, no habría producido vapores ni humo. La realidad química había triunfado sobre la fantasía del sueño.

Que la desatención a las advertencias oníricas puede ser embarazosa tanto como cara, lo mostró el caso del jockey campeón Willy Shoemaker. Ralph Lowe, el dueño del caballo que Shoemaker debía cabalgar en el Derby de Kentucky de 1957, soñó que hacia el término de la carrera el jinete «estaba de pie y erraba la distancia final». Le contó el sueño a Shoemaker antes de que se iniciara la competición. Shoemaker le aseguró que no ocurriría tal cosa; pero ocurrió.

Uno de los casos comunicados a la Fundación presenta una curiosa semejanza con el del sueño del arzobispo Beavan, pero, al contrario de este último caso, la advertencia fue desatendida, aunque con resultados sólo medianamente embarazosos. En 1975, o alrededor de ese año, había de realizarse un servicio civil en la iglesia de San Bernabé, de Bath, y se solicitó al director de la vecina escuela de Suthdown, F. Bennett, que se encargara de una de las lecturas. El día anterior, ensayó varias veces las lecturas del pasaje.

> Esa noche tuve un sueño. Estaba en el servicio religioso y subía al púlpito, y miraba la Biblia, que habían abierto para que leyera. Miré por segunda vez, con cierta alarma. No pude encontrar el comienzo del pasaje. Los versículos, en vez de presentarse claramente diferenciados, como suelen estar en las Biblias, aparecían confusos, en línea continua. Al recorrer la página con la vista, tampoco lograba ver dónde terminaba mi parte.
>
> Sin embargo, al cabo de unos segundos, encontraba el lugar, y comenzaba. Pero la confusión no terminaba allí. Mientras leía, encontraba muy extrañas las palabras, muy diferentes de las que yo había preparado, aunque el sentido era el mismo en lo esencial. Con cierto alivio, reconocí el lugar donde debía detenerme y terminar la lectura.

A la mañana siguiente, en la mesa del desayuno, contó el sueño a su mujer y al resto de la familia (no sin cierto ánimo risueño). Marcharon a la iglesia y ocuparon sus lugares. Se acercó el sacristán, preguntó si todo estaba en orden, y dijo que abriría la Biblia en el lugar indicado. Cuando llegó el momento, Bennett subió al púlpito.

> Siguió una larga pausa (mi mujer, después, me dijo que ella «sabía» lo que había pasado). Miré, y, como en el sueño, no logré encontrar el comienzo del pasaje. En esa edición de la Biblia, los versículos estaban escritos en línea continua y resultaba difícil identificar el primero que debía leer. Tampoco podía ver con claridad el final del pasaje. Y, como en el sueño, aunque el sentido era el mismo, las palabras eran diferentes.

Bennett había preparado la lectura valiéndose de la Versión Autorizada; el libro que estaba sobre el atril era la Nueva Biblia Inglesa.

En otro de los casos comunicados a la Fundación, una advertencia onírica desatendida se cumplió, pero sin consecuencias ingratas. Mary Collis, de Honiton, Devon, debía examinarse en la Academia de Música de Londres. Soñó que había estudiado una pieza musical que no correspondía; pero tanto su madre como su maestra rieron cuando les contó el sueño, y dijeron que eso era imposible en la realidad. Después de haber terminado la prueba, el examinador le dijo que no era la pieza que debía tocar, pero que su ejecución había sido tan excelente, que no diría nada sobre el asunto. De modo que la muchacha ganó la codiciada medalla de bronce.

Así pues, los sueños de advertencia presentan a menudo problemas. ¿Nos podemos fiar del mensaje? En tal caso, ¿da pie a un curso de acción, y a cuál? El hecho significativo, empero, es que tales advertencias aparecen ocasionalmente; y la experiencia ha demostrado que vale la pena tomarlas en serio cuando existe la posibilidad que resulta potencialmente una valiosa —y a veces invalorable— ventaja para el ser humano.

## *Deleite de jugadores*

Lo que continúa siendo enigmático es la relativa escasez de comunicaciones acerca de sueños premonitorios realmente útiles en el sentido de que ayuden para la vida, a diferencia de los que son sólo preservadores de ella. Se trata de sueños como el que fue comunicado a Maurizio Macario y estudiado por él, cuyo libro *Du sommeil, des revês et du somnambulisme* fue publicado en 1857. Angèle Bobin, hija de un panadero, se crió en la pequeña ciudad de Charité-sur-Loire, en el departamento de Nièvre. De gracia y belleza encantadoras, había varios aspirantes a su mano, entre ellos uno muy favorecido por los padres de la muchacha a causa de su riqueza. Ella se resistía porque, según dijo insistentemente, no podía amarle. Los padres, empero, siguieron acosándola para que aceptara, hasta que, exasperada, acudió a la iglesia, se postró ante la imagen de la Virgen y oró fervorosamente por recibir una guía en la elección de esposo.

Su plegaria fue atendida la siguiente noche. Soñó que veía ante sí a un joven en ropas de viaje, con un gran sombrero de paja; y una voz interior decía a la soñadora que ése había de ser su marido. Aún reciente su sueño, y confiada en la protección de la Virgen, la muchacha se enfrentó a sus padres y les dijo firme, aunque respetuosamente, que al final había decidido no casarse con el hombre que ellos le habían elegido.

«Algún tiempo después, hallándose en un baile de la ciudad, ¡cuál no fue su sorpresa al encontrarse con el joven viajero que se le había aparecido en sueños! Al verle, le palpitó fuertemente el corazón y el rubor le encendió las mejillas.» Cosa extraña, el joven, al verla, experimentó igual emoción. Poco después se casaron.

Intrigado por la historia, Macario le siguió la pista y encontró al joven, Émile de la Bedollière, jefe de redacción del diario *Le Siècle*. Cuando le pidió que confirmara el relato —que luego aparecería en el libro de Macario—, aquél le escribió que era «de la más perfecta exactitud».

Por raro que estos casos sean, hay una excepción: los sueños que han permitido a los soñadores, y a veces a sus amigos, ganar dinero en apuestas. Los escépticos señalan con razón que cada vez que se lleva a cabo una carrera importante hay historias de haber soñado con los ganadores; tal vez soñar con perdedores sea mucho más frecuente, pero tales sueños no se recuerdan. También cuando lo soñado es meramente un nombre o un número, que luego resultan ganadores, es razonable atribuirlo al mero azar. Pero, una vez más, en algunos de tales casos, la exactitud de los detalles refuerza la probabilidad de la precognición. Flammarion citaba como ejemplo la experiencia que el cirujano francés barón Larrey —«tan distinguido hombre de mundo como honesto intelectual»— le había contado:

> En una sola noche soñó cuatro números de lotería, y a la mañana siguiente, como le urgía comenzar sus visitas profesionales, pidió a la señora Larrey que apostara a ellos en su lugar. Pero cuál no fue su fastidio cuando, al volver a casa, se enteró de que los números habían obtenido premio pero habían olvidado su encargo.
>
> Es imposible atribuir la coincidencia al azar; el jugador tenía 2.555.189 probabilidades en contra.
>
> Un número, sí; tal vez dos; pero ¡cuatro! Hoy sabemos que es posible ver el futuro.

En sus *Moments of Knowing* (1970), Ann Brigde recuerda algunos sueños que el diplomático Douglas Jerram contó a su marido, y que aquél anotó. Siendo embajador en Estocolmo, Jerram había mantenido relaciones de amistad con el rey de Suecia.

> Las carreras suecas se efectuaban generalmente los domingos; y un sába-

do por la noche Jerram tuvo el vívido sueño de estar presente en una; se hallaba ansioso de realizar sus apuestas, pero la multitud le impedía aproximarse a la máquina apostadora. En el momento en que se volvía, encontraba al anciano Rey, apretujado entre la multitud junto a él. Ambos trepaban juntos por unas barandas de hierro y lograban alcanzar la casilla donde se apostaba. Jerram no sabía nada sobre los caballos que corrían, pero el Rey le decía: «Apueste su dinero a «Mandalay»; no es un favorito, pero estoy seguro de que va a ganar».

Al día siguiente, Jerram acudió a las carreras, donde, como de costumbre, se acomodó en la tribuna reservada a los diplomáticos.

Mirando por encima del hombro del que tenía delante, recibió la conmoción de leer en el diario que éste hojeaba, en un gran titular: «Muerte del Rey».

Jerram comprendió que debía retirarse al instante, pero se cercioró de lo deprisa que corría un caballo con pocas probabilidades, llamado, no «Mandalay», sino «Manderley». Puso todo el dinero que llevaba consigo —cerca de cien libras— en manos de un íntimo amigo, con urgentes instrucciones de que le apostara todo a ese caballo. Luego dejó el hipódromo para realizar la visita de condolencia a sus colegas suecos y organizar un funeral en la iglesia inglesa local. «Manderley» ganó y Jerram se hizo con cerca de mil libras.

Los sueños han permitido a veces ganar a jugadores de casino. Cierta vez, recuerda Osbert Sitwell en *Left hand, right hand*, oyó en sueños una voz que le decía: «Apuesta al 15 cuando el reloj del Casino dé esa hora.» Apostó al 15 todo el dinero que llevaba, y ganó. Sitwell tuvo también otros sueños de futuro, «no tan agradables», pero no los dio a conocer.

Aún más notable es el relato que el célebre jurista estadounidense Loomis C. Johnson presentó para la colección de Megroz (1939). Estando en St. Louis durante la primera guerra mundial, Johnson tenía la costumbre de jugar al póker con sus colegas los sábados por la noche. Un miércoles soñó que estaba en la partida del sábado siguiente.

Estábamos en pleno juego y yo venía perdiendo toda la noche. Finalmente, en una vuelta, recogí mi mano y encontré que tenía tres reyes, una sota y un as. Naturalmente, abrí el «pozo». Y, siempre en mi sueño, las apues-

> tan fueron vivas. Llegó el momento de abrir juego. Me descarté del as (pues soy supersticioso acerca de las sotas) y pedí un naipe. Cuando, siempre en el sueño, recogí el naipe que me habían dado, vi que era un as, pero —como a veces ocurre en los sueños sin causar sorpresa—, mientras miraba la carta, ésta cambiaba paulatinamente de figura y se convertía en otra sota, dándome así «casa completa»: tres reyes y un par de sotas. Sí, allí en sueños ganaba el «pozo», que era bastante bueno.

El sueño fue tan vívido, que tomó notas para mostrarlas a sus amigos. El sábado, hacia el final de la partida, que había procedido conforme a su sueño, recibió la mano soñada, y el curso de las apuestas fue como en el sueño también.

> Yo lo había estado esperando, debo confesarlo; pero no veía cómo un as podía convertirse en sota. Sin embargo, cuando llegó el momento de abrir juego, me descarté del as y pedí un naipe. Según las reglas del póker americano, cuando una carta cae de cara sobre la mesa sin haberla tocado el jugador, es nula; entonces ese jugador continúa regularmente la mano, y al final recibe otra carta en lugar de la anulada. Cuando pedí el naipe, mientras me lo entregaban cayó de cara, y era un as. La mano continuó, y al final de ella recibí el naipe que sustituiría a la carta anulada, y era una sota. Así fue como mi sueño se cumplió.

Mostró entonces a sus amigos las notas que había tomado. «Huelga añadir —dijo a Megroz— que por mucho tiempo, antes de que alguien quisiera apostar contra mí, debía asegurarle bajo palabra de honor que no había soñado.» Éste es un caso, opina Megroz, en el que los detalles «dejan la coincidencia por azar prácticamente excluida».

Una comunicación enviada a la Sociedad de Investigación Psíquica en 1898 por Donald Murray, entonces miembro de la redacción del *Sidney Morning Herald*, relata un sueño que había preanunciado al vencedor de la Copa de Melbourne de 1870. El suceso databa de casi tres años atrás, pero Murray había verificado la historia y encontrado testimonios considerables. Admitía que la Copa de Melbourne daba origen a frecuentes sueños con ganadores; según el redactor deportivo del Herald, la gente solía consumir pesadas cenas, con carne de cerdo, la noche previa, con la esperanza de descubrir al futuro ganador en el curso de una noche intranquila. Pero el sueño en cuestión presentaba características desusadas.

Una semana antes de la carrera, las pruebas de Hotham habían pronosticado que «Nimblefoot» sería el ganador, y ello dio lugar a una historia que publicó el *Bendigo Independent.* El dueño de «Nimblefoot», Walter Craig, de Ballerat, había contado al parecer a algunos amigos que había soñado que veía un caballo «montado por un jockey vestido con sus conocidos colores, pero con un crespón en la manga izquierda» llegar primero en la Copa de Melbourne. El *Independent* se había interesado en la historia por el hecho de que Craig había muerto y de que, cuando «Nimblefoot» ganó en Hodham, el jockey llevaba efectivamente los colores y el crespón.

«Si «Nimblefoot» ganara la Copa de Melbourne sería harina de otro costal —concluía el *Independent*—. De darse el caso, sería algo más bien alarmante». Lo fue: «Nimblefoot» ganó pagando 100 a 7, para satisfacción de algunos amigos del difunto dueño, entre los cuales hubo quien se aseguró un «doble» en virtud de lo que aquél les había contado sobre su sueño. Murray reconocía que las versiones sobre las vastas sumas embolsadas eran ya imposibles de verificar; pero no cabía duda de que la historia del sueño era verídica. Ciertamente había aparecido en el *Independent* antes de la gran carrera, lo cual podía verificarse en los archivos del periódico.

Hay otra secuencia de sueños con ganadores que no puede descartarse apelando a la falibilidad de la memoria humana: está documentada y atestiguada demasiado bien. Y en este caso, aunque los resultados poco hicieron para llenar los bolsillos del soñador, hubieron de tener efecto decisivo sobre el curso ulterior de su vida.

John Godley, hijo y heredero de Lord Kilbracken, un par irlandés, había servido durante la guerra en la fuerza aérea, y aprovechó el plan oficial de continuación de estudios y formación profesional para veteranos, para volver al Balliol College, de Oxford. Dos meses más tarde soñó que estaba leyendo un diario vespertino, en el que aparecían impresos los nombres de los ganadores de las carreras de ese día. Al despertar, pudo recordar dos de ellos: «Bindal» y «Juladin».

> A la hora del desayuno encontré, con gran asombro, que ambos figuraban para las carreras de esa tarde. Se lo conté a varios amigos, unos doce o quince estudiantes, quienes lo difundieron a su vez. Me pusieron en las manos algunos billetes para apostar. Llamé a mi agente de apuestas e hice la mía: cincuenta chelines a Bindal, cincuenta a Juladin, y cincuenta para el «doble», que era todo lo que podía permitirme gastar de mi asignación. También aposté en nombre de mis amigos poco menos de cinco libras por cada caballo. No había más que hacer sino aguardar el primer

resultado, el de «Bindal». Poco después de las tres anduve hasta Carfax y, con estudiada indiferencia, compré un diario. «Bindal» había ganado pagando 5 a 4.

Esto dio a Godley confianza en que «Juladin» ganaría también. Pudo haberlo averiguado tan pronto como terminara la carrera, pero temía romper el encantamiento si no seguía su sueño puntualmente.

Ello significaba aguardar una hora más, y, cuando finalmente se cumplió este lapso, compré, lleno de confianza, mi *Evening Standard.* Confianza justificada: «Juladin» había ganado pagando 5 a 2.

En conjunto gané algo más de treinta y cuatro libras. Mis amigos, entre todos, alrededor de otro tanto. Hubo una considerable celebración en Oxford aquella noche.

Godley conocía los caballos de nombre, aunque no si correrían. El ganador de su próximo sueño no le era conocido ni siquiera de nombre: «Tubermore». En realidad, no había ningún caballo llamado así, pero sí un «Tuberose», que corría al día siguiente. En esa oportunidad, Godley estaba en casa con su familia; y su hermano hizo notar cuán raro era que ni el dueño ni el entrenador ni el jockey supieran que el caballo ganaría, «pero nosotros sí». «Tuberose», otro caballo que no era favorito, ganó, según lo esperado, pagando 100 a 6.

Tres meses después, Godley soñó que llamaba a su agente de apuestas para preguntarle el resultado de la última carrera. «Sí, señor: «Monumentor», con 5 a 4». Tampoco en este caso había caballo de este nombre; pero en la última carrera de Worcester corría «Mentores», como favorito por 5 a 4. En lugar de comprar el periódico vespertino, Godley aguardó para telefonear a su agente. La conversación fue tal como la había soñado, con la diferencia de que la ganancia era un tanto mejor: 6 a 4.

Hubo un lapso de cerca de un año hasta el próximo sueño, en que de hecho «vio» dos carreras. De la primera no oía el nombre del ganador, pero reconocía los colores de Gaekwar de Baroda y su jockey, Edgar Britt. En la segunda, oía a la multitud gitar «The Bogie» y «gana el favorito»; y, cuando despertó, se enteró de que el Gaekwar de Baroda tenía un caballo que había de correr ese día, montado por Edgar Britt, mientras que en la carrera siguiente el favorito era «The Brogue».

Los datos resultaban suficientemente aproximados, pensó. Esta vez no se contentó con avisar a sus amigos. Escribió un relato de su sueño, lo hizo firmar por testigos, y lo guardó en sobre sellado con registro oficial de la hora. Además llamó por teléfono a la oficina londinense del *New York Times*, con la esperanza de obtener algún dinero si la apuesta se cumplía con éxito. El periodista que le atendió le sugirió que se dirigiera mejor al *Daily Mirror*.

> En aquel momento, ese desconocido periodista americano alteró, sin saberlo, el curso de mi vida. Pensé un par de minutos: eran las tres cuarenta y tres. Entonces decidí: ¡Al diablo la publicidad! ¡Lo venderé al *Mirror*! A las tres y cincuenta había contado un resumen de mi historia, y, a cambio de la promesa de que me comprarían la historia si ambos caballos ganaban, había revelado los nombres. Ambos, por supuesto, ganaron, y mis elecciones «de sueño» habían dado total acierto sobre seis casos.

Cuatro años más tarde, el vuelco compensatorio del destino: Godley soñó con un caballo que resultó perdedor. Sin embargo, como el lo hizo notar, este sueño era de diferente categoría que los anteriores: le había presentado meras posibilidades, y él había optado por una de ellas.

Pasó un año antes que tuviera otro sueño de carreras; y esta vez, aunque le fue dado el nombre del caballo, «Timocrat», ignoraba que fuera a correr ese día. «Timocrat» ganó de 4 a 1. Cuatro semanas después, soñó que leía el diario del día siguiente. Al despertar, retenía los nombres de dos caballos: «Pretence» y «Monk's Mistake». Se enteró de que «Pretence» ese día no iba a correr; y resultó que «Monk's Mistake», que sí iba a hacerlo, fue borrado de la lista. Pero los dos caballos corrieron al otro día.

Hasta ese momento, las apuestas de Godley habían sido relativamente módicas, por escasez de fondos. En conjunto, llevaba ganadas menos de cien libras. Esta vez decidió arriesgar hasta el último penique disponible «y un poco más». «Pretence» ganó; «Monk's Mistake» estuvo a punto de ganar, pero hizo justicia a su nombre («Error del monje») en la última vuelta: arrancó antes de tiempo, dio contra la valla y rodó. Godley ganó 44 libras ese día; pero, de no haber sido por la caída, habría ganado 1.240.

De esa forma terminó la serie de sueños con ganadores. Godley narró después la historia en su libro, *Tell me the next one* y nuevamente, con más brevedad, en su autobiografía *Living like a lord*. No cabe duda alguna sobre su exactitud, considerando el número de sus amigos que supieron los ganadores indicados por el sueño antes de que corrieran, y los testimonios escritos. El hecho de que existieran discrepancias menores en cuanto al nombre y la proporcionalidad de ganancias sigue también la pauta indicada por Dunne. Además, los casos de perdedores resultan también explicables: «Claro», por el hecho de que ya había apostado anteriormente por este caballo; «Monk's Mistake», por haber sido borrado el día posterior al sueño: de haber corrido y ganado ese día, habría dado el equivalente de diez mil libras al valor de la esterlina en 1980. En todo caso, seis caballos ganadores sobre ocho en el término de tres años es algo que hace muy endeble la explicación por mero azar frente a la de por precognición.

Para Godley, la consecuencia importante de su serie onírica no fue el dinero —ni las ganancias de sus amigos, algunos de los cuales obtuvieron considerablemente más que él—, sino el resultado de su llamada telefónica al *Daily Mirror*, el cual le dio amplia publicidad y le pagó veinticinco guineas por la historia.

> Pero sucederían aún más cosas. En ese momento, me faltaban todavía seis meses para graduarme. Quería escribir, pero, carente de experiencia profesional, las perspectivas eran harto azarosas; es prácticamente imposible para un escritor en ciernes ir directamente a un diario de difusión nacional, y no me atraía escribir para algún desconocido periódico de provincia. De modo que, por consejo de mi director de estudios, preferí, a falta de mejor cosa, preparar toda la serie de exámenes para entrar en el Servicio Exterior, al cual, si los aprobaba, me incorporaría con grado de tercer secretario después de graduarme en diciembre.

No solamente los aprobó, sino que obtuvo el número uno, entre más de cien candidatos, en los que eran los exámenes más prestigiosos del servicio civil. Pero, al mismo tiempo, recibió del *Mirror* el ofrecimiento de ocho semanas de prueba en el departamento editorial. Y aprovechó la oportunidad.

> La prueba anduvo bien, y permanecí con ellos dieciocho meses; del *Mirror* pasé al *Sunday Express*, y desde entonces he venido escribiendo, de un modo u otro. No hay duda posible de que todo esto fue resultado directo de que Baroda ganara la carrera de las cuatro de la tarde en Lingfield.

Otra serie notable de sueños con ganadores fue relatada por Thelma Moss, médica psicóloga del Instituto Neuropsiquiátrico de la universidad de California, en un examen de las constancias existentes sobre fenómenos paranormales, *The probability of the impossible* (1974). Diez años antes, una psicóloga amiga suya, la señora Hudson, había empezado a tener sueños muy vívidos, desusados en ella. Al final, durante un desayuno, contó uno de ellos a su marido; había visto una carrera de caballos y oyó anunciar el nombre del ganador. El marido verificó las carreras programadas para ese día y encontró que un caballo de ese nombre corría en la otra costa de Estados Unidos; y ganó.

> Durante los cuatro meses siguientes, a razón de dos o tres noches por semana, la señora Hudson soñó con carreras de caballos, en las que el relator anunciaba claramente el nombre del caballo triunfante mientras éste cruzaba la línea de llegada. El marido localizaba las carreras en las que corrían los caballos anunciados y apostaba por ellos. Lograron ganar lo bastante para adquirir un automóvil de lujo.

Tan pronto como lo hubieron adquirido, los sueños cesaron; aunque años más tarde la señora Hudson aprovechó algunos sueños más, donde se veía ganando juegos de póquer en Las Vegas, para trasladarse allí. Como resultado, obtuvieron setecientos dólares.

En el folklore hay una tradición según la cual los poderes psíquicos se desvanecen si se emplean para obtener riquezas: tienen que ser aprovechados con discreción cuando se trata de asuntos de dinero. Sobre esta base, los Hudson han de considerarse afortunados; Godley más bien desafortunado. El periodista y escritor Christopher Booker ha contado una historia que nos sugiere tomar ciertas precauciones:

> Una noche soñé que estaba mirando una columna de números impresa, en un periódico turístico, junto a los nombres de caballos, que indicaba sus actuaciones en carreras anteriores. No soy en modo alguno un hombre interesado en este tema, pero una serie de esos números quedó indeleblemente grabada en mi memoria. A la mañana siguiente, mientras me levantaba, oí por radio que era el día del Derby. Recorrí con la vista el elenco de caballos de *The Times*, y encontré que uno de ellos tenía junto al nombre exactamente las mismas cifras que habían aparecido en mi sueño. Era «Shirley Heights». Mencioné a alguien este curioso hecho, y sentí que debía «dejar señalado» mi sueño con una pequeña apuesta por ese caballo. Tenía una especie de seguridad de que no debía apostar demasiado: sólo una libra, como para mostrar la eficacia del sueño más que para procurar una buena ganancia. «Shirley Heights» obtuvo la victoria y gané ocho libras.

Pero entonces, experimentó un vuelco compensatorio. En 1985 Booker tuvo otro sueño igual de intenso: esta vez era un conjunto de números, que recordó al despertar. De nuevo resultó ser el día del Derby; y, cuando consultó un periódico, encontró que esos números coincidían con los que aparecían junto al nombre de uno de los caballos.

> Me sentí tan asombrado por esta coincidencia, que decidí apostar otra vez; sólo que ahora arriesgué más: diez libras. Tenía clara conciencia de que no estaba precisamente poniendo el sueño a prueba, sino buscando una ganancia considerable. El caballo no llegó a nada. Cuando miré los números que acompañaban el nombre del ganador, diferían de los de mi sueño solamente en un dígito. ¡Aprendí la lección!

De los sueños de jugadores recibidos por la Fundación Koestler, ninguno ha sido suficientemente llamativo para refutar seriamente la explicación por coincidencia del azar, pero, para algunos de ellos, la precognición sigue siendo, aunque marginalmente, la explicación más probable. Don Blakeson, miembro asociado del Real Colegio de Música, fue dos veces beneficiado por un sueño así. En 1959, mientras prestaba servicios en la Guardia de Caballería, soñó que estaba viviendo en algún momento futuro y «hojeaba las páginas de un volumen encuadernado en cuero y más bien ajado, acerca de la historia de las carreras de caballos». Una de las ilustraciones le llamó la atención: un grabado en color, a toda página, con la figura de un caballo cuyo jockey llevaba los colores de Sir Humphrey de Trafford. Blakeson reconoció al jockey, Harry Carr. La ilustración llevaba la leyenda: «PARTHIA», ganadora del Derby de 1959. «Parthia» ganó, debidamente, la carrera del siguiente día. En la segunda oportunidad, diez años después, soñó que veía una lápida con la simple inscripción: «P. Waldron». En el programa de las carreras del día siguiente «vi que el jockey P. Waldron (que, me alegra decirlo, sigue montando hasta el día de hoy) estaba anotado para montar en esa oportunidad». El caballo, una vez más ganó.

Los sueños con caballos ganadores tienden a producirse inmediatamente antes de la carrera; pero Lord Kilbracken tuvo un éxito más a largo plazo, años después de su experiencia de estudiante. Algunos meses antes del Gran Premio Nacional de 1958, soñó que ganaría el tercer favorito, «What man». Como desempeñaba una misión fuera del país, no estaba en contacto con las carreras, pero averiguó que había sido anotado un caballo «Mr. What». En realidad no contaba entre los favoritos, de modo que el que estaba preanunciado no parecía lo bastante preciso como para justificar una apuesta; sólo cuando la ventaja cayó hasta 18 a 1, con lo cual «Mr. What» quedó, en efecto, como tercer favorito, apostó veinticinco libras por él. El resultado fue un beneficio de 450 libras.

### *Investigación*

La investigación de laboratorio sobre los sueños premonitorios presenta dificultades mucho mayores que la de los sueños telepáticos o de clarividencia, y ello por razones evidentes. El suceso o el objeto preanunciado en el sueño puede darse días o aun años más tarde; y, mientras que la conexión entre algo que ha desempeñado un papel secundario en el sueño y su correspondiente contrapartida en una figura experimental tiene alta probabilidad de ser advertida de un día para otro, la misma conexión puede pasarse fácilmente por alto si el intervalo temporal se hace mayor.

Con todo, una serie de experimentos realizada en el «Maimónides» en 1969 con el joven físico Malcolm Bessent, quien fue desde Inglaterra para someterse a las pruebas, logró resultados notables; y al año siguiente se diseñó un tipo de protocolo que, según se esperaba, proporcionaría medios de control razonablemente satisfactorios. El experimento requería que el sujeto durmiera en el laboratorio durante dieciséis noches. La primera, trataría de tener sueños precognitivos sobre las figuras elegidas para la serie experimental. A la noche siguiente, se seleccionaría entre estas mismas figuras, por un proceso de azar, y él trataría de soñar acerca de la secuencia de esa segunda noche; y así sucesivamente. Las figuras experimentales y las de los sueños se enviarían a jueces externos, a quienes se pediría que apreciaran las semejanzas entre unas y otras según una escala de 1 a 100.

La última de las noches en que debía intentar la precognición onírica, Bessent comunicó un sueño acerca del doctor Robert Morris (más tarde designado primer profesor de parapsicología en la universidad de Edimburgo). En el sueño, Morris, que había estado investigando con aves, llevaba a Bessent a un santuario: «recuerdo haber visto varias especies diferentes». Las figuras experimentales seleccionadas eran una serie de diapositivas que mostraban a varias aves en el agua, en tierra y en vuelo. Para Ullman, éste fue «un acierto asombrosamente directo». En las ocho noches en que Bessent trató deliberadamente de obtener sueños precognitivos, hubo ocho «aciertos directos» y un par de cuasi fracasos; y sólo un fracaso total. En las demás noches, en que hubo intento deliberado de precognición, no se produjeron aciertos directos. En conjunto, consideraba Ullman justificado sostener, el doble experimento con Bessent «prestó corroboración experimental a la hipótesis precognitiva».

# 5

## Sueños lúcidos

Todavía hay otro tipo de sueños sobre el cual se conoce relativamente poco, pues sólo recientemente se han comenzado a someter a seria exploración. El tener conciencia, mientras se está soñando, de que «es sólo un sueño» constituye una experiencia bastante común, y probablemente siempre lo haya sido (Aristóteles la menciona); pero el «sueño lúcido», en el sentido de utilizar deliberadamente esa posibilidad, parece haber sido raro, aunque aparentemente lo manejan ciertos yoguis tibetanos, a quienes se alienta a aprender por propia experiencia, según Evans-Wentz en *The Tibetan book of the dead* (1927), «que el carácter de cualquier sueño puede ser cambiado o transformado por la voluntad de que así sea».

En Occidente, el primero que exploró los sueños lúcidos fue el marqués Hervey de Saint-Denys, quien, siendo niño, descubrió que era capaz de ejercer cierto grado de dominio sobre sus sueños, y publicó en 1867, cuando tenía cuarenta y cinco años, su libro *Les rêves et les moyens de les diriger*. En él describe el modo en que había aprendido cómo dictar a sus sueños, hasta cierto punto, el curso que debían tomar. Hervey no daba mucho peso a las posibilidades de aprovechar esa capacidad, pero aprendió a eliminar pesadillas diciéndose a sí mismo que no eran sino un sueño.

El libro de Hervey recibió poca atención. Frederic Myers no parece conocerlo cuando, en 1887, lamenta «que seamos demasiado indolentes para con nuestros sueños; que descuidemos preciosas ocasiones de experimentar, por falta de una dirección un poco resuelta de la voluntad». Insistía en que deberíamos considerar lo que querríamos poner a prueba en nuestros sueños; «cuando nos disponemos a dormir, deberíamos imprimir en nuestra mente que vamos a intentar un experimento, que vamos a transportar a nuestros sueños lo bastante de nuestro ser de vigilia para decirnos que son sueños, y para predisponernos a una imaginación psicológica». Pero Myers reconocía que sólo rara vez había logrado influir sobre el curso de sus sueños; y en su obra póstuma, *Human personality* (1903), no vuelve a insistir sobre el asunto.

Freud menciona el tema y cita a Hervey en *La interpretación de los sueños*, pero sólo de pasada. «Si un contenido onírico llega demasiado lejos en transgredir la censura, pensamos ¡Al fin y al cabo, no es más que un sueño!, y seguimos durmiendo». Hubo de esperarse hasta poco antes de la primera guerra mundial para que apareciera un artículo científico: «A study of dreams», publicado por el psiquiatra holandés Frederic van Eeden, donde se trataba de traer al ámbito de la investigación seria los «sueños lúcidos», como él mismo los llamó por vez primera.

Van Eeden experimentó la «lucidez» —término que entonces se utilizaba generalmente como sinónimo de «clarividencia»— en 1897, cuando soñó que flotaba a través de un paisaje de primavera temprana y observaba cómo pasaban los árboles.

«Entonces me hice la reflexión, en sueños, de que mi fantasía nunca sería capaz de inventar o construir una imagen tan intrincada como el movimiento en perspectiva de las ramitas vistas al flotar sobre ellas». Comenzó a experimentar, y descubrió que podía soñar con su cuerpo tendido en el lecho en una posición mientras en la realidad estaba en otra y efectuar gradualmente la transición de estar dormido en su cuerpo onírico a estar despierto en su cuerpo real: una experiencia «maravillosa en extremo». Esto le llevó al concepto de un cuerpo onírico capaz de separarse del cuerpo real, noción precursora de la impresión similar que no tardaría en ser comunicada por personas sujetas a experiencias «transcorpóreas». Durante catorce años, Van Eeden tomó nota de 352 sueños lúcidos, que le parecían los más interesantes de los diferentes tipos de sueños y «dignos de la más cuidadosa investigación y estudio».

El que su artículo hubiera aparecido en los *Proceedings* de la Sociedad de Investigación Psíquica conllevaba la improbabilidad de que recibiera seria atención por parte de los psicólogos ortodoxos, para quienes la noción de «lucidez» tenía un tinte de ocultismo. Pero la idea fue recogida por Mary Arnold-Forster en sus *Studies in dreams* (1921), porque había llegado a la convicción de que «el dominio sobre los sueños está en nuestro poder más de lo que todavía concebimos». Una experiencia personal de muchos años le había persuadido de que la mente en vigilia podía dirigir las actividades de la mente en sueños: «creo que podemos detener con nuestra voluntad la recurrencia de malos sueños, o de sueños que nos causan desagrado o temor, y que podemos, en medida considerable, alterar la naturaleza misma de nuestros sueños utilizando, en estado de reposo, igual facultad de selección y descarte racional que utilizamos con respecto a nuestros pensamientos o a nuestra fantasías diurnas».

La técnica, explicaba, es parecida a la de la hipnosis. Si la sugestión hipnótica era capaz de ejercer tan notables poderes sobre la mente, «no debería ser imposible concebir un proceso por el cual nuestra conciencia normal sea capaz de dominar hasta cierto grado la operación de nuestra mente subconsciente u onírica durante el estado de sueño». No podía ofrecer como guía sino sus propias experiencias; pero lo que había dado la idea de un primer paso en esa dirección era que ella, al igual que otros muchos, había sabido, mientras soñaba, que era «sólo un sueño».

Era la época en que Émile Coué, con aplauso internacional, propugnaba los poderes de su autosugestión, junto con su fórmula de encantamiento: «Cada día, en cada cosa, voy cada vez mejor». Mary Arnold-Forster varió la fórmula en esta otra: «Recuerda que esto es un sueño. No debes seguir soñando», y se la repetía durante la vigilia y al irse a dormir. A ella le daba resultado. Durante un tiempo, simplemente se despertaba cuando tenía un «mal» sueño, pero más tarde se permitió seguir durmiendo y continuar soñando, manteniendo excluidas las partes «malas». En cierto sueño que relata, donde se encontraba en peligro por una conspiración, era tal el grado de inteligencia que la autosugestión le había proporcionado, que su dominio sobre el sueño, en vez de excluir a los conspiradores, les dejaba seguir maquinando de modo que su secreto acabara por quedar al descubierto. «El jefe de los conjurados, un hombre de rostro blanco, con sombrero hongo, me había seguido hasta el edificio donde yo estaba oculta, y allí me tenía rodeada; pero todo temor había desaparecido, y era mío el confortable sentimiento de un gran heroísmo, del que sólo gozan plenamente aquellos que se sienten seguros».

Creía que este método podía ser de particular valor para los niños. Si éstos comprendían su propia capacidad para dominar sus sueños, podrían eliminar tanto el temor a las pesadillas como las pesadillas mismas.

La obra de Mary Arnold-Forster no produjo más impacto que la de Van Eeden. Los seguidores de Freud y de Jung continuaron preocupados fundamentalmente con las interpretaciones del material onírico; y los psicólogos ortodoxos, todavía incómodos ante la perspectiva de manejar fenómenos subjetivos, preferían tratar sobre el sueño ante que sobre los sueños. De vez en cuando aparecían obras cuyos autores —Ouspensky entre ellos— luchaban con el tema; y a las constancias acumuladas pasó revista en 1968 Celia Green, del Instituto de Investigación Psicofísica, con sede en Oxford. Pero, como ella lamentaría en su *Decline and fall of science*, publicado ocho años después, los únicos investigadores dispuestos a estudiar los sueños lúcidos eran los parapsicólogos. Sin duda, instaba ella, la condición neurofisiológica de las personas que ejercitan alguna facultad racional durante el estado de sueño sería un digno objeto de estudio.

Ocurrió que por lo menos uno entre los psicólogos académicos pensaba lo mismo: Charles Tart, profesor de psicología en la universidad de California, en Davis. En su libro *Altered states of consciousness* (1969) describió algunos de sus propios sueños lúcidos y reprodujo el artículo de Van Eeden. Pero Tart era también un parapsicólogo de primera línea. Su recomendación, con toda probabilidad, no hubiese producido efecto, de no haber impresionado su libro al joven Stephen LaBerge, poniéndole por primera vez en contacto con el tema.

LaBerge, en su *Lucid dreams* (1985), reconoce los méritos de sus predecesores, entre ellos Van Eeden y Celia Green. De ordinario, hubiese sido improbable que un psicólogo académico tuviese noticia de tales autores; pero LaBerge, impulsado por los comentarios de Tart, los había estudiado, y decidido llevar un diario donde registrar sus propios sueños lúcidos. Pronto tuvo cientos. Aun de haber tenido miles, comprendió, no habría logrado impresionar al mundo académico; lo que se necesitaba era un modo de escribir los sueños lúcidos en términos fisiológicos. El método con que finalmente dio era, visto de manera retrospectiva, casi ridículamente simple. Puesto que en el sueño se producían movimientos oculares rápidos, era evidente que entraban en función los músculos oculares.

> Sabía que los soñadores lúcidos podían, durante un sueño lúcido, mirar libremente en la dirección que desearan, porque yo mismo lo había hecho. Se me ocurrió que moviendo —en mi sueño— los ojos según una pauta reconocible, podría enviar al mundo externo una señal en el curso de un sueño lúcido. Lo intenté en el primero que registré: dirigí mi mirada onírica hacia arriba y hacia abajo hasta cinco veces. Hasta donde entonces sabía, era ésta la primera señal trasmitida deliberadamente desde el mundo de los sueños.

Pero, aun así, hubiese podido sostener que había producido docenas de veces la señal, sin convencer por eso a los psicólogos que se ocupaban de los fenómenos oníricos. Necesitaba un laboratorio; y su buena suerte fue que la universidad de Stanford no sólo disponía de un laboratorio onírico donde se habían realizado trabajos pioneros, sino que además estaba dispuesta a recibirle como candidato al doctorado en filosofía. En 1978 tuvo el primer sueño lúcido que se registró en un polígrafo, atestiguado por uno de sus colaboradores en la aventura.

Para 1980, gran cantidad de voluntarios se habían mostrado capaces de producir las señales de lucidez onírica, y LaBerge presentó sus resultados en su trabajo de tesis. Comprensiblemente exultantes, él y su colega Lynn Nagel decidieron informar de sus descubrimientos a un auditorio más amplio. Ocurrió lo previsible. Uno de los asesores a quienes la revista *Science* envió el informe recomendó su aceptación; el otro lo rechazó, porque no creía en la posibilidad del sueño lúcido. La revista *Nature* ni siquiera se tomó la molestia de consultar asesores: el tema, comunicó a LaBerge, no era «de suficiente interés general» (la relación entre *Nature* —aunque a menudo sigue considerándose el primero entre los periódicos científicos— y la ciencia, se asemeja a la que existe entre la Muestra de Verano de la Real Academia y el arte). Con todo, el artículo apareció, el verano de 1981, en la revista *Perceptual and motor skills*.

Ello tuvo una curiosa secuela. En 1980, el periódico *Nursing Mirror* había publicado un artículo sobre sueños lúcidos por un parapsicólogo británico, Keith Hearne, que casualmente había realizado para su doctorado en filosofía investigaciones en la misma línea que LaBerge. Así había obtenido su título, dos años antes que éste. Pero Hearne había querido efectuar más investigaciones antes de publicar sus descubrimientos, y solicitado a los psicólogos que conocían sus trabajos no darlos a conocer. El resultado fue que se atribuyó el mérito iniciador a LaBerge el cual, cuando vio la resistencia académica a admitir la realidad de los sueños lúcidos, cayó derrotado bajo el peso de la evidencia.

Las implicaciones de los descubrimientos de LaBerge son —o deberían serlo— suficientemente claras para los psicólogos. Pero ¿qué ocurre con el público general? Evidentemente, muchos de nosotros estaremos interesados en ver si podemos inducirnos a tener sueños lúcidos, ya sea por curiosidad, ya sea con la esperanza de poner fin a los sueños «malos».

LaBerge destaca que tener sueños lúcidos ocasionales es como encontrar dinero por la calle; cultivarlos, es como aprender un oficio para ganarse la vida: «si esto suena a trabajo, lo es». Pero cree que cualquiera que tenga buena memoria para sus sueños y esté suficientemente motivado, puede aprender a soñar con lucidez, lo cual con la práctica, se torna paulatinamente más fácil. La ayuda más útil, como lo comprobó Mary Arnold-Forster, parece ser la autosugestión. Patricia Garfield describió en *Creative Dreaming* (1975) cómo utilizó ella la fórmula:«esta noche quiero tener un sueño». Coué no lo habría soñado. Éste solía insistir en que la voluntad no es nada, y la imaginación es todo; e ilustraba su aserto preguntando a una persona si podía imponerse a sí misma la voluntad de producir saliva: cuando aquélla reconocía que no, le recordaba cuán fácil es hacerse la boca agua con sólo imaginarse algún manjar.

Coué era partidario exclusivo de fórmulas que movían a la imaginación; LaBerge ofrece su MILD —Mnemonic Induction of Lucid Dreams («Inducción mnemónica de sueños lúcidos»)—: debe estar presente la intención; los sueños deben ser cuidadosamente recordados; el proceso de inducción debe ser fomentado por lemas como «la próxima vez que sueñe quiero recordar que he de reconocer estar soñando»; y el momento más fecundo para practicar es el período anterior a despertar por la mañana, en que con más frecuencia se han comunicado sueños lúcidos.

¿Y los beneficios? Encabezando la lista, está la probabilidad de que el sueño lúcido se combine con la meditación y otros «estados alterados de conciencia» como medio para mejorar el dominio de la mente sobre el cuerpo. «Puesto que, al soñar, generamos imágenes corpóreas en la forma de nuestros cuerpos oníricos, ¿por qué no podríamos ser capaces de iniciar procesos de sueños dentro de los sueños lúcidos, formándonos la visión consciente de nuestros cuerpos oníricos como en perfecto estado de salud?»: otro eco de Coué, que apelaba a la imaginación vígil para hacer precisamente eso, despertar los recursos terapeúticos que permanecen en estado de latencia en el inconsciente.

Después, está la exclusión de «malos» sueños. Aquí LaBerge seguía el método de Mary Arnold-Forster. Cuando soñaba que estaba amenazado por cocodrilos, la lucidez venía a rescatarle; él los atacaba, haciendo de ellos una pila a la que prendía fuego. «Hacía que de sus cenizas crecieran flores, y despertaba sintiéndome lleno de energía». Como esa autora, también ha logrado enseñar el método a un niño con éxito.

En tercer lugar, la solución de problemas. LaBerge cita el sueño de la «tabla de los elementos» de Mendeléiev y la invención de la máquina de coser por Howe; en ambos casos, el período de «incubación», en que el problema permanecía sin resolver, terminaba con la iluminación en un sueño. En teoría, por lo menos, el sueño lúcido podría ayudar a reducir el período de incubación, permitiendo que la iluminación alcanzara la conciencia con mayor prontitud.

Y, lo más importante, se abre la posibilidad de utilizar los sueños lúcidos para asegurar y promover la salud, consultando los recursos subliminales de la mente.

# 6

## La interpretación de los sueños

Desde los tiempos más remotos, retrocediendo hasta la prehistoria misma, los sueños han desempeñado un importante papel para determinar el curso de la existencia de individuos, comunidades y naciones. «En general, eran instrumentos de guía —señalaba J. S. Lincoln en *The dream in primitive culture* (1935)—. Reyes, guerreros, estadistas y héroes trataban sus visiones con un respeto y un temor reverencial, sólo prestados a las potencias divinas». Pero siempre había un problema: los sueños eran por lo común confusos y se convertían en fuentes de confusión. La información que proporcionaban podía ser clara, pero a menudo necesitaba ser extraída por alguien considerado hábil como intérprete.

En casi todas las comunidades tribales, exploradores, misioneros y antropólogos han encontrado que una de las funciones principales del chamán es ser adivino de sueños. «En los sueños se penetra en la pura vida sagrada y se reestablecen relaciones directas con los dioses, los espíritus y las almas de los antepasados», observa el eminente antropólogo Mircea Eliade en su *Shamanism* (1951); uno de los requisitos para llegar a ser chamán es el hereditario, la cualificación depende, en última instancia, de la capacidad de comunicarse con el mundo de los espíritus en sueños o en trance.

En el Antiguo Testamento, los profetas asumían la función chamánica, como se muestra en la que es sin duda la más célebre entre todas las historias sobre los sueños. «He tenido un sueño y no hay nadie que pueda interpretarlo», dijo el faraón a José, que en la prisión egipcia había adquirido fama como intérprete de sueños. En el sueño, siete vacas flacas devoraban a siete vacas gordas, y siete finas espigas devoraban a otras siete llenas. José explicó que siete años de abundancia serían seguidos por siete años de hambre. Así resultó ser, en efecto; y, gracias a la predicción, durante los años de abundancia pudo acumularse suficiente grano para permitir que en los años de escasez Egipto sobreviviera, y aun se beneficiara vendiendo sus excedentes a otros países que no habían tomado la misma precaución.

Pero en esos tiempos este tipo de interpretaciones inspiradas, procedentes de una fuente divina, llegó a corromperse por la necesidad de mostrarse complaciente con los caprichos de los monarcas. Cuando el rey Nabucodonosor relató su sueño —un vigoroso árbol crecía hasta el cielo, pero aparecía un ángel que mandaba troncharlo—, sus sabios le dijeron prudentemente que no eran capaces de darle interpretación. El profeta Daniel hubo de decirle, no sin desasosiego, que el árbol era él, el rey. Como los adivinos que transmitían informaciones ingratas a menudo padecían por ello, comenzaron a adaptar sus interpretaciones a las necesidades y deseos del consultante, aun cuando esto obligara a sostener que los sueños «significan por opuestos»: si el consultante sueña que ha caído, se le retransmite el mensaje como un signo de que se elevará a nuevas alturas. Inevitablemente, la adivinación se torna sospechosa. «En cuanto a la adivinación por los sueños —comentaba Aristóteles—, no debemos ni descartarla desdeñosamente ni otorgarle confianza con ligereza».

Pero lo que suscitaba desconfianza eran las interpretaciones más que la información misma proporcionada en los sueños, según se advierte en otro de los más célebres sueños de la historia: el de Calpurnia, la noche previa al asesinato de Julio César. En la versión de Shakespeare, César cuenta el sueño a Decio:

> Soñó ella anoche que veía mi estatua,
> como una fuente que por cien regueros
> manaba pura sangre;

y cómo ella le había pedido que permaneciera en casa. Decio —uno de los conspiradores— sostiene que Calpurnia lo ha interpretado mal: el sueño

> expresa que de ti Roma la grande
> librará sangre vivificadora.

Otro desarrollo que acompañó la decadencia de la adivinación inspirada fue la interpretación por recetario: la oniromancia. Un papiro del Museo de El Cairo indica que ésta ya había empezado a afianzarse en el Egipto faraónico, aunque a un nivel pueril: si una mujer besaba a su esposo en sueños, significaba trastornos; si en sueños daba a luz un cocodrilo, tendría muchos hijos. Pero la *Onirocrítica* de Artemidoro de Daldo del siglo II d.C., pese a sus frecuentes absurdos, era de otro nivel. A veces parecía como un preanuncio de *La interpretación de los sueños* de Freud.

Artemidoro se dispuso a mostrar cómo las dramatizaciones y símbolos del sueño podían traducirse en acontecimientos que sucedían o iban a suceder al soñador. A veces la interpretación era relativamente directa:

> Verse colgado o estrangulado en un sueño, aun por propia mano, predice una inminente congoja o abandono del hogar.

Pero Artemidoro creía en los «opuestos»:

> Muerte y matrimonio están estrechamente relacionados en los sueños. Por eso quien sueña que está muerto tendrá buena probabilidad de casarse, y por eso el inválido que se ve celebrando sus propias nupcias recibe la advertencia de su muerte próxima.
>
> El inválido que sueña que está muerto, o que es sepultado y puesto bajo tierra (lo que significa lo mismo), mejorará, pues los muertos ya no están enfermos.

El contenido sexual de los sueños fascina evidentemente a Artemidoro:

> Si un hombre sueña que se masturba, tendrá un esclavo o una esclava, pues las manos en el pene representan a los servidores.
>
> Tener un hermano, mayor o menor, es mal presagio. El soñador estará por encima del hermano, y puede despreciarlo.

Como hubo de reconocer Freud, algunas ideas de Artemidoro son muy agudas. Había estudiado y tratado de utilizar las constancias disponibles; no se limitaba a repetir cuentos de viejas, e insistía en que la interpretación de los sueños no podía ser satisfactoria si se reducía a seguir un recetario: requería además un conocimiento profundo del soñador y de sus circunstancias. Con todo, vista retrospectivamente, su *Onirocrítica* es menos notable que el comentario sobre oniromancia escrito por Sinesio de Cirene en las primeras décadas del siglo IV. Era un neoplatónico convertido al cristianismo; había logrado unir a sus conciudadanos para expulsar de Libia a una fuerza invasora; ellos insistieron en designarle obispo. Su tratado sobre los sueños parece indicar que la confianza puesta en él era fundada.

Sinesio señala que no ha de sorprendernos que los mensajes oníricos sean a menudo oscuros. En cuanto que su fuente es divina, no están destinados a servirnos de guía a todos y cada uno. Como ocurre con la información procedente de oráculos, puede ser necesaria la interpretación. Pero, una vez comprendidos, los sueños pueden descubrir la localización de tesoros perdidos o sugerir la cura de una enfermedad. Y hasta convertir a un inculto en un poeta: «así ha ocurrido en nuestros tiempos, y no me parece muy asombroso». Sinesio pasaba mucho tiempo escribiendo y cazando; en ambas actividades, los sueños le habían sido invalorables. «A menudo me han ayudado a componer libros —recuerda—: aquí suprimen algo, allí introducen en cambio nuevo material». Cuando su prosa empezaba a hacerse demasiado florida, un sueño le enseñaba «a limar exuberancias»; «así (los sueños) han restituido a mi dicción la condición de sobriedad que necesitaba y han castigado mi estilo, demasiado abundante».

También en otro pasatiempo favorito, la caza, a menudo los sueños le habían servido de guía. Y, lo más importante, en los años en que se había visto obligado a actuar como embajador de su país en Constantinopla, los sueños le habían anticipado el aviso de conjuras contra él, ayudado en su labor y ganado la confianza del Emperador. «Por lo tanto, nos hemos propuesto la tarea de hablar de la adivinación por los sueños, para que los hombres no la desdeñen sino que la cultiven, puesto que cumple un servicio para la vida».

Sinesio advierte contra el uso de artificios para la adivinación, recurso que los dioses abominan. La mejor fuente son los sueños: «si eres digno, el dios lejano está presente junto a ti». Y, afortunadamente, los sueños son posesiones personales y privadas.

> Cada uno de nosotros es necesariamente su propio instrumento, hasta el punto de que no nos es posible abandonar nuestra propia fuente oracular, aun cuando lo deseáramos. Aun si permanecemos en casa, mora con nosotros; si salimos de viaje, nos acompaña; está con nosotros en el campo de batalla, y a nuestro lado en la vida de la ciudad; trabaja con nosotros los campos, y con nosotros trafica en el mercado. Las leyes de un gobierno tiránico no la vedan, ni tendrían poder para hacerlo aunque quisieran, porque no tienen pruebas contra quienes la invocan. ¿Cómo lo harían, pues? ¿Violaríamos las leyes por el hecho de dormir? Un tirano jamás podría mandarnos que no viéramos nuestros sueños, no por lo menos mientras no destierre de su reino la actividad de dormir.

Pero en aquella época la Iglesia arremetía contra la adivinación. Aunque no podía impedir que la gente interpretara sus sueños, podía castigar como herético a quien practicara públicamente la adivinación en cualquier forma. Y después del Renacimiento se redescubrió a Artemidoro gracias a su traducción al árabe. El Panurgo de Rabelais duda si debe casarse o no, y sueña que una bonita joven «me halagaba, me hacía cosquillas, me golpeaba y me asía». Cuando cuenta además a Pantagruel que le ponía bromeando cuernos en la cabeza, Pantagruel le responde: «Si alguna habilidad tengo en interpretar sueños, tu mujer no te pondrá los cuernos a ojos vistas»; pero, lejos de serle fiel, violaría su compromiso y voto conyugal, se prostituiría «y te hará así cornudo»; punto —agregaba Pantagruel— clara y patentemente explicado y expuesto por Artemidoro, tal cual te lo he manifestado». En Inglaterra, se publicó la traducción de la *Onirocrítica* en 1518, y alcanzó veinte ediciones en el curso de los dos siguientes siglos.

La adivinación inspirada no recobró su perdido prestigio. Se hizo asunto de controversia si los sueños tenían o no algún sentido. A los ojos de la Iglesia católica, podían ser portadores de mensajes divinos; pero, como podían también ser canales para el diablo, no eran de fiar. Lutero no tenía dudas de que las incitaciones portadas por ellos eran a menudo de inspiración diabólica —«en las horas nocturnas y en medio del sueño del hombre, puede surgir el pecado y recorrer sus sueños»—, de Satán, pues «la ignorancia de los artificios del diablo no es buena para los cristianos». Sin embargo, pronto los luteranos prestaron al diablo menos atención. Para el siglo XVII, según señala Keith Thomas en su *Religion and the decline of magic* (1971), «los protestantes rigurosos prestaban poca atención a los sueños». Cuando el rey Jacobo I se negó a permitir que un sueño de advertencia, que le había contado su esposa, le hiciera renunciar a ir a Escocia, eso impresionó a sus súbditos; y Thomas Hobbes, en su *Leviathan*, afirmó categóricamente que «no puede ocurrir en el sueño imaginación alguna, ni por lo tanto ningún sueño, sino tal que proceda de la agitación de las partes interiores del cuerpo humano»; punto de vista del cual muchos habían de hacerse eco.

Sin embargo, hubo algunos de los cuales pudo haberse esperado que compartieran el escepticismo dominante, pero en quienes hizo efecto el peso de las constataciones del valor de la interpretación de los sueños. Joseph Addison, en el *Spectator*, en 1712, sostenía que tales constancias eran de demasiado peso para ser rechazadas por quien estuviese dispuesto a aceptar los datos de la historia: «Si tales oscuros presagios, tales visiones de la noche, surgen de alguna facultad latente en el alma durante su estado de abstracción, o de alguna operación de espíritus subordinados, ha sido asunto de gran controversia entre los doctos; el hecho mismo creo que es incontestable, y como tal lo han mirado los más grandes escritores, en quienes nunca se ha sospechado ni de superstición ni de entusiasmo».

Aunque William Hazlitt no quería pronunciarse sobre los elementos de precognición en los sueños —«sobre la facultad de profetizar o prever cosas durante nuestro sueño, como procedente de una esfera de pensamiento más alta o más abstracta, no necesitamos discutir aquí»—, creía que existe «en el estado de sueño, una suerte de profundidad», de modo que podía ser consultado provechosamente a manera de un oráculo. Según él, los sueños revelan a menudo lo que se ha mantenido aparte de nuestros pensamientos; «podemos darnos cuenta de un peligro que aún, mientras estamos en pleno dominio de nuestras facultades, elegimos no reconocer; el suceso en ciernes se nos aparecerá entonces como un sueño, y probablemente encontraremos después que se ha verificado». Sugería que podríamos hacer uso de esto para discernir aficiones o aborrecimientos en su estado incipiente, antes de llegar a ser ordinariamente conscientes de ellos; «durmiendo, nos revelamos el secreto a nosotros mismos».

La posibilidad de extraer de los sueños información útil atrajo a una serie de investigadores en la última parte del siglo XIX; entre ellos Abercrombie, Brodie, Symonds, y en particular Henry Maudsley. Maudsley atribuye a los sueños lo que él denomina un poder «plástico»: una «función mental e inconsciente» que no opera por simple asociación de ideas. «Estamos ante algo más que eso —sostenía—: una verdadera instancia constructiva por la cual las ideas no se limitan a ponerse unas junto a otras, sino que se forman con ellas nuevas producciones». La base podía ser algún suceso del día anterior; pero el modo en que el sueño se desarrolla, «por una operación enteramente involuntaria», muestra que «la mente es capaz de esas funciones inteligentes que son la esencia de su ser, independientemente de la voluntad y la conciencia; o, en todo caso, que su potencialidad no radica en la conciencia ni en la voluntad, sino en la cualidad plástica del cerebro».

En otras palabras, Maudsley había llegado a aceptar no sólo la existencia de un inconsciente —concepto aún rechazado por la ortodoxia de su época—, sino también el de un yo subliminal, o por lo menos de la facultad de la mente de razonar con independencia del yo consciente. Y para él los sueños daban la prueba de ello:

> El poder plástico de los centros cerebrales superiores, sobre el cual insisto como algo más profundo que la función mental consciente, muestra su índole espontánea e independiente de modo notable por esos sueños sin-

gularmente coherentes que todo el mundo tiene en tal o cual momento, y en los que a veces aplica tanto poder intelectual como el que despliega cuando está despierto. Muchas historias se han contado, fundadas en autoridades reconocidas, de personas que en estado de sueño han compuesto poemas, resuelto arduos problemas matemáticos, descubierto la clave de una dificultad que les tenía perplejos, o hecho cosas maravillosas semejantes. Y, aun teniendo presente que hay logros que en sueños nos parecen muy inteligentes y se muestran carentes de sentido cuando despertamos, puede concederse que alguien que actúe por capacidad natural o aprendida para realizar una labor intelectual cuando está despierto, pueda ocasionalmente hacerlo también, de modo casual, en estado de sueño, alcanzando una recta comprensión. Estos ejemplos ilustran la índole espontánea del proceso de actividad creativa, con el cual la conciencia y la voluntad no tendrán más que hacer como agentes activos que con las creaciones imaginativas del poeta inspirado; pues sólo cuando tales producciones están formadas surgen a la conciencia clara, y sólo pueden ser objeto de voluntad una vez conocidas.

De haberse aceptado esta concepción, habría transformado las actitudes ante la interpretación de los sueños, al mostrar que había algo por lo cual valía la pena que los sueños fuesen estudiados. Pero, como Frederick Greenwood lamentaba en su síntesis de 1893, la opinión general era que «los sueños carecen de valor». El propio Greenwood creía que, al contrario, la interpretación podía ser en extremo valiosa, pero sólo en cuanto no se cumpliera por recetas: «no es menos absurdo comparar los sueños de una persona con los de otra, que suponer en toda la humanidad la misma capacidad para componer música».

## *Freud y Jung*

Cosa irónica, cuando pocos años después la interpretación de los sueños empezó a recobrar asidero entre el público, fue por los cauces del viejo Artemidoro más que por la ruta propuesta por Sinesio y resucitada por Maudsley y Greenwood. Después se vio estimulada por las teorías de Freud, presentadas en 1889.

«Según consenso general, *La Interpretación de los sueños* fue la principal obra de Freud —señala su discípulo y biógrafo Ernest Jones—, por la cual su nombre será probablemente recordado mucho tiempo». Aunque los seiscientos ejemplares que se imprimieron tardaron ocho años en venderse, a la larga había de hacer más que ninguna otra obra por establecer la realidad del inconsciente.

En lo que respecta al público en general, llegó a dejar establecido que los sueños tienen un significado oculto, por lo común erótico, pero posible de extraer con ayuda del conocimiento de ciertos símbolos fijos, y que además satisfacen un deseo, no en el sentido habitual, sino que, como Freud lo expresa, «uno sueña para no tener que despertar, porque se quiere dormir».

Los deseos revelados por los sueños eran a menudo aquellos no reconocidos por el yo consciente, y se presentaban de una manera que podía hacerse clara a través del análisis pero que estaba ingeniosamente censurada, de modo que no alarmara al durmiente lo bastante para despertarle ni, cuando despertaba, para enfrentarle con verdades desagradables, de un tipo que sería incapaz de afrontar; por ejemplo, deseos de muerte contra los padres. Los deseos, por consiguiente, aparecían en una variedad de disfraces: indicios, alusiones, símbolos, e inclusive juegos de palabras. Y fueron los ejemplos de tales disfraces dados por Freud los que habrían de atraer la atención general y hacer familiar su nombre.

Según Freud, una habitación representa a la mujer. El útero puede estar figurado por un armario o un carruaje. «Instrumentos aguzados, objetos largos y rígidos, como troncos de árbol o bastones, representan al miembro masculino», al igual que los aviones. Habitaciones, aviones, armarios, eran el contenido manifiesto; pero, desde el punto de vista del análisis, lo que importaba era el contenido latente. Freud tuvo cuidado de insistir en que los símbolos, aunque pudieran ser comunes a las personas dentro de ciertos grupos lingüísticos o culturales, no debían utilizarse en los análisis sin referencias al soñador y a sus sueños en conjunto. Insistió además en que él no pretendía haber resuelto todos los problemas relativos a los sueños. Pero la actitud de certeza con que presentaba sus teorías, y en especial la de que los sueños eran la satisfacción disfrazada de deseos reprimidos, tendían a oscurecer tales restricciones, dejando la impresión de que el contenido directo de un sueño era de poca o ninguna importancia.

Esto, más que las teorías básicas del libro, fue lo que encrespó más tarde a los que escribieron sobre el tema de los sueños, por ejemplo William Archer. En su libro *On dreams* (1935), éste se quejaba de que es posible inferir «de casi cualquier 'contenido manifiesto' casi cualquier 'contenido latente' que sirva al propósito de uno». Como ejemplo, Archer cita el sueño en que un médico había entregado una honesta declaración de sus reducidas rentas y a la noche siguiente soñaba que su declaración había resultado sospechosa y se le pondría un pleito. Freud lo había explicado, según su teoría de la censura, diciendo que el sueño era la mal escondida satisfacción del deseo que el soñador tenía de que se considerara que gozaba de una crecida renta. «Me parece que eso hace una injusticia al censor —observaba Archer—. El deseo aparece tan bien disfrazado, que se necesita la penetración de un monomaníaco para descubrirlo». Extender la teoría de la satisfacción onírica de deseos a todos los casos, pensaba Archer, era, «puro y gratuito dogma». Y encima, se quejaba, si él presentaba un sueño (cuenta varios en su libro) del que estaba seguro que no contenía ninguna satisfacción de deseos, Freud podía, naturalmente, sostener que el autor era demasiado inexperto en el método psicoanalítico para reconocer el deseo reprimido. «Así, el psicoanálisis se provee de una salida de emergencia para escapar a toda dificultad posible —protesta Archer—. Su dialéctica se guía por el principio, demasiado fácil, de 'Si es cara, yo gano; si es cruz, usted pierde'».

Otras críticas hacen eco a la de Archer, entre ellas las de Hans Eysenck y Christopher Evans. En *Landscapes of the night* (1983), Evans llamó la atención hacia otro irritante ejemplo de la habilidad de Freud para llevar siempre las de ganar. En uno de los sueños que cita, una mujer veía frustada su salida de compras pues el carnicero no tenía lo que ella necesitaba y el mercado estaba cerrado. Éste era un caso de opuestos, explicaba Freud: «la expresión 'la carnicería está abierta' traía a la mente el dicho vienés Du hast deine Fleischbank offen (un equivalente más grosero de algo así como 'Estás en exhibición')»; lo que para Evans constituye un diagnóstico «en parte ridículo y en parte lamentable».

Pero algunos de los aportes de Freud a la interpretación de los sueños mantienen su importancia; en particular los que ilustran el notable ingenio de la mente onírica, hasta el punto de jugar con el vocablo. En sus memorias, Sir Edwar Marsh, prominente funcionario del Servicio Civil, relata cómo casualmente, en 1937, se encontró sentado junto a Harold Nicholson en una cena la noche después de haber tenido un sueño en que éste intervenía y que merecía la pena relatarse, pensó Marsh, por constituir «un fenómeno mental realmente curioso»:

> Soñé que estaba mirando el nuevo libro de Harold, que, según sabía, se titulaba *Small talk*; pero, para mi sorpresa, el título del libro resultaba ser *The Oarist*. «¡Qué palabra tan espantosa! —pensaba yo—: y no sabía que el libro trataba sobre remar (en inglés oar)». Luego desperté y me acudió a la memoria el término homérico oaristys, que significa «conversación familiar», o sea, en efecto, «charla menuda».

Los sueños tuvieron un papel vital en la carrera de Jung, como su libro *Recuerdos, sueños, refexiones* aclara. «En cada momento crítico de su movida existencia —recuerda Michael Fordham, coeditor con Jung mismo de las Obras completas de éste— un sueño o una visión le proporcionaron fuentes esenciales para avanzar en la solución de un problema». Y Laurence Van der Post, uno de los amigos más allegados de Jung, cuenta en su biografía que Jung había llegado a ver en los sueños «una brújula de su espíritu, casi un piloto automático que mantenía su vida en curso».

A veces el contenido manifiesto bastaba para dar guía. «A menudo el sueño requería interpretación, pero podía ser de tipo relativamente sencillo, como uno que llegó en ayuda de Jung mientras estaba embarcado en su primera obra importante, *Psicología del inconsciente* (1911)». Jung tenía muy claro que Freud, quien había llegado a verlo como su posible heredero intelectual, no lo aprobaría. Durante un par de meses fue incapaz de seguir escribiéndolo, y no hubiese podido reasumirlo, cree Van der Post, de no haber acudido ese sueño en su ayuda.

> Como siempre que en el pasado había llegado a una crisis vital aparentemente insoluble, acudieron en su auxilio los sueños adecuados. Se complacía en repetir: «Quien mira hacia afuera, sueña; pero quien mira hacia adentro, despierta». Puesto que su atención estaba dirigida exteriormente hacia Freud, soñó, y a través del sueño se vio obligado a mirar hacia adentro y abrirse a sí mismo, a una perspectiva ampliamente grande de su papel y su vida. Todo lo que es importante para comprender el curso futuro de los sucesos es que la imagen que en ese sueño representaba a Freud era la de un aduanero austríaco regañón, chapado a la antigua y fuera de época, que trataba de controlar, por así decirlo, las exportaciones e importaciones del espíritu. No cabía duda de que la imagen representaba a Freud y al extinguido papel profesional de éste en la vida de Jung. La imagen tenía una especie de fuerza de destino compensatoria, aunque irónica, en vista de la importancia atribuida por Freud a un mecanismo de censura sobre el material onírico, y de cómo una de las principales diferencias entre él y Jung era que, para éste, el sueño no constituía una fachada que ocultaba la verdad al soñador, sino una llamada urgente a reconocer el ser y el sentido aún no realizados.

A un amigo que decía haber estado demasiado ocupado en escribir para prestar atención a sus sueños, Jung le replicó: «Has tomado el rábano por las hojas. El escribir puede aguardar, pero los sueños no, porque acuden desde dentro sin ser solicitados y señalan con insistencia el camino que debes tomar».

Jung disentía de Freud en cuanto a la actitud hacia los sueños en más de un sentido, pero principalmente porque consideraba demasiado restrictiva la teoría freudiana. Por cierto, escribe en *El hombre moderno en busca de alma* (1933), que hay sueños que contienen deseos reprimidos, «pero ¡qué es lo que los sueños no pueden contener ocasionalmente!» Consideraba que los sueños pueden expresar «verdades ineluctables, sentencias filosóficas, ilusiones, desenfrenadas fantasías, recuerdos, planes, anticipaciones, experiencias irracionales, hasta visiones telepáticas, y sabe Dios qué más». Este reconocimiento de la diversidad onírica le hacía reacio a proporcionar ninguna teoría general; pero, según Mary Ann Mattoon en su *Understanding dreams* (1984) —que estima que es la primera tentativa de sistematizar la teoría jungiana de la interpretación de los sueños—, Jung se valía de cuatro criterios para estimar la validez de una interpretación:

1. Si la interpretación «encaja» con el soñador;
2. Si la interpretación «actúa» sobre el soñador;
3. Si la interpretación es convalidada ( o no invalidada) por sueños ulteriores;
4. Si los sucesos anticipados por la interpretación ocurren en la vida de vigilia del soñador.

En otros términos, las interpretaciones pueden ser correctas, pero no son de ayuda para el paciente a menos que éste capte la significación de sus sueños y adopte el curso de acción apropiado. Si lo hace, los sucesos ulteriores pueden mostrar si la interpretación era la adecuada para él.

Este enfoque, menos dogmático que el de Freud, ha quedado establecido entre los analistas jungianos, pero a costa de cierta pérdida de confianza en la utilización de los sueños, que no se consideran ya tan importantes, según explica Michael Fordham, porque los procesos inconscientes se han hecho más familiares. Ya no es tan gran choque emocional para los pacientes enfrentarse con el agudo contraste entre sus deseos conscientes y sus deseos inconscientes. Puede hacérseles más fácil el paso por esa antes traumática etapa del análisis sin dedicar tanto tiempo a la disección de sus sueños.

Sin embargo, hay muchos indicios de que no es ésta la única razón por la cual los sueños, de influjo tan fundamental en la vida y la obra de Jung, han sido así degradados por sus continuadores. Muchos de éstos se sienten incómodos frente al componente extrasensorial, en particular en el caso de los «sueños de futuro».

Jung aceptaba la realidad de la precognición y estaba dispuesto a utilizarla en su terapeútica. En cierta ocasión soñó que llegaba una nueva paciente; aunque intrigado por sus síntomas, estimó que debía tener un complejo paterno muy poco común. Al día siguiente, cuando llegó a la consulta una joven judía, se dijo: «¡Santo Dios, ésta es la muchacha de mi sueño!» Aunque no logró descubrir rastros de complejo paterno, el recuerdo de su sueño le movió a inquirir sobre el abuelo de la paciente, un rabino. Resultó que éste había cometido apostasía, y la neurosis de la muchacha se hallaba en relación con el espanto que este hecho le había producido.

Algunos discípulos de Jung dejan simplemente a un lado este aspecto de su obra. Mattoon, en la única referencia que dedica el asunto, observa: «el escepticismo (de Jung) sobre los sueños proféticos sugiere que mantenía la posibilidad de tan improbables sucesos sólo porque había encontrado ejemplos de los mismos. Además, insistía en que todo sueño precognitivo puede ser verificado como tal 'sólo cuando el suceso preanunciado ha ocurrido realmente', por lo común mucho después de producirse el sueño; de aquí que tales sueños resulten poco útiles para predecir el futuro. Es evidente, pues, que Jung enfoca los sueños con criterio empírico, y no con el misticismo de que se le acusa».

Difícilmente podría haber una descripción más desencaminada de la actitud de Jung, ni indicación más reveladora de por qué tantos de sus discípulos se apartan como avergonzados de su preocupación por «lo oculto», según lo ven. Pero *Recuerdos, sueños, reflexiones* muestra que desde la adolescencia los fenómenos parapsicológicos fascinaban a Jung; su tesis doctoral se fundó en una investigación sobre cierta médium espiritista; y periódicamente encontró que era el foco de fuerzas que sabía imposibles de explicar en los términos científicos convencionales. Según expone en un artículo leído en una sesión de la Sociedad de Investigación Psíquica en 1911, estaba firmemente convencido de la realidad de los «hechos», como él los denominaba. Pero la ciencia, consideraba, debía confinarse «a los límites de la cognición», porque éstas eran sus limitaciones en ese tiempo. «Debemos admitir que nuestras concepciones intelectuales son deficientes en lo que concierne a una comprensión cabal del mundo —concluía—; pero cuando nos valemos del intelecto, como es el caso de la ciencia, debemos adaptarnos a las exigencias de la crítica intelectual, y limitarnos a la hipótesis científica en la medida en que no haya constancia fiable contra su validez».

Mucho antes de su muerte, en 1961, Jung se había apartado de esta posición cautelosa. Siguió siendo empirista, en el sentido de que consideraba en términos de lo observable los casos de aparente precognición, y hubiese convenido en que sólo podían ser verificados si los sucesos anunciados ocurrían de hecho. Pero tal «escepticismo» sobre los sueños proféticos no era sino el muy razonable deseo de que las constancias fueran fiables; y era lo bastante versado en el tema como para conocer que, lejos de que los sucesos preanunciados se producen generalmente «mucho después de producido el sueño», las colecciones de sueños precognitivos muestran que la gran mayoría de los sucesos preanunciados en los sueños ocurren en el lapso de horas o días. Las predicciones interesantes a largo plazo no se dan sino en mínima proporción.

La aversión por la percepción extrasensorial ha traído como consecuencia que los analistas hayan tenido muy poco en cuenta su significación posible. Pero unos pocos —freudianos en su mayoría— la han reconocido. En este contexto, lo importante no es tanto la precognición misma —vislumbres de futuro, aunque se muestran válidos, pueden ocurrir sin conexión con los problemas que han llevado al análisis— como la posibilidad de comunicación telepática entre paciente y analista.

Freud ofreció sólo un ejemplo. El supuesto positivista de sus años tempranos hizo que al comienzo rechazara aceptar nada de la categoría de lo «oculto». Más tarde se mostró ambivalente acerca de la percepción extrasensorial, según admitió en un artículo de 1921 (aunque, a petición de algunos de sus seguidores, no publicado entonces). Otra razón había para esta precavida actitud, como lo reveló en otro artículo que presentó, leído, ese mismo año: él nunca había tenido experiencias de percepción extrasensorial onírica. Sólo con gran repugnancia, reconoció, se ocupaba de esas cuestiones «ocultas». Con todo, se sentía obligado a registrar una ocasión en que un paciente, al llegar a su consulta, trajo a colación asuntos «relacionados de modo llamativo con una experiencia mía anterior a esa hora de consulta».

G. Devereux, en su *Psychoanalysis and tha Occult* (1953), pasa revista a algunas de las maneras en que pueden intervenir en el análisis las comunicaciones extrasensoriales; posteriormente, Eisenbud, Ehrenwald y otros han informado de otros casos. En una oportunidad, Eisenbud hubo de tratar a un paciente que le llevaba mucho tiempo, y decidió telefonear a su hija, que venía a visitarle, para posponer un poco la visita. Al día siguiente, otra de sus pacientes le dijo que había soñado que, al llegar al consultorio, encontraba allí a una niña pequeña, que parecía hija del analista. «Usted indicaba que estaba ocupado —contó Eisenbud—. Era como si estuviese diciéndole a su hija: 'Vete a casa, no tengo tiempo para ti'».

Ehrenwald recuerda que en 1972 una de sus pacientes le informó de que había soñado que estaba de nuevo en la escuela, leyendo un poema, «pero había perdido la página, o no podía recordarla. Además, el poema no tenía conclusión; yo trataba de imaginar el último verso». La noche de ese sueño, Ehrenwald había estado en Nueva York en una cena en la que los presentes habían de contribuir con alguna breve amenidad, como el recitado de una poesía. Había decidido recitar un poema humorístico alemán, pero descubrió que había perdido el borrador de la traducción que había compuesto y trató de reconstruirla; lo había logrado, salvo la versión exacta del verso final.

Sin embargo, la mayoría de los analistas de cualquier orientación —freudiana, jungiana o ecléctica— siguen reacios a aceptar la percepción extrasensorial, que se les aparece como una intromisión, según lo ha hecho notar Robert Van de Castle, prominente autoridad en los aspectos psíquicos del sueño, en un artículo titulado «Sleep and dreams» (1977). Los pacientes pueden recoger en sus sueños información que el analista prefería guardar para sí o, como en el caso de Eisenbud, indicaciones sobre un problema personal que fastidia al analista. Aun los que aceptan la percepción extrasensorial pueden mostrarse reacios a publicar ejemplos de ella porque —aparte de no querer irritar a los colegas que rechazan esa clase de experiencia— «si el sueño se ha producido por haber dado el paciente con un problema inconfeso del propio analista, éste debería estar dispuesto a confesar públicamente ese problema y compartir todos los embarazosos detalles íntimos que tal revelación entrañaría».

Ullman y Zimmerman ofrecen un ejemplo en *Dream telepathy* (1979). Una paciente informó a su analista acerca de un sueño: daba una cena en la que estaba invitado un hombre basto y sin miramientos, socio de su padre; y advertía que había olvidado preparar la mesa. «Ponía mis cubiertos de plata: cucharas, cuchillos, tenedores, etcétera, en una bandeja. Las piezas de plata se esparcían sobre la mesa en confuso montón. ¿Habría bastantes? El invitado importante miraba mi mesa con desdén y aire de mofa». Como disponía de varias cuberterías de plata, la paciente no entendía por qué se sentía tan molesta en el sueño. La asombrada analista sí lo entendía: la noche anterior ella misma había invitado a unos amigos a cenar, y se había sentido incómoda ante la duda de si la cubertería sería o no suficiente.

Los analistas, y los psicólogos en general, encuentran difícil aceptar la percepción extrasensorial onírica como fuente de información, por un motivo que Ehrenwald ha señalado. La «psico-inducción», como él la llama, «presumiblemente combinada con la simple sugestión, bien puede ser considerada una seria amenaza para la validez de cualquiera de los diversos sistemas que rivalizan en el campo de la psicoterapia. Más aún: puede originar dudas sobre la posibilidad misma de llegar a aserciones científicas verificables a partir de datos derivados de las situaciones como la reacción analista-analizando en la entrevista clínica». Los científicos pueden caer en la tentación de complacerse en la problemática psicoterapéutica. Pero deberían tener presentes, les recuerda Ehrenwald, sus propios problemas como psicoterapeutas, suscitados por dudas similares a las que la física cuántica ha suscitado entre los físicos acerca de la naturaleza de la realidad.

### *Halse Rivers*

La contribución potencialmente más valiosa desde Freud al desarrollo de la interpretación de los sueños es obra de un hombre cuya reputación no ha sobrevivido, salvo quizá entre los antropólogos: W. H. R. Rivers, cuyo *Conflict and dream* se publicó póstumamente en 1923. Los notables trabajos antropológicos de Halse Rivers en las islas del Pacífico sur fueron interrumpidos por el estallido de la guerra de 1914; y, en el curso de ésta, actuando como psicólogo clínico en el Cuerpo Médico del Ejercito Real, llegó a ser una autoridad prominente en traumas psíquicos de bombardeos y otras consecuencias de la guerra de trincheras. En este orden reconoció su deuda con Freud. En sus tiempos de estudiante, recordaba, «la psicología de los sueños no era considerada digna de incluirse en un curso de psicología académica».

La revolución que se había operado después, creía él, se debía enteramente a Freud; y entre los muchos aspectos del influjo freudiano, «ninguno más prominente que el referido a los sueños y su interpretación».

No obstante, Rivers adoptó una posición crítica frente a las teorías de Freud sobre la interpretación de los sueños. Sus tareas de guerra le pusieron en contacto diario con oficiales y soldados afectados de psiconeurosis («trauma de bombardeo» era el eufemismo que tenía que seguir empleándose para asegurarse de que los sujetos fueran enviados a un hospital en vez de ser encarcelados o fusilados por cobardía); y decidió estudiar con más cuidado *La interpretación de los sueños*. Esta obra «me dejó en la mente una impresión en extremo insatisfactoria. La interpretación me pareció forzada, y el método general tan anticientífico, que podía aplicarse para probar cualquier cosa».

En particular, Rivers ridiculizaba la idea freudiana de que algunos elementos oníricos pudieran ser interpretados según sus opuestos: «un método tal habría reducido al absurdo a cualquiera otra ciencia»; y rechazaba la concepción freudiana de que el contenido latente aparece en forma disfrazada de modo que los deseos reprimidos de los que es portador no nos provoquen conmoción cuando despertamos, revelándonos los designios lascivos o criminales que albergamos en el inconsciente.

Tales disfraces, sostiene Rivers, resultan de que soñar es una actividad mental primitiva, y aun infantil. Nuestros sueños representan regresiones a modos infantiles de sentir. Por ejemplo, los niños, cuando desean librarse de alguien que les desagrada, pueden decir que quieren matarle, sin tener conciencia de lo que el hecho de hacerlo efectivamente entrañaría. Cuando cometemos en sueños un asesinato, arguye Rivers, nos comportamos como niños. No solo expresamos que queremos necesariamente quitar de en medio a la persona misma; puede tratarse del conflicto personificado por ella. Rivers admitía que el trabajo sobre los sueños debe dar cuenta de dramatización y simbolismo, unidos a simples recuerdos de hechos recientes, todo mezclado. Lo que hacen los sueños es enfrentarnos a las dificultades contra las que luchamos en la vida de vigilia, pero lo hacen en términos oníricos. Y a menudo, al hacerlo así, nos proporcionan claves —si disponemos del conocimiento y la comprensión para captarlas— que nos capacitarán para resolver nuestros problemas y conflictos.

Rivers cita el ejemplo de las pesadillas. En el hospital neuropsiquiátrico de Craiglockhart, donde trabajaba en 1917, entraban soldados afectados de trauma por bombardeo que revivían noche tras noche las terribles experiencias que les habían llevado a ser retirados del frente y enviados allí. Evidentemente, no existía en tales casos un pensamiento orientado por deseos. Pero, a medida que se recuperaban, sus pesadillas iban cobrando formas menos intensas y alarmantes; y los síntomas —sudor, temblores, gritos— desaparecían. Esto llevó a Rivers a suponer que los niños son propensos a pesadillas porque el proceso de crecimiento les presenta problemas emocionales de un tipo que no están intelectualmente preparados para afrontar. La pesadilla recurrente es el índice de que un problema parece irresuelto. La disminución gradual de la índole aterradora de los sueños indica que se está en vías de alcanzar una solución.

Los sueños, concluía Rivers, representan un expediente evolutivo. Durante mucho tiempo había intrigado a los etnólogos el hecho de que el sueño, que en principio deja al animal expuesto al peligro de predadores, fuera común a tantas especies. Pero supóngase que no sea una mera forma de relajamiento físico. «La reacción del animal al peligro —señala Rivers— se vería incrementada si en el estado de sueño existiera algún tipo de mecanismo por el cual el animal comenzara, aun estando dormido, a adaptar al peligro su modo de conducta».

Pero ¿por qué, si los sueños fueran útiles en términos de evolución, se habrían perdido sus beneficios? Precisamente porque los sueños han seguido siendo un modo primitivo de proporcionar información; tal es la hipótesis de Rivers. Al faltarles una estructura coherente, y al resultar para la mente de vigilia tan pueriles o extravagantes, nos parece que los sueños carecen de importancia para la vida y los olvidamos prestamente. Rivers tenía la seguridad de que podemos aprender a evaluarlos y hacer uso de la información que contienen; como había descubierto que él mismo podía hacerlo. Sus sueños, al igual que los de la mayoría de la gente, eran una mescolanza de materiales procedentes de la memoria pretérita y reciente, mezclados con símbolos y dramatizados, como dramatizan los niños; pero incluía cierta información útil.

Rivers cita un ejemplo. En un sueño se veía jugando al billar con un eminente psiquiatra. En un lance de Rivers, las dos bolas blancas se quedaban rozando una taza de café, puesta en un platito sobre la mesa. «Debió usted haber hecho un dos y un tres con ello», observaba el psiquiatra. Y ahí terminaba el sueño.

El contenido manifiesto era fácil de explicar por los sucesos del día anterior. En la cena, Rivers había estado examinando ciertas tazas de café de hechura poco común; y más tarde había enviado al psiquiatra, con quien solía jugar al billar, un artículo suyo. Pero, ¿por qué «un dos y un tres»? Paulatinamente Rivers cayó en la cuenta de que era la solución a un problema que le preocupaba. Profundamente humano, tenía constante solicitud por el bienestar de los pacientes que iban al hospital de Craiglockhart. (Uno de ellos, Siegfried Seassoon, recordaría con profunda gratitud, en uno de los volúmenes de su autobiografía, *Sherston's Progress*, su deuda con Rivers, «ese hombre grande y bueno».) Rivers sabía que un joven oficial se había hecho intolerablemente molesto en una habitación compartida con otros dos pacientes, uno de los cuales sufría a todas luces de la incapacidad del recién llegado para acomodarse a la situación. Pero no había camas libres en ninguna otra de las habitaciones para tres. Rivers recordó que un suceso del día anterior podía dejar libre una habitación de dos camas, «y entonces vi que ello me permitiría trasladar a los dos compañeros del paciente molesto, en vez de sólo a uno, poniéndoles juntos en la habitación que quedaba disponible». En la redistribución posterior, el paciente problemático podría ser acomodado con otros mejor capacitados para entenderse con él.

Que los sueños pudieran revelar un «vuelo a un plano más alto de la vida» era un absurdo desde el punto de vista freudiano: algo que podían creer «sólo místicos y piadosos». Aunque Rivers estaba lejos de ser una u otra cosa, tenía la convicción de que los sueños pueden impulsar a un «vuelo» así, y pueden resolver, o ayudar a resolver, «problemas prácticos tal como se presentan en el curso de la vida diaria; y, si bien en forma fantástica, pueden expresar conclusiones mejores que las que alcanza la conciencia despierta». Si fuera correcta esta hipótesis, «tenemos ahí una definida contribución para evidenciar que algún día pueda ser posible formular un esquema de la función constructiva de los sueños».

Desgraciadamente, Rivers murió, apenas quincuageriano, antes de poder revisar la edición de *Conflict and dream*, compilación de sus conferencias. Era harto improbable que los analistas freudianos, mientras defendían sus posiciones propias, se mostraran benévolos con alguien de tan crítica actitud hacia las ideas de su maestro; y la escuela rival, el conductismo, había prestado escasa atención a los sueños como no fuera para mofarse del modo en que los freudianos los trataban.

El voluminoso manifiesto *Learning theory and behaviour therapy*, compilación publicada en 1960 en un momento en que el conductismo dominaba la psicología académica, mencionaba los sueños sólo una vez. En el capítulo introductorio, Hans Eysenck, profesor de psicología en la universidad de Londres y reconocido representante del conductismo en Europa, presentaba una tabla donde contrastaba la teoría y la práctica conductista con la psicoterapia. En la psicoterapia, explicaba, la interpretación, aunque no por completo subjetiva y errónea, es irrelevante».

Desde entonces se han realizado algunas tentativas de ofrecer una base estable y coherente a la interpretación, especialmente en la obra de Calvin S. Hall, *The meaning of dreams* (1966). Partiendo de investigaciones propias, Hall propone algunas ideas útiles; en particular, la de que a menudo es deseable obtener para la interpretación una serie de sueños, ya que es improbable que un sueño aislado proporcione las claves necesarias. Como Rivers y Maudsley, había llegado a la convicción de que los sueños no sólo presentan un registro fiel de nuestros problemas y conflictos internos, sino que además reflejan nuestros esfuerzos para alcanzar una solución. Pero Hall no lleva adelante esta consideración positiva, limitándose a indicar la ayuda que los sueños pueden brindar en la búsqueda del conocimiento de uno mismo; y rechaza la posibilidad de la precognición y de la comunicación extrasensorial.

En lo que se refiere al público general, el modo freudiano de interpretación de los sueños —o su simplista versión popular— sigue siendo considerada una obra científica de primer orden. No es sorprendente que los discípulos de Freud lo sostengan así: H. S. Lincoln se hacía su portavoz al expresar, en *The dream in primitive culture* (1935), que los hechos sobre los sueños «tal como Freud los descubrió por aplicación de una metodología científica, están tan exentos de la proyección de preconceptos como los descubiertos por la metodología de cualquier ciencia». Aun una jungiana tan devota como Mary Ann Mattoon conviene en que Freud fue «el primero en emprender el desarrollo de un método científico para la interpretación de los sueños».

Llamar «científica» a la obra de Freud sobre los sueños es abusar de ese término, objeto ya de tanto abuso. Lo que Freud hizo fue sacar de la galera una hipótesis, basada en su experiencia con una muestra de individuos pequeña y lejos de ser representativa. La hipótesis era interesante y alcanzó indudable influjo; pero en diversos aspectos resulta poco fiable, especialmente en su desdén por los contenidos manifiestos del sueño y por su rechazo del valor potencial que tiene para dar salida a las reservas de la mente subliminal, valor reconocido en la coetánea teoría de Myers. Myers, y antes de él Edmund Gurney, eran de hecho más científicos en su enfoque de los sueños: reunieron algunos casos, los verificaron cuidadosamente, dejaron que las constancias de sus virtuales posibilidades hablaran por sí mismas, sin tratar de encajarlas forzosamente en un esquema.

### *Sueños terapéuticos*

Falta considerar otros dos tipos de interpretación. Uno de ellos es la aplicación de los sueños para promover la salud.

En su investigación sobre la oniromancia en las civilizaciones arcaicas y en la antigüedad clásica para su *Understanding of dreams*, Raymond de Becker encontró que la «endoscopia», como él la denomina, fue de utilización universal. Quienquiera que temía que se le declarara una enfermedad o viera que los tratamientos al uso no daban resultado, podía intentar la «incubación» para inducir los apropiados sueños. La incubación se utilizó originariamente como medio para obtener toda clase de guía por parte de los dioses, acudiendo a dormir a algún lugar retirado, con la esperanza de que uno o más de ellos se aparecieran en sueños. Con el tiempo, determinados lugares alcanzaron reputación como particularmente favorecidos por las divinidades; allí se edificaba un templo y se construían alojamientos donde dormir. Los dioses no se limitaban necesariamente a brindar recomendaciones terapéuticas, sino que algunos templos llegaron a identificarse con el procedimiento curativo mismo, bajo la égida de Esculapio. Y, aunque la índole exacta de los métodos empleados en ellos para inducir el sueño permanecen oscuros, es claro que la «endoscopia» era objeto de alta consideración aun por esos médicos de sólida cabeza que redactaron los tratados hipocráticos: «el conocimiento exacto de los signos que aparecen en los sueños —dice uno de ellos— resultará de gran valor para cualquier propósito».

Cuando el paciente está despierto, explica el texto, su atención se concentra en la información que le llega por los cinco sentidos; «pero cuando el cuerpo se halla en reposo, el alma es excitada y promovida a ser dueña de sí». Gran parte del material de los sueños, prosigue el autor, procede de sucesos y pensamientos diurnos, lo que es signo de salud en la medida en que no muestre un conflicto. Pero, si lo hace, ello indica algún tratorno. De ahí la necesidad de que los sueños sean interpretados por un médico o por uno de los sacerdotes del templo versados en tal saber.

Bajo el cristianismo, la imagen mental de Esculapio se metamorfosea en la de Jesús. Los templos cayeron en desuso, sustituidos por santuarios consagrados a mártires u otros santos, a los cuales se acude con la esperanza no tanto de sueños como de milagros. La incubación va desapareciendo de la práctica médica, y después del Renacimiento ya no aparece más. Sin embargo, de vez en cuando se presentaban indicios de que con ello se había perdido algo de valor terapéutico. Los mesmeritas de las primeras décadas del siglo XIX informan de que algunos «sonámbulos» —el trance mesmérico en que se ponía a los sujetos se asemejaba al sonambulismo— mostraban notable capacidad para el diagnóstico. Cuando la Academia Francesa de Medicina nombró, en la década de 1820, una comisión para investigar el mesmerismo, sus miembros informaron de que una mujer a quien habían examinado se mostraba en sus trances, aunque ignorante en medicina, mejor diagnosticadora que los médicos: en cierta ocasión, insistió en que el tratamiento que recibía un paciente era inadecuado, y, cuando el enfermo murió, la autopsia mostró que el diagnóstico de esa mujer había sido el correcto.

«A veces se ha encontrado que ciertos sueños preceden a graves enfermedades corporales —señalaba Henry Maudsley en su *Pathology of mind* (1879)—, y parecen anunciarlas». Una de sus pacientes, afectada de tiempo en tiempo de melancolía profunda, siempre sabía por sus sueños cuándo estaban a punto de sobrevenirle los accesos y cuándo iban a terminar: «tan seguros eran estos presagios oníricos, que nunca dejaron de producirse, ni nunca la engañaron». Maudsley se sintió tanto más impresionado, cuanto que los sueños no precedían inmediatamente ni a los accesos ni a las recuperaciones. Parecía que el cerebro de esa paciente «presintiera y preanunciara en los sueños la calamidad en ciernes antes de tener conciencia cabal de ella, exactamente como presentía y preanunciaba la recuperación».

En los últimos años del siglo XIX parecía posible que por lo menos los médicos comenzaran a retomar seriamente los sueños como ayuda para el diagnóstico. Horace Hutchinson señala que se daba una explicación semicientífica, la misma que en uno de los tratados hipocráticos: que la psique, en estado de sueño, tiene acceso a un tipo de información que la mente vígil difícilmente puede alcanzar debido a las exigencias que le plantean las informaciones procedentes de los sentidos. Pero, pese a los esfuerzos de algunos médicos, especialmente de Maudsley, prevaleció el concepto mecanicista de la medicina, y con él la disposición de los sueños.

Pero el interés por las posibilidades terapéuticas de los sueños habría de mantenerse vivo, aparte del papel que el psicoanálisis les asignaba, gracias a la actividad de un físico notable, Edgar Cayce. De niño, en su Kentucky natal, Cayce tenía ya reputación de ser en cierto modo un «vidente», facultad que en la adolescencia perdió. Cuando, poco después de los veinte años, contrajo un mal considerado de tipo histérico, se le aplicó sugestión hipnótica para ver si los síntomas desaparecían, pero fue en vano. Sin embargo, ello dio a Cayce una idea. ¿Por qué la sugestión que se le impartía no podía consistir en ordenarle que, durante el trance hipnótico, indicara cuál era el tratamiento requerido; o sea, por qué no reemplazar la sugestión externa por una autosugestión? La cosa funcionó, y no sólo para Cayce; éste descubrió que en su sueño hipnótico inducido, y luego autoinducido, podía «ver» en qué consistían los trastornos de otras personas y cuáles eran las prescripciones adecuadas.

Aunque esto resultó, naturalmente, sospechoso a los médicos locales, cuando le sometieron a investigación hubieron de reconocer que las dotes de Cayce eran genuinas. El método que él utilizaba se parecía a los antiguos procedimientos de incubación; sólo que sus «lecturas», como él las llamaba, no necesitaban, aunque fueran oscuras, de ninguna otra interpretación que la suya. Cayce se tendía y entraba en un estado de trance semejante al sueño, durante el cual le llegaba —no sabía explicar cómo— la información requerida, y ello le permitía diagnosticar aun sin tener idea de quiénes eran los pacientes ni cuál era el lugar donde residían, que podía ser a distancia. De 1902 a 1945 se ficharon no menos de 14.000 registros de sus «lecturas», con la pertinente información casuística disponible para verificación, la cual reveló una proporción de éxitos sin paralelo. Los escépticos que esperaban poder acusarle de fraude —entre ellos Hugo Muensterberg, profesor de psicología en Harvard— volvieron frustrados.

Pese a las bien atestiguadas constancias, cuando Cayce murió, en 1945, su obra poco había hecho para liberar a la profesión médica del prejuicio contra los sueños. Sin embargo, la perspectiva de que la utilidad posible de la «endoscopia» vuelva a ser reconocida y aprovechada ha mejorado gracias a las investigaciones llevadas a cabo en laboratorios hipnológicos desde que se descubrió la conexión entre los sueños y los movimientos oculares rápidos (MOR). En 1975, uno de los principales investigadores en este campo, el doctor William Dement, dijo que ésa era una de sus esperanzas, y citó uno de sus propios sueños para mostrar cuán importante podía ser el valor de diagnóstico de los estados oníricos:

> Hace unos años yo era un gran fumador, de hasta dos cajetillas diarias. Una noche, tuve un sueño excepcionalmente vívido y realista, en que tenía un cáncer de pulmón inoperable. Me acuerdo, como si hubiese sido ayer, mirando la ominosa sombra en mi radiografía de tórax y comprendiendo que todo el pulmón derecho estaba afectado... Finalmente, experimentaba la increíble angustia de saber que pronto terminaría mi vida y nunca vería crecer a mis hijos, y que nada de esto habría ocurrido de haber abandonado el tabaco en cuanto supe su efecto cancerígeno. Nunca olvidaré la sorpresa, la alegría, el alivio de despertar. Me sentí renacer. Huelga decir que la experiencia fue suficiente para inducirme a cesar inmediatamente de fumar.

En otras palabras, el sueño no sólo había revelado el problema sino que también lo había resuelto. «Sólo el sueño puede permitirnos experimentar como real una alternativa futura —observa Dement—, proporcionando así una motivación superiormente iluminada para actuar según ese conocimiento».

Aunque la mayoría de los psicoanalistas tiende a concentrarse en los problemas mentales y emocionales de sus pacientes, prestando poca atención a los trastornos físicos posibles, Medard Boss recordaba haber encontrado casos en que un sueño anunciaba una enfermedad en ciernes; y en unos pocos casos los sueños ofrecían además claves para una posible cura. Con qué frecuencia tales sueños sean atribuibles a precognición es un punto controvertido: la mente en estado de sueño tal vez sea capaz de recoger advertencias de que los gérmenes de un trastorno se han instalado ya en el cuerpo. Pero, desde el punto de vista del soñador mismo, la cuestión es sólo de interés teórico; lo que importa es si en nuestros sueños podemos encontrar señales de advertencia y, mejor aún, aprender cómo actuar sobre su base.

*Grupos de sueños*

A principios de la década de 1970, Henry Reed, de Virginia, se sintió tan perturbado por un sueño, que resolvió dejar la bebida, liberándose de su alcoholismo. Después, inspirado por otro sueño, fundó el periódico *Sundance Community Dream Journal*, para combinar las posibilidades de aprovechamiento grupal de los sueños con la tradición indígena norteamericana. «Todo soñador —sostenía— es alguien que investiga»; y los frutos de esta investigación debían ser participados.

Experimentos llevados a cabo con Robert Van de Castle, profesor en la Escuela de Medicina de la universidad de Virginia, confirmaron lo que ya Reed había comprendido: que la función de los grupos no consistía meramente en relatar y hablar sobre los sueños, sino de hecho compartirlos. Si un individuo tenía un problema, el resto del grupo era invitado a ayudarle, sin informársele de en qué consistía el problema mismo. A la mañana siguiente, encontraban que los sueños de los participantes se referían a menudo a ese problema, como en un juego de rompecabezas, proveyendo cada uno pequeñas piezas de información pertinente. Los esfuerzos pioneros de Reed movieron a Bill Stimson a publicar el *Dream Network Bulletin*, de Nueva York, que puso en relación grupos así por todos los Estados Unidos y otros países.

Al mismo tiempo, Montague Ullman venía siguiendo un curso similar. Insatisfecho con la técnica psicoanalítica que practicaba habitualmente, y en particular con la interpretación de sueños en la línea de Freud, Ullman comenzó a explorar las posibilidades de dar a los sueños un papel más importante en la terapia de grupo. «Cuando despertamos, jugamos con la verdad —argüía—: racionalizamos, reprimimos, negamos y nos escindimos de la verdad que podría sernos demasiado dolorosa de encarar en ese momento. Por esa razón el soñador necesita ayuda para ver el honesto autorretrato que el sueño le proporciona».

Todo ello estaba muy bien, comprendió Ullman, pero no sería fácil para un grupo prestar ayuda si las verdades resultaban dolorosas para el soñador. Presumiblemente, lo serían demasiado para que el soñador quisiera compartirlas con el grupo, ya que sus miembros podrían ofrecerle interpretaciones embarazosas. Se requería un método que inspirara confianza y no representara una intromisión en la vida privada del sujeto. El método que Ullman comenzó a poner en práctica consistía en la apreciación más que en la interpretación del sueño. Los miembros del grupo describirían su sentir acerca del sueño, de manera semejante a como describirían sus sentimientos sobre una película o una obra de teatro que hubiesen visto en la televisión, poniendo el acento en la cualidad estética.

Lo que el soñador recibe entonces es una serie de comentarios, de los cuales todos o algunos pueden proporcionarle claves para la significación que el sueño alcance para él. Pero no se espera, como se haría en una terapia de grupo convencional, que desnude su psique a los demás miembros si no está en disposición de hacerlo así. Al final de la sesión, puede retirarse y reflexionar sobre lo que las apreciaciones del grupo le han revelado. El proceso, según encontró Ullman, puede ser a la vez satisfactorio y terapéutico, en cuanto destruye bloqueos emocionales. Ullman llegó a la convicción de que la idea freudiana de que los sueños son fundamentalmente egoístas es errónea: los sueños constituyen una fuerza de unión en las relaciones humanas. Escribe Ullman:

> Se me había enseñado que los sueños eran satisfacciones narcisistas estrictamente personales. Ahora los veo de manera muy diferente. Creo que la fuente que informa la conciencia onírica incluye motivaciones personales pero va más allá de ellas. He llegado a sentir que nuestros sueños tienen que ver fundamentalmente con la supervivencia de la especie, y sólo incidentalmente con los problemas del individuo.

### *Sueños proféticos*

El otro tipo de interpretación que requiere atención es la de los sueños que anuncian el futuro pero de un modo en que la adivinación no es tanto precognitiva como autorrealizadora, es decir, que empuja, impele o arrastra al soñador a emprender cursos de acción que acaban por hacer realidad lo soñado.

De Becker, en *The understanding of dreams*, recogió el notable papel de los sueños en la fundación de religiones y en el surgimiento de conductores o profetas famosos. «La vocación del Buda fue anunciada, especificada y definida por una serie de sueños convergentes»; «La actividad onírica fue fundamental para la vocación de Mahoma y la aventura islámica»; y, si bien los sueños de Jesús no están registrados, los que relata el Nuevo Testamento «parecen absolutamente esenciales para la aventura cristiana», como lo fueron los del Antiguo Testamento para los israelitas y para el futuro del pueblo judío. Según el historiador romano Valerio Máximo, Aníbal vio aparecérsele una figura angelical que le anunciaba que había sido enviada desde los Cielos para impulsarle a la conquista de Roma. En su sueño, Aníbal, volviéndose, vio una serpiente que trastornaba todo a su paso y, tras ella, el cielo oscurecido por humo y surcado de relámpagos. ¿Qué podía significar todo eso? Lo que veía, le dijo la aparición, era la destrucción que se obraría en Italia: ¡Mira! Los hados deben cumplirse».

Podrían citarse muchos otros casos; pero en este punto surge la cuestión de si los sueños proféticos no han causado más daño que bien. De más estaba, señala Valerio, recordar los males que Aníbal había infligido a Italia; y, aun quienes no pueden ocultar su admiración por las hazañas bélicas de Aníbal, difícilmente pueden negar que poco trajeron sino miserias, sin haber logrado cumplir su propósito.

En otros casos cabe la duda. En 1881 Bismarck relataba con orgullo, en una carta al Káiser Guillermo I, un sueño que había tenido una vez. Dieciocho años atrás, «en los peores días de la lucha» (Bismarck había suspendido entonces las sesiones del Parlamento prusiano), no lograba ver salida alguna a sus dificultades y las del país. En esa coyuntura,

> soñé (como lo conté —y fue lo primero que hice esa mañana— a mi mujer y a otros testigos) que cabalgaba por un estrecho sendero alpino, con un precipicio a la derecha y un peñasco a la izquierda. El sendero se estrechaba cada vez más, de modo que el caballo se negaba a seguir, y era imposible, por falta de espacio, desmontar ni volverse atrás. Entonces, sosteniendo la fusta en la mano izquierda, hería con ella el liso peñasco y apelaba a Dios. La fusta crecía en longitud sin término, la muralla de roca caía como el decorado de un teatro, y se abría un ancho camino, con una vista de colinas y bosques, como un paisaje de Bohemia: había tropas prusianas con estandartes, y aun en el sueño acudió a mí el pensamiento de que debía informar de él a Su Majestad.

Bismarck despertó, «regocijado y fortalecido», y las dificultades fueron, en efecto, superadas.

Para los patriotas alemanes, las victorias de Bismarck, primero sobre Austria y después, en 1870, sobre los franceses, podían ser consideradas como una sublime vindicación de la profecía. Para los austríacos, los franceses, y luego los aliados de ambas guerras mundiales, ese sueño impulsó una secuencia de destructivos acontecimientos.

Lo mismo, aunque en menor escala, ocurre con el más reciente de los sueños proféticos que cataloga de Becker. Mohámmed Mossadegh, designado primer ministro de Irán en 1950, nacionalizó la industria del petróleo expropiando las posesiones de la Anglo-Iranian Oil Company. En un discurso que pronunció al año siguiente, relató cómo, antes de ocupar el cargo, su médico le había aconsejado un período de reposo; pero una noche había soñado con un personaje resplandeciente de luz, quien le decía que no era tiempo de descansar: «Levántate y rompe las cadenas del pueblo iraní». Mossadegh decidió que debía obedecer, y, gracias a su sostenido empeño, se adoptó su programa de nacionalización; demostrándose así, consideraba, que la aparición de su sueño había servido de guía. Cantaba victoria demasiado pronto: en 1953 un golpe de estado derrocó al gobierno. Mossadegh fue encarcelado, y el poder que los aliados habían arrebatado al Shah progermano durante la primera guerra mundial fue devuelto a su hijo, con terribles consecuencias ulteriores.

«Como hacedores de la historia —observa Horace Hutchinson en *Dreams and their meaning* (1901)— los sueños han desempeñado un ingente papel. 'Somos de la textura de la que se hacen los sueños' quizá no tenga tanto de verdad como si lo cambiáramos un poco diciendo 'Somos de la textura que nos hacen los sueños'». Lo que no podemos saber es en qué habría sido diferente el curso de la historia si los fundadores de religiones o los grandes guerreros no hubiesen sido influidos por sus sueños. Todo lo que puede decirse es que tales sueños se han producido; que los soñadores los han sentido como proféticos; y que, en la medida en que tales sueños han dado el impulso decisivo, su influjo histórico ha sido avasallador. Para lo que, en sueños de ese tipo, la interpretación es esencial, para discriminar lo que en ellos hay de pensamiento orientado por el deseo: para tratarlos, no como mandatos que deben ser obedecidos, sino como postes indicadores que nos orientan hacia posibilidades dignas de tomarse en consideración.

# 7

# El cuerno de la abundancia

Para volver a nuestro punto de partida: las constancias documentales sobre la utilidad de los sueños son, sin duda, demasiado impresionantes, tanto en lo histórico como en lo contemporáneo, para echarlas por la borda en aras de la hipótesis reduccionista que Francis Crick y Graeme Mitchinson presentaron en *Nature*. Posteriormente Crick ha dado algunos pasos atrás. «Es improbable que recordar sueños sea perjudicial, a menos que se haga con demasiado exceso», escribió a Liam Hudson en el curso de una correspondencia que éste utilizó en su *Night Life* (1985). Crick apela analógicamente al caso de la sangría: inútil como terapia, «pero todos estaremos de acuerdo en que resulta útil tomar una pequeña muestra de sangre para los fines diagnósticos». Por lo tanto, se permite utilizar recuerdos de sueños para los fines específicos del análisis. Crick predice, inclusive, la posible aparición de «un método realmente científico para analizar los sueños».

Por útil que el análisis de sueños pueda ser con la finalidad de hacer pronósticos y diagnósticos, ésta es sólo una de las facetas de su utilización. Si ha de convencerse a la gente de que los sueños merecen tomarse con seriedad, la perspectiva más prometedora es la ofrecida por el amplio espectro de testimonios, antiguos y modernos, acerca de su valor como fuentes de inspiración, como ayudas para la resolución de problemas y como indicadores de que la mente en estado de sueño posee la capacidad de recoger información útil no ordinariamente disponible en estado de vigilia.

Sin duda, el problema principal es que nuestros sueños son, en su mayor parte, irracionales. Tanto se insiste en la razón como la única guía fiable de la vida, que es difícil asignar a los sueños una función adecuada. Pueden, empero, entenderse más fácilmente en tal sentido si son considerados en el contexto de la evolución.

El gran naturalista George Buffon, en el siglo XVIII, señalaba que el estado de sueño es la condición normal de la vida primitiva. Un vegetal no es sino un animal que duerme.

> El sueño, que parece un estado puramente pasivo, una especie de muerte, es, al contrario, el primer estado del animal vivo y el fundamento de la vida. No es una privación, una aniquilación; es un modo de ser, un estilo de existencia tan real como cualquier otro, y más general. Existimos en ese estado antes de existir en ningún otro; todos los seres organizados que carecen de sentidos existen en ese estado únicamente.

Pero, al desarrollarse la vida, el estado del sueño comenzó a mostrarse azaroso, pues ofrecía la oportunidad ideal a las especies predadoras para sorprender a sus presas dormidas, poniendo al sueño «flagrante, casi insanamente, en pugna con el sentido común», según señala Christopher Evans en *Landscapes of the night*. Para explicar su perduración, considera Evans, debe atribuírsele «alguna función de trascendente importancia, comparable por lo menos con las funciones de la comida, la bebida o el apareamiento». El mero criterio de recuperación no basta: hay especies que no duermen. Quizá los sueños proporcionen la clave esencial.

La función de «importancia trascendente» consiste en proporcionar algún tipo de ayuda a la mente consciente, sin la cual nuestra conciencia padecería de alguna seria privación. Tal fue la teoría propuesta por Marie de Manaceine, investigadora rusa, en su libro sobre *El sueño* (1897). Ella sostenía que los seguidores de Darwin se equivocaban al negarse a aceptar la realidad de una evolución psicológica diferenciada de la filosofía. Lo que sentían nuestros antepasados, argumentaba,

> ha de habérsenos trasmitido no como tal, sino en la forma de capacidades y posibilidades latentes, inherentes a nuestro sistema neurocerebral. Y así, bien puede ser que durante el estado de sueño, cuando la conciencia personal inmediata permanece inactiva, esos caracteres latentes del organismo psíquico heredados de nuestros remotos antepasados se agiten en nuestro interior y llenen nuestro mundo interno de extrañas imágenes e imprevistos deseos.

Pero ¿por qué, si los sueños son parte del proceso evolutivo, han permanecido oscuros, caóticos, a menudo insensatos? Aquí, Halse Rivers logró ofrecer una explicación en su libro *Instinct and the Unconscious* (1920). Rivers señala que, como actividad inconsciente, los sueños no están sujetos al mismo control que nuestros pensamientos de vigilia. Inevitablemente, tienden a desplegar las características del pensamiento de la temprana infancia, anteriores al establecimiento de ese control. «El carácter de los sueños encuentra una explicación natural si su aparición en la conciencia se debe simplemente a que en el estado de sueño se eliminan los niveles de control superiores, de modo que afloran los niveles inferiores, con sus modos de expresión infantiles, y les es permitido manifestarse de manera natural». La índole irracional de los sueños resultaría simplemente de que la conducta mostrada en ellos es de represión por los condicionamientos de la vida adulta.

En otros términos, debe efectuarse una distinción entre el contenido de los sueños y la manera en que ese contenido se presenta. Hay aquí un paralelo con la mediumnidad, en que la información provista puede ser de profundo interés, mientras que el modo en que se transmite —por un espíritu guía piel-roja, o por una planchuela que recorre una tabla, el ouija— pueda parecer ridículo. Como hipótesis de trabajo cabe proponer que todos tenemos en el inconsciente poderes latentes que rara vez sabemos cómo utilizar. Nuestra conciencia normal de vigilia tiende a bloquearlos; pero en el estado de sueño recibimos muchos indicios de su existencia, como el reloj interno que nos despierta —si podemos o si queremos adiestrarlo—; y a veces el «yo subliminal», como le llama Frederic Myers en su *Human personality* (1903), es capaz de utilizar un sueño para resolver un problema o darnos impulso o trasmitir alguna advertencia.

Parece probable que los sueños tengan una variedad de funciones, como la «depuración de computadora» propuesta por Christopher Evans, para quien «el estado de sueño es el período en que el cerebro queda desconectado», facilitando así la revisión de sus programas. En *The inner eye* (1986), el psicólogo Nicholas Humphrey ha sugerido que los sueños se asemejan a charadas, en los que asumimos papeles que no son nuestros. No es casual, sostiene, que la mayoría de los sueños sean «una actuación en situaciones relativamente ordinarias» o que, al crecer los niños, «sus sueños se orienten cada vez más hacia la exploración de aquellas situaciones sociales que en la vida de vigilia ocupan más a la mente infantil»; todo ello es parte del proceso de crecer en una sociedad.

Sin duda, el tipo de sueños tan común de nuestra vida adulta en que nos encontramos en situaciones embarazosas debe también ser considerado desde ese punto de vista. Puede que nos recuerden que aún debemos reconciliarnos con ciertos aspectos de nosotros mismos que hemos rehusado reconocer porque no hemos «crecido» suficientemente. Pero el punto esencial es el modo en que nuestros sueños se presentan. La metáfora adecuada, sostiene Liam Hudson, no es el cajón de desperdicios sino el baratillo. «En éste se mezclan unos cuantos objetos que pueden ser de valor real con muchos otros que son virtualmente, pero no absolutamente, inútiles: la manchada cucharilla de té que podía haber sido plata, la vieja pintura cubierta de suciedad que tiene un aire vagamente genuino». Y la analogía puede llevarse más lejos: admite diferencias individuales. Los objetos pueden variar enormemente de valor según sea el transeúnte y sus gustos propios.

Queda por disipar otra duda, frecuentemente expresada. ¿Por qué, si los sueños son de tanta utilidad potencial, la mayoría de nosotros tiene tantas dificultades para recordarlos?

En *Lucid dreaming* (1985), Stephen LaBerge ofrece una explicación plausible. Quienquiera que haya tenido un animal doméstico está sin duda seguro de que los animales sueñan, pero no tienen modo de distinguir el sueño de la realidad. Recordar los sueños puede ser peligroso para ellos. El sueño y los sueños, pues, a nivel animal, puede que hayan ayudado a la evolución (como, en verdad, puede que lo sigan haciendo) sin que los sueños fueran objeto de recuerdo. «Pero, si la teoría que he propuesto de por qué los sueños son difíciles de recordar es correcta, entonces —al contrario de lo que piensan Crick y Mitchinson— recordar sueños no ha de perjudicar a los seres humanos, precisamente porque podemos diferenciar entre las experiencias oníricas y las de vigilia».

LaBerge retoma luego la idea de Ullman, de que el paso siguiente —el próximo paso evolutivo, en este contexto— es pensar en nuestros sueños como pensamos en obras de arte: para apreciarlas, más que para interpretarlas. El sueño «no es tanto una comunicación como una creación —sugiere—; un sueño no interpretado es como un poema no interpretado». Independientemente, Hudson llega a la misma conclusión. La tesis de su *Night Life* es «que los sueños pueden interpretarse si se enfocan con el mismo espíritu con que enfocamos los poemas», si prestamos cuidadosa atención a su contexto de vigilia y tenemos en cuenta que los individuos difieren «tanto en el modo en que sueñan como en el modo en que asimilan en su vida de vigilia aquello que han soñado».

Pero Hudson toma distancia respecto a los elementos que en los sueños requieren interpretación, y acción a veces. El terreno que explora en *Night Life* es «peligroso», porque el modelo puede parecer jungiano: «Por razones de principio, nuestra argumentación se presenta evitando toda mención de lo sobrenatural y lo oculto, ese molde mental que ha dado a Jung mala reputación». Entre los psicólogos académicos, la percepción extrasensorial sigue siendo ampliamente considerada como «sobrenatural», y conviene evitarla a toda costa. Empero, en conexión con los sueños, es ésta una actitud sólo sostenible cerrando la mente a la masa de constancias que señalan cómo en el estado de sueño «somos capaces no sólo de escudriñar hacia atrás en el tiempo y surtirnos de nuestros recuerdos remotos —como lo expresa Ullman en *Working with dreams* (1979)—, sino también de escudriñar hacia adelante en el tiempo y a través del espacio para surtirnos de la información que se halla fuera de nuestras experiencias».

No importa, prosigue Ullman, que los sueños que superan las barreras del espacio y del tiempo sean infrecuentes. Aun si se tiene uno de ellos una sola vez en la vida, eso demuestra ya el alcance de nuestras capacidades psíquicas y nos obliga a admitir que los sueños exigen un marco de referencia más complejo que el que estamos acostumbrados a concederles. Con todo, no es necesario aceptar la realidad de la intervención de lo paranormal. Aun si todas las informaciones que apuntan hacia ello se atribuyen a defectos de la memoria, exageración y coincidencia de azar, el hecho de que los mensajes fueran atendidos y se actuara según ellos ha tenido tan a menudo consecuencias beneficiosas, hasta el punto de evitar al soñador un daño o la muerte, que es digno de retenerse. Aquí hay un paralelo con la vieja técnica, utilizada en tiempos de turbación, de abrir la Biblia al azar y apuntar al texto con el dedo; o con el método, más comúnmente empleado hoy en día, de consultar el horóscopo del periódico. El conocimiento de que el modo en que se compilan los horóscopos sea ficticio puede carecer de importancia, si lo escrito da por resultado desencadenar una respuesta útil y nos encauza hacia un curso de reflexión o de acción que se ajuste a nuestras necesidades.

Resulta irónico que muchos autores del siglo XIX hayan captado esto mejor que sus colegas del XX, quienes a menudo han estado demasiado bajo el influjo de la herencia freudiana o inhibidos por preconceptos racionalistas o conductistas. Había entonces mayor disposición a apreciar lo que John Sheppard, en su ensayo *On dreams*, de 1847, describió como «la inventiva y el poder ocasionalmente ejercidos». Una y otra vez, ese reconocimiento de las posibilidades de soñar aparece en autores que, como Henry Maudsley, no eran nada dados al fantaseo: «El estudio de los sueños ha sido descuidado —señala—; sin embargo, es un estudio plenamente prometedor de abundante fruto». Y estaba el profesor J. P. L. Delboeuf, el belga que fue uno de los más ilustres exponentes de esa nueva disciplina, la psicología, cuando luchaba por emanciparse de las garras de la filosofía académica. El sueño, infería él de sus investigaciones —cuyos resultados publicó en 1885 en *Le sommneil et les rêves*—, «es una apertura escondida a través de la cual podemos de tiempo en tiempo echar una ojeada a los inmensos tesoros que la naturaleza acumula infatigablemente para nosotros».

El influjo del racionalismo se mostró excesivo para que tales opiniones se establecieran en el mundo académico. Hacía falta descubrir la relación entre los movimientos oculares rápidos y el soñar para devolverlo al campo de debate; y, como el contenido de los sueños, revelado en experimentos de laboratorio, ha resultado embarazoso —especialmente en las investigaciones del «Maimónides»—, el entusiasmo inicial ha decaído, aunque lo mantienen vivo en gran medida autores aislados como LaBerge, con su trabajo sobre los sueños lúcidos, y Schtzman, con su investigación de la resolución onírica de problemas. Una vez más, el asunto queda librado al público, movido de tiempo en tiempo por investigadores que han estudiado los sueños y han sentido el impacto de lo que éstos pueden ofrecer.

En los años recientes, el más elocuente de estos autores ha sido Alan McGlashan. «Con respecto al lenguaje onírico, nos hemos comportado demasiado tiempo como los turistas de un día por Europa continental, deseosos de aprender sólo las frases que les permitan comprar alguna baratija a cambio favorable y llevársela a casa de contrabando», se lamenta en *Gravity and levity* (1976). Y prosigue: «Los sueños son las intuiciones del inconsciente hechas visibles. Deberían ser tratadas con respeto, y manejadas con solicitud, pues son envíos de una tierra aún tan remota y fabulosa para nosotros como el reino del Preste Juan». Probablemente permanezca remota, pues la psicología convencional carece de los medios —y, por consiguiente, del impulso— para explorarla. Pero esto nos da la ventaja: nosotros podemos ser los exploradores.

# Bibliografía

Una bibliografía general de obras referentes a los sueños requeriría un volumen. He registrado aquí aquellas obras que son pertinentes para mi temática. No se incluyen obras en que la narración de un sueño aparezca en el texto incidentalmente; por ejemplo, biografías; si en el texto no se mencionan, se encontrarán en la bibliografía de la fuente citada. El lugar y fecha de publicación corresponde a la edición consultada.


Abercrombie, John, *Inquiries concerning the Intellectual Powers*, Londres, 1840.

A. E. (George William Russell), *The Candle of Vision*, Londres, 1918.

A. E. (George William Russell), *Song and its Fountains*, Londres, 1931.

Almansi, Guido, y Claude Béguin, *The Theatre of Sleep*, Londres, 1986.

Archer, William, *On Dreams*, Londres, 1935.

Aristóteles, *Works*, Princenton, 1984 [Obras, Madrid, Aguilar].

Arnold-Forster, Mary, *Studies in Dreams*, Londres, 1921.

Aubrey, John, *Miscellanies*, Londres, 1857.

Baillet, Adrian, *La vie de M. Des Cartes*, París, 1641.

Bergson, Henri, *On Dreams*, Londres, 1914.

Bigelow, John, *The Mystery of Sleep*, Londres, 1904.

Boss, Medard, *The Analysis of Dreams*, Londres, 1957.

Bridge, Ann, *Moments of Knowing*, Londres, 1970.

Brodie, Benjamin, *Psychological Inquiries*, Londres, 1855.

Brook, Stephen (comp.), *The Oxford Book of Dreams*, Oxford, 1983.

Browne, Sir Thomas, *Works*, IV, Londres, 1835.

Cox, Edward, *Sleep and Dream*, Londres, 1878.

De Becker, Raymond, *The Understanding of Dreams*, Londres, 1968.

De la Mare, Walter, *Behold This Dreamer*, Londres, 1939.

Delboeuf, J. R. L., *Le Sommeil et les Rêves*, París, 1885.

de Manaceine, Marie, *Sleep*, Londres, 1897.

Dement, William C., *Some Must Watch While Some Must Sleep*, San Francisco, 1974.

Dunne, J. W., *An Experiment with Time*, Londres, 1934 [Un experimento con el tiempo, Madrid, Aguilar].

Eisenbud, Jule, *Psi and Parapsychology and the Unconscious*, Berkeley, 1983.

Eliade, Mircea, *Myths, Dreams and Mysteries*, Londres, 1968 [Mitos, sueños y misterios, Buenos Aires, Libros de Mirasol, Fabril Editora].

Ellis, Havelock, *The World of Dreams*, Boston, 1911.

Evans, Christopher, y Peter Evans, *Landscapes of the Night*, Londres, 1983.

Faraday, Ann, *Dream Power*, Lodres, 1972.

Faraday, Ann, *The Dream Game*, Londres, 1976.

Flammarion, Camille, *The Unknow*, Londres, 1900.

Freud, Sigmund, *On Dreams*, Londres, 1952 [Obras completas, Madrid, vols. II-IV, VI-VII].

Garfield, Patricia, *Creative Dreaming*, Nueva York, 1975.
Ghiselin, Brewster (comp.), *The Creative Process*, Univ. de California, 1952.
Godley, J., *Living like a Lord*, Londres, 1955.
Goodwin, Philip, *The Mystery of Dreams*, Londres, 1958.
Grant, A. H., *Literature and Curiosities of Dreams*, Londres, 1865.
Grant, John, *Dreamers: a Geography of Dreams*, Londres, 1986.
Graves, Robert, *The Meaning of Dreams*, Londres, 1924.
Green, Celia, *Lucid Dreams*, Londres, 1968.
Greene, Graham, *Ways of Escape*, Londres, 1982.
Greene, Graham, *A Sort of life*, Londres, 1984 [Una especie de vida, Buenos Aires, Emecé].
Greenwood, Frederick, *Imagination in Dreams*, Londres, 1984.
Gurney, Edmund, et. al., *Phantasms of the Living*, Londres, 1886.

Hadamard, Jacques, *An Essay on the Psychology of Invention in the Mathematical Field*, Princenton, 1945 [Psicología de la invención en el campo matemático, Madrid, Espasa-Calpe].
Hadfield, James H., *Dreams and Nightmares*, Londres, 1954.
Hall, Calvin S., *The Meaning of Dreams*, Nueva York, 1966.
Harding, Rosamund, *An Anatomy of Inspiration*, Londres, 1948.
Harman, Willis, y H. Rheingold, *Higher Creativity*, Los Angeles, 1984.
Hervey de Sant-Denys, Marqués de, *Dreams and How to Guide Them*, Londres, 1982.
Hill, Brian, *Such Stuff as Dreams*, Londres, 1967.
Hudson, Liam, *Night Life*, Londres, 1985.
Humphrey, Nick, *The Inner Eye*, Londres, 1986.
Hutchinson, Horace, *Dreams and their Meaning*, Londres, 1901.

Jung, Carl, *Memories, Dreams, Reflections*, Londres, 1973.

Kerouac, Jack, *Book of Dreams*, San Francisco, 1961.
Kingsford, Anna, *Dreams and Dream-Stories*, Londres, 1888.

LaBerge, Stephen, *Lucid Dreaming*, Los Angeles, 1985.
Lang, Andrew, *The Book of Dreams and Ghosts*, Londres, 1897.
Lincoln, J. S., *The Dream in Primitive Culture*, Londres, 1935.
Lyttleton, Dame Edith, *Some Cases of Prediction*, Londres, 1937.

Macario, M., *Du Sommeil, des Rêves et du Somnambulisme*, Lyon, 1857.
McGlashan, Alan, *The Savage and Beautiful Country*, Londres, 1966.
McGlashan, Alan, *Gravity and Levity*, Londres, 1976.
MacKenzie, Norman, *Dreams and Dreaming*, Londres, 1965.
McNish, Robert, *The Philosophy of Sleep*, Londres, 1959.
Maritain, Jacques, *The Dream of Descartes*, Londres, 1946 [El sueño de Descartes, Buenos Aires, Biblioteca Nueva].
Mattoon, Mary Ann, *Understanding Dreams*, Dallas, 1984 [El análisis junguiano de los sueños, Buenos Aires, Paidós].
Maudsley, Henry, *The Pathology of Mind, Natural Causes and Supernatural Seemings*, Londres, 1939.
Maury, Alfred, *Le Sommeil et les Rêves*, París, 1878.
Megroz, Rodolphe, *The Dream World*, Londres, 1939.
Monteith, Mary, *A Book of True Dreams*, Londres, 1929.
Murphy, Michael, y Rhea White, *The Psychic Side of Sport, Reading*, Massachusetts, 1980.
Myers, Frederic, *Human Personality*, Londres, 1903.

Owen, Robert Dale, *Footballs on the Boundary of Another World*, Londres, 1860.

Parker, Julia y Derek, *Dreaming*, Londres, 1985.
Priestley, J. B., *Rain Upon Gadshill*, Londres, 1964.
Priestley, J. B., *Man and Time*, Londres, 1964.
Prince, Walter F., *Noted Witnesses for Psychic Occurrences*, Nueva York, 1932.

Ratcliff, A. J., *A History of Dreams*, Londres, 1923.
Rhine, Louisa, *The Invisible Picture*, Londres, 1981.
Rivers, W. H. R., *Dreams and Primitive Culture*, Londres, 1918.
Rivers, W. H. R., *Instinct and the Unconscious*, Londres, 1920.
Rivers, W. H. R., *Conflict and Dream*, Londres, 1979.

Sabine, W. H. H., *Second Sight in Daily Life*, Nueva York, 1949.

Seafield, Frank (seudónimo; véase Grant. A. H.).
Sheppard, John, *On dreams in their Mental and Moral Aspects*, London, 1847.
Stevens, Willian Oliver, *The mystery of dreams*, 1950.
Stevenson, Robert Louis, *Across the Plains*, London, 1909.
Symonds, J. A., *Sleep and Dreams*, London, 1857.
Synesius of Cyrene, *Essays*, Oxford, 1930

Taylor, Jeremy, *Dream Work*, New York, 1983.
Tyrrell, G. N. M., *Science and Phisical Phenomena*, London, 1938.

Ullman, Montague, and Stanley Krippner, with Alan Vaughan, *Dream Telepathy*, Baltimore, 1974.
Ullman, Montague, and Nam Zimmerman, *Working with Dreams*, New York, 1979.

Van de Castle, Robert, «Sleep and Dreams» in B. B. Wolman, *Handbook of Parapsychology*, 1977, pp. 473-99.

Walsh, William S., *The Psychology of Dreams*, London 1920.
Wolmann, B. B., *Handbook of Parapsychology*, New York, 1977.
Woods, Ralph l., *The World of Dreams*, New York, 1947.

Yeats, W. B., *The Wind among the Reeds*, London, 1899.
Yeats, W. B., *Autobiographies*, London, 1980.

Zohar, Danah, *Trough the Time Barrier*, London, 1982.

**OBRAS DE BRIAN INGLIS**
**PUBLICADAS POR TIKAL EDICIONES**

LA INTERPRETACIÓN DE LOS SUEÑOS

LA EDAD DE ORO DE LO PARANORMAL

FENÓMENOS PARANORMALES

EL JUEGO PROHIBIDO. UNA HISTORIA SOCIAL DE LAS DROGAS

TRANCE. OTRA FORMA DE CONOCER